U1016378

2024年度中央高校基本科研项目：党的二十届三中全会精神研究阐释专项“文化强国战略背景下中华元典国际化协同传播机制研究”（31514112105/121）

效果评估与能力再造：数智技术赋能政务新媒体传播力研究

董玉芝　著

WUHAN UNIVERSITY PRESS
武汉大学出版社

图书在版编目(CIP)数据

效果评估与能力再造 ：数智技术赋能政务新媒体传播力研究 / 董玉芝著 . -- 武汉 ：武汉大学出版社，2025.8. -- ISBN 978-7-307-24881-6

Ⅰ. D63-39

中国国家版本馆 CIP 数据核字第 20255C1F97 号

责任编辑：李彤彤　　责任校对：汪欣怡　　版式设计：马　佳

出版发行：**武汉大学出版社**　（430072　武昌　珞珈山）

（电子邮箱：cbs22@whu.edu.cn　网址：www.wdp.com.cn）

印刷：湖北云景数字印刷有限公司

开本：720×1000　1/16　印张：15.5　字数：250 千字　插页：2

版次：2025 年 8 月第 1 版　　2025 年 8 月第 1 次印刷

ISBN 978-7-307-24881-6　　定价：79.00 元

版权所有，不得翻印；凡购我社的图书，如有质量问题，请与当地图书销售部门联系调换。

前　言

数字化技术、人工智能的高速发展，党的二十大报告中党和政府以人为本、执政为民的新发展理念，加速政务新媒体不断更新迭代，在技术、内容方面都呈现出新的媒介生态。政务新媒体不仅是舆论引导、实现政务公开的重要渠道，也是加强与群众互动的平台，是转变政府职能、拓展政务服务功能、建设智慧型政府的助推器。大数据、云技术、人工智能等技术的迭代，不断重构新的传播生态，也是政务新媒体数字化转型的必然趋势。政务新媒体作为互联网在政务领域的应用、作为服务型政府建设的实践，在突发公共事件中发挥着越来越重要的作用，已成为信息公开、风险沟通的重要窗口，在传播上已经从原来的信息“发布墙”转向了“服务者”“介入者”与“链接者”的角色，体现了数智时代社会治理的责任与担当。政务新媒体作为各级党委和政府的喉舌，其传播力依然需要迭代升级，充分发挥其在突发公共事件中的应有作用。因此，以突发公共事件为着力点建立相应的传播力评价体系，科学评估典型实践案例，加强经验总结和理论提炼，有助于为重大突发公共事件中政务传播提供更好的理论指导和实践效果评估。

本书以突发公共事件中政务新媒体为研究对象，以政务新媒体的传播力提升为研究问题，以新技术的应用为研究视角，分析近几年重大突发公共事件的典型案例，尝试去解决几个关键问题：突发公共事件中政务新媒体传播力表现如何；是何因素影响其传播力实现；如何科学构建和测量突发公共事件中政务新媒体的传播力；从政府机构与用户需求双重动机出发，突发公共事件中政务新媒体传播力提升的可行性路径有哪些。为了探究和回答以上问题，本书在文献研究基础上对政务新媒体传播力进行了重新概念化，构建了一套较完整的评估指标体系，并进一步深入剖析典型案例，进行实地调研、数据分析和公众问卷调查，为系统总结经验、问题把脉和理论提炼做好充分的准备，具体研究内容分为八个部分：

第一部分：绪论。综述研究背景、研究意义，提出研究问题。主要研究突发公共事件中政务新媒体政府传播、协同治理、危机传播等理论基础，系统研究电子政务、政府信息传播等文献观点，分析现有研究文献的贡献与不足，在此基础上进一步拓宽研究视角，厘清研究问题的根本所在。

第二部分：政务新媒体的演进脉络。主要对政务新媒体传播力进行概念化，从 Web、大数据、人工智能等技术赋能，微博、微信、App、头条号、短视频等体系构成，以及媒体属性和传播力的实现几个方面梳理政务新媒体的演进脉络。

第三部分：政务新媒体传播力的影响因素。从传播技术采用、机构组织响应、宏观与微观环境、信息透明度、角色定位与政治信任度、议程设置与框架解释能力、公众期待与满意程度等维度，分析突发公共事件中政务新媒体信息传播、公共服务与风险沟通的能力与水平，进而探讨影响政务新媒体传播力的要素，厘清这些要素与传播力之间的因果关系。

第四部分：数智技术赋能政务新媒体的内容生产。5G、大数据、人工智能等数智技术，产生了直播、虚拟主播、AR（增强现实）、SVG（可缩放矢量图形）等沉浸式业务模式和应用场景，极大提高了政务新媒体内容生产的想象力，打开了广阔的传播场域。媒体的深度融合，依然是内容创新为王，技术支撑即为魂。技术创新不仅可以提高媒体内容生产的效率，还对增强媒体内容服务的广度和深度等方面起着举足轻重的作用。数智技术赋能政务新媒体新模式，增强用户体验，有效提升了新闻舆论的传播力、引导力、影响力和公信力。

第五部分：突发公共事件中政务新媒体传播力的评估。利用“清博大数据”统计，以突发公共事件中政务新媒体的角色功能为导向，沿着维度选择、指标设计、影响变量、假设模型的思路，从时效、内容、回应、介入和服务这五个维度设计多个评估指标，并提出相应的计算方法，设定指标分界值，构建传播力评估指标的特征标签，利用新媒体传播实践案例进行分析验证。

第六部分：突发公共事件中政务新媒体传播力存在的问题。在突发公共事件中政务新媒体传播力评估指标的基础上，采用德尔菲专家咨询法评估典型案例的传播效果。对其数据和文本进行挖掘分析，科学评估公众对政务新媒体的采纳、满意、信任等感知情况。经过深入实践研究发现，政务新媒体采用行政主导的

“独白”方式来发布信息，响应速度慢、介入有限、沟通能力差和信息透明程度有限等问题比较普遍。对此，本部分着重剖析这些问题存在的原因、难点与机制，探讨这些问题对其传播力实现产生的影响。

第七部分：政务新媒体传播力的再造与提升。研究突发公共事件中政务新媒体传播的域外经验，并与本土实践进行比较，做出了必要的反思，有助于深度了解其中的问题和疏漏，为今后的决策提供借鉴。更重要的是通过域外经验与本土实践典型的比较，能够从技术采纳、组织管理、内容发布、公众回应、表达创新、风险沟通等层面提出改进机制，从而促进重大突发公共事件中政务新媒体传播力的提升与再造。

第八部分：未来展望——面向智慧沟通与服务的政务传播新格局。探讨政务新媒体在打造数字政府、建设数字社会、实现城市数字化转型中的全新角色和功能定位。政务新媒体利用数字化、智能化等技术打造虚实共存的沉浸式空间，以数智技术群为核心的新业态已经形成。各级政务新媒体都会根据自身实际，不断调整发展路径，掌握数智技术主动权，拓展媒体运用空间，实现在优化信息服务、主流价值引领、传播力等方面提质增效。

大数据、现实增强技术（AR）、虚拟现实技术（VR）、混合现实技术（MR）也在助力新媒体多维度发展，形成数智技术群，数智技术应用到内容生产、发布等多个环节，不断推动视听升级，推进内容建设。本书得出的研究结论，不仅能够丰富政务新媒体信息传播、服务效能、信息治理、公共传播等方面的理论体系，也有利于提升突发公共事件中政务新媒体的传播效能，进一步解决政务新媒体在突发公共事件传播中存在的问题，从而提高政务新媒体在信息传播与服务效能上的深度与广度，为未来各级政务新媒体在突发公共事件应急状态下的传播提供理论与实践支撑。

目　录

第一章 绪 论

第一节 研究背景及意义

在洪水、海啸、火灾、空难等突发公共事件频发的时代，对突发公共事件的研究也成了学界研究的热点。突发公共事件中政府利用新媒体进行信息传播，走好网络群众路线，是新时代政府治理能力的体现，也是在特殊信息环境下促进政府信息公开、舆论引导、公共服务和危机沟通的重要内容。党的二十大报告提出，要加强全媒体传播体系建设，塑造主流舆论新格局。在当前复杂的社会舆论背景下，加强政府利用新媒体提升传播力和传播效果，是强化政府执政能力和治理能力的应有之义。2021年郑州“7·20”特大暴雨灾害、2022年“3·21”东航客机坠机事件、重庆山火事件、长沙自建房倒塌事件、2024年梅大高速塌方事件的发生，再一次证明在突发公共事件中，面对信息的泛滥，政务新媒体成为凝聚人心、汇聚民力的强有力舆论平台。

一、研究背景

媒介技术的迭代作为社会变革的驱动力，一方面推动人类文明向更高层次发展，另一方面也引发社会权力结构的变迁。随着移动互联网技术的广泛应用，微博、微信、新闻资讯客户端等新型移动媒体应运而生，它们不仅重塑了传播生态，也改变了人们的生活方式。现在，“两微一端”①已经成为人们获取信息和沟通交流的主要渠道。中国互联网络信息中心(CNNIC)2024年3月发布的《中国互

① 两微一端是指微博、微信及移动客户端。

联网络发展状况统计报告》(第 53 次)显示，截至 2023 年 12 月，中国的网络用户已经达到了 10.92 亿人，网络普及率达到了 77.5%。网络用户一周平均在线时间为 26.1 个小时，其中 99.9%是通过移动设备访问互联网。① 中国有大量的互联网使用者，这是一个庞大的消费市场，同时也是发展数字经济的一个很有前景的消费群体。如此巨大的网络用户，不但通过新媒介获得资讯，而且持续推进着中国政府资讯的公开。政府使用各种新媒体，对自己的区域进行有效的治理，这是各级地方政府的一种自觉的选择。人们对用新媒体来提升社会管理效率的期待也在不断增加。

政务新媒体作为互联网在政务领域的应用，以及服务型政府建设的实践，其在应对突发公共事件中的作用日益凸显，各级政务新媒体在这次新冠疫情中，以微博、微信、短视频等方式作为信息公开、风险沟通的重要窗口，在传播上已经从原来的信息“发布墙”转向了“服务者”“介入者”与“链接者”的角色，体现了社会治理的责任与担当。政务新媒体作为各级党委和政府的喉舌，其传播力依然需要迭代升级，充分发挥在突发公共事件中的应有作用。

政务新媒体作为一个新兴传播平台，在当下媒介融合的大背景下，不仅要发挥其政务信息传达、重大政策解读、公共服务响应等功能，还需要进一步拓展其在文化强国建设中的作用。在 2024 年召开的党的二十届三中全会中，习近平总书记提出“七个聚焦”，其中一个重要方面就是“聚焦建设社会主义文化强国”。习近平总书记指出：“文化是一个国家、一个民族的灵魂。文化兴国运兴，文化强民族强。”文化建设与政治、经济等其他领域建设相辅相成，不断推进社会主义文化建设，为社会主义现代化强国建设提供精神力量。政务新媒体作为党和政府的重要传播工具，依靠其强大的权威性、专业性等优势，一方面要加强意识形态领域教育，牢牢掌握意识形态领导权；另一方面要提升文化产品和文化服务的质与量，满足人民群众的精神文化需求。只有人民群众的精神力量变得强大，文化素养得到提高，社会共治才能良性发展。

---

① 中国互联网络信息中心(CNNIC). 第 53 次《中国互联网络发展现状况统计报告》[R]. 2024-03-22.

(一)新媒体已经成为信息传播的主要渠道

20世纪90年代，美国社会学家曼纽尔·卡斯特尔曾在其《资讯时代三部曲》一书中宣布“网络社会的到来”。在去中心化、用户自创、信息碎片化为主要特点的网络环境下，社交传播借助数字时代新技术的赋能，正在发生从传播权利到传播权力的转变。为此，传统媒体和新兴媒体的冲突也愈演愈烈。首先，互联网的私有媒体性质决定了它自然会趋向于分散。分散性和传播权的扩张，使得政府在主流媒体的话语权与支配作用逐渐减弱。在移动网络环境下，政府必须主动地适应和运用网络实现变革，在网络空间中形成一种新的“引领力量”。随着政务微博、政务微信、政务 App、政务视频号等新媒体的兴起，在对信息传播模式进行持续重组的同时，也给人们带来了诸如信息重复传播、沟通不畅、权威声音被淹没等问题，已有的政务新媒体也未能充分发挥网络和资源优势。因此，从政府的视角来看，这种依托新媒体集群重新建构的传播体系、传播形式和不断增强的网民意识，已经对原来传统的政府执政理念带来很大的挑战。如果对突发公共事件和社会热点应对不当或处理不力，不仅直接影响现有的工作成效，还会损害长期以来建立起来的政府形象，削弱执政能力。①

新媒体的兴起引发了公民权益意识的觉醒，真实世界与虚拟世界的交织，线上线下的互动，进一步刺激了公民争取话语权的渴望。新兴传播媒介如“两微一端”的广泛采用，改变了信息交互的角色，人们既是信息的创造者、传播者，也是消费者。人们获取信息的自由度和选择度得到了极大的提升，而个性化推荐技术的应用使得获取信息的成本大幅降低，机器可以预测人的信息需求并进行个性化定制。新媒体所带来的这种格局和传播方式为公众提供了更为开放的表达和言论空间，也成为公众表达意愿、参政议政的平台。公众的言论越自由，参与政策讨论的热情就越高，对政务信息公开的需求也越持续上升。如果政府无法满足公众的这种需求，网络舆论将会迅速集结。因此，政府必须快速、准确、权威地发布信息，以满足公众的期待。在服务型政府建设背景下，政府利用新媒体服务公众、提升沟通效率的期望日益增强。

---

① 黄河．政务新媒体传播[M]．北京：光明日报出版社，2012：1.

（二）政务新媒体成为助推政府执政水平提升的工具

2022年9月，《国务院办公厅关于印发全国一体化政务大数据体系建设指南的通知》发布。该通知要求加强数字政府建设，加快推进全国一体化政务大数据体系建设，促进数据依法有序流动，结合实际统筹推动本地区本部门政务数据平台建设，积极开展政务大数据体系相关体制机制和应用服务创新，增强数字政府效能，营造良好数字生态，不断提高政府管理水平和服务效能，为推进国家治理体系和治理能力现代化提供有力支撑。政务大数据体系化建设可推动新闻发布更加公开透明、信息公开更显成效，激活政务信息资源，最大限度满足公众的知情权。同时，利用新媒体迅速抢占网上舆论阵地，其传播速度快、覆盖广、影响力大、社会渗透力强的优势也可发挥得淋漓尽致。

近年来，随着网络快速发展，以微博、微信、客户端等新媒介形式出现的“两微多端”，已经成了衡量政府信息管理的一个主要指标。在移动网络环境下，舆情传播具有碎片化、个性化和情感化的特征。网络技术在我国的应用日益广泛，通过对平台资源的共享，促进了各部门间的信息交流，提升了政府管理的层次；同时，在城市基础建设中，“互联网+”的服务也将成为新的发展模式。

从当前的政策推进情况来看，随着科技进步和社会发展，地方政府正在积极改变传统的治理理念，通过大数据、云计算、移动互联网等先进的信息技术手段，力图提升政务信息的公开程度和集中化水平。他们的目标是打破过去信息孤岛的局面，构建起一个高效、便捷、公开的政务信息系统。“互联网+政务”的发展是这一转变的重要推动力。通过网络技术，政府可以构建一体化的网络政务服务体系，实现信息资源的全面共享，打破信息孤岛，实现业务的互联互通和协同。比如，政府部门之间可以共享数据，避免重复收集信息，提高工作效率；政府和公众之间的信息流通更为畅通，公众可以更便捷地获取政府信息，提升政府的公信力和公众的满意度。此外，地方政府还可以通过运用网络政务新媒体平台，实现审批和服务事项的网上办理。“浙里办”作为浙江省打造的本地政务新媒体，被网友称为“便民神器”。医保办理、学费缴纳、无房证明开具、补贴领取等很多原本需要线下办理的事情，只要登录“浙里办”，足不出户就能迅速完成。这不仅提高了办事效率，节省了公众的时间和精力，也使政务服务更加便民化，满足了公众对高效公共服务的需求。同时，地方政府还可以利用政务微博、微信和客户端等新媒体工具，改变新闻的传播模式，拓展新闻的受众范围，提升公众的接受度和满意度。这种“指尖上”的服务不仅方便了公众获取和使用信息，同时也为政府提供了更多与公众交流互动的机会，提升了政府服务的用户体验。在党的二十届三中全会上，习近平总书记提出“七个聚焦”，其中一个就是“聚焦提高党的领导水平和长期执政能力”。政务新媒体使得数智技术赋能执政水平，极大地提升了党和政府部门的办事效率，改善了人民群众的服务体验，切实做到了坚持以人民为中心的原则，是加快政府职能转变、提升执政能力的有力手段。总的来说，地方政府正在积极借助信息技术，推进政务服务的现代化，致力于为公众提供更高效、更便捷、更公开的政务服务。

随着“互联网+”“媒介融合”“大数据”以及“云端技术”等一系列信息技术的快速发展，特别是在当前“推动基层政府改革”的大背景下，政务新媒体正在向内容、服务、关系“三位一体”的 3.0 方向发展，预示着广阔的发展前景。例如，政务微信就是政务新媒体的一个典型应用，可以说是一种“微政府”的形态。它主要是由政府部门利用新媒体推出的以微信为主要信息发布平台的电子政务 2.0 模式。这种模式代表了新媒体时代公共管理方式的一种创新，具有深远的社会影响。政务微信以手机微信为载体，它不仅可以高效地推动公众问答、网上调查、信息发布等公务工作，还可以更快捷地倾听人民的声音，更及时有效地回答人民的疑问、解决人民的问题。比如 2022 年爆火的政务微信公众号“浙江宣传”，自 2022 年 5 月上线以来，仅用了两个月，就实现了文章阅读量超过 10 万的常态化，并且成功入选“2022 中国应用新闻传播十大创新案例”。“浙江宣传”一直秉持着“说人话、切热点、有态度、有温度”的办号理念，能够运用接地气的、年轻化的语言将严肃的话题和复杂的政策理论转变为普通群众能够接受并且愿意接受的语言信息。比如《“低级红”“高级黑”的六种形式》将百姓生活中遇到的各种社会现象进行总结，得到了人民群众的高度认同。另外，“浙江宣传”还通过与用户之间的交流互动，积极收集用户的意见和建议，了解普通老百姓的需求和想法，不断改进内容和服务。政务新媒体的这种转变，意味着政府与公众的关系正在发生深刻变革，从传统的单向发布向双向互动转变。这种转变，让政府的服务更具亲民性，更加符合公众的需求，有力推动了政务服务的现代化，使得政府服务更具效率，更能满足人民群众的期待。然而，在政务新媒体的发展中，也出现了一种“零散”的现象，在信息的制作和传播中，经常会有一些重复和相似的内容，这就造成了大量的冗余信息，从而降低了观众的注意力，阻碍了政务新媒体的发展。

提高政府执政能力，实现社会治理的有效运行，为人民服务，增强地方政府新媒体的传播力，迫切需要从实践中进行更多的探索，并对其进行系统的理论梳理与总结；政务新媒体怎样找到最大公约数并形成一致意见，还面临着诸多问题。所以，如何提高当地政府新媒体与民众的沟通能力成为当前政府工作的热点问题。

（三）政务新媒体成为优秀传统文化传播的新渠道

2024 年 7 月召开的党的二十届三中全会，习近平总书记强调要聚焦建设社会主义文化强国。党的十八大以来，习近平总书记多次对宣传思想文化工作作出重要指示，并且强调要“推动中华优秀传统文化创造性转化、创新性发展”。中华优秀传统文化之所以能够源远流长、博大精深，是因为其具有独特的文化韧性。中华优秀传统文化有很多重要元素，比如，天下为公、天下大同的社会理想，民为邦本、为政以德的治理思想，九州共贯、多元一体的大一统传统，修齐治平、兴亡有责的家国情怀，厚德载物、明德弘道的精神追求，富民厚生、义利兼顾的经济伦理，天人合一、万物并育的生态理念，实事求是、知行合一的哲学思想，执两用中、守中致和的思维方法，讲信修睦、亲仁善邻的交往之道等。① 在面对西方多元文化的冲击下，中华优秀传统文化的魅力需要被充分展现、内涵需要被充分挖掘、价值需要被充分认同。政务新媒体作为我国社会治理的重要工具，依靠其权威、专业的优势，在中华优秀传统文化传播中发挥着不可替代的重要作用，能够有效激活中华优秀传统文化的活态传播，推动中华优秀传统文化在数智时代实现创造性转化和创新性发展。

---

① 张晓松，林晖，杜尚泽，等．赓续历史文脉 谱写当代华章——习近平总书记考察中国国家版本馆和中国历史研究院并出席文化传承发展座谈会纪实［N］．人民日报，2023-06-04（001）．

(四)突发公共事件中公共治理与价值引导的不足

突发公共事件的爆发，考验着政府的防控应急机制，也检验着政府在风险应对中的角色。无论是应急主导者、资源协调者还是风险沟通者，最终都要落实到公共治理上。在中国，地方政府是应对突发公共事件并构建治理机制的关键力量。治理机制需要综合协调行政体系、医疗机构、供应商、志愿者、社区居民等多元主体的关系。政府在多元主体治理机制中，通过治理角色定位可以有效促进多元主体之间的互动，其核心责任在于提供规则、建立秩序、促进集体行动。对于突发公共事件的应对，一些地方政府仍沿用行政主导的方式处理问题，这限制了行政体系的治理效果。如何改进地方政府在突发公共事件中的治理机制呢？在信息机制方面，地方政府应该建设更加多元和透明的信息渠道，提升对突发公共事件的反应能力；此外，政府可以通过政务新媒体实现数据共享，协调多个主体共同应对突发公共事件。

在2021年7月20日郑州特大暴雨灾害中，前期政府预警力度不够，导致民众对灾害的认识和准备不足，政府的应急管理响应滞后。但在后期救援中，除了政府和志愿者在当地展开的救援外，数智技术的运用为民间救援制定了新的行动模式及可供机制。很多志愿者自发将求助信息整理成救命文档，与当地政府的救援相配合，起到了资源对接与配置的作用。互联网民间志愿救援已然成为灾难救援的新兴力量。灾难救援在社会化公共空间展示出非结构化、去中心化的特征，人人参与数字化救援实践并优化传统的救援方式，是一场虚实相间、社会性合作的救援行动。① 政府—微博—民间的“全民”救援调和并重组了政府主导和民间互助的传统模式，将各方力量(如灾民、广大网民、民间互助团体、政府等)汇聚于公共空间，构成传播网络并及时配合救援。

(五)各地政务新媒体传播水平参差不齐

近年来在各种突发公共事件中，政务新媒体取得的成效是显著的。受新冠疫

① 韩文静，喻馨君．“全民看海”到“自救互救”：极端天气事件的社会化传播与救援实践——以郑州“7·20”特大暴雨灾害为例[J]．新闻爱好者，2022(08)：20-24.

情的影响，无论是社会公共服务还是企业服务都越来越多地走上“云端”，而这一点在社交媒体上尤其明显。

由余杭发布发起的“余杭精品快讯”于2021年4月18日举行；由中国消防、山东消防联合微博政务发起的“国家中小学消防公开课”于2020年4月29日正式上线。另外，“北京发布”作为政务新媒体，始终保持着对“北京市新冠疫情防控工作新闻发布会”的现场转播。截至2022年5月21日，“北京发布”已经持续了109期，超过1500万的点击量。除此之外，各种公共事务方面的课程和讲座也都在“云”中进行。中国消防、山东消防联合微博独家直播“国家中小学消防公开课”，获得6280万名观众观看，引发了超过15亿次的讨论。就像时任“国资小新”主编闫永所说：“在这个云计算的年代里，随着直播技术、平台和机制的日趋完善，对政府、企业、媒体、学术界来说，都是一个提升品牌形象，实现业态转型升级的契机。对政府机关来说，现场直播的‘可视化’和‘双向交互’给观众带来了图片、文字和视频所无法比拟的现场感、参与感和认同感，为政务资讯的交流打开了一条新的路径。”

“国资小新”在2021年举办了一场“中央品牌百个乡镇百个精品”的“小新带货”活动，与中央企业的工作人员一起进行了几场慈善活动，并邀请了纪连海、徐侠客等明星为当地的特产做宣传。中央企业的新媒体也加入进来，为当地的经济发展做出了贡献。例如，在陕西的山阳胡桃、湖北的华润红安希望城等地，通过直播帮扶行动，助力中央企业支持脱贫地区发展，回应人民群众对美好生活的憧憬，推进人民群众迈向富裕、幸福的目标。同时，直播场景更加丰富，涵盖政务服务、专业知识科普与分享、传统文化传播、城市形象宣传、旅游推介、人才招聘及招商引资等。

类似成功的案例还有很多，但更多的地方政务新媒体表现乏善可陈。一方面缺乏内容创新和与公众的情感连接，仅仅单纯地作为一种“发布墙”和“复读机”的角色；另一方面一些部门政务新媒体无所作为，直接就是停止更新了。因此，地方政府在政务新媒体运用上存在参差不齐的现象，依然有很多问题需要去解决与整改。

总的来说，新媒体时代，技术助力下的新媒体工作已经成了政务工作转型升级的突破口，从政府网站到微博、微信，再到客户端、短视频，各级政府通过构建多元化的新媒体传播矩阵，发布政府信息、提供公共服务、维护社会秩序，逐步形成了“新闻+政务+服务”的传播格局，推动政务平台迈向“新时代”。但是同时也不可避免地出现了功能定位不清晰、信息发布不严谨、建设运维不规范、监督管理不到位等突出问题，以及“僵尸”“睡眠”“雷人雷语”“不互动无服务”等现象。① 因此如何充分利用大数据、人工智能等新技术手段，推动各种媒介资源和生产要素的有机融合，不断提升政务新媒体在突发公共事件中的应对能力成为本书研究的主要问题。

二、研究意义

突发公共事件考验着政府的信息治理能力和公共信息传播力，同时也为政府利用政务新媒体提供了新的机遇。一方面，一批政务新媒体大胆创新传播与服务策略，取得了非常好的社会效果；另一方面，作为突发公共事件责任主体的各级地方政府在信息治理、公共传播与在线服务等方面也存在不足。因此，总结先进经验，寻找问题，才能更好地在突发公共事件中指导和提升政府的政务传播力和社会服务水平。因此，本书的研究意义主要体现在以下几个方面：

第一，深化新媒体理论研究，拓展政府传播理论。微传播与移动互联网环境下，政府传播的形式、结构、渠道等发生着巨大变化，新媒体也开启了政务传播新模式。本书以媒介生态学为基础，引入大数据、新媒体信息接受、新媒体利益平衡、长尾理论等概念，探讨政府传播在微传播与移动互联网环境下的变化，以及新媒体对政务传播的新模式。本书扩展了政务传播理论研究，深入研究政务新媒体从单个孤岛到协同、联通的生态圈的发展历程。本书从传播学角度探讨现有地方政务新媒体的运行模式、形态、内容、效果等，提出政务新媒体领域的生态与集群叠加概念，推进网络传播学科发展并为其提供理论支持，同时丰富新媒体传播理论。本书也涉及政务新媒体传播机制和管理问题。

第二，推进风险社会背景下的服务型政府建设，为改进突发公共事件中政务新媒体传播提供建议参考。本书是对突发公共事件中政务新媒体传播的总结、反

① 崔文斐．政务新媒体的“破圈”路径探析[J]．青年记者，2022(24)：85-86.

思与理论分析，旨在为未来突发公共事件中的政务新媒体传播提供参考，进而更好地推动各级政务新媒体主动参与信息治理与公共服务。本书主要探讨在“互联网+”背景下，大力推动新媒体在民生服务、地方经济发展、文化强国建设等方面的运用与扩展，提升新媒体在民生服务和地方经济发展等方面的可获得性和便捷性，提升新媒体在文化服务和文化产品供给方面的质与量；形成以人民为主体的多元治理格局，使人民群众能够更好地参与新媒体的建设，从而使政务新媒体能够更有效地回应用户关切，促进政府部门更好地服务于人民群众，推动我国服务型、智慧型政府的建设。

第三，对政务新媒体的宣传成效进行了评估。对于政务新媒体绩效、发展水平等方面的评估指标的设计，目前已经有了大量的经验探讨，然而，在技术和政策的驱动下，政务新媒体在传播和服务上也发生了很大改变，无论是内容还是表现手段都呈现出新的差异，比如云上发布会、云上直播课、云上招聘会、云上带货助农等。这些新的变化，亟须重新去评估政务新媒体的角色和其传播效果评价体系。因此，在面对新的情况时，政务新媒体传播效果的核心在于反映现状并引导发展。

第二节 相关概念及理论综述

“所谓的概念，就是能够被视为符合某种基础原理的变数。”这是提出问题、分析问题、解决问题的一个必不可少的先决条件，对概念的定义不仅是一种进行理论研究的手段，而且是对所要解释的经验性的社会现象进行清晰认知的一种表达。研究对象概念的界定以及理论基础的梳理，既是研究的起点，更为研究的深入提供重要前提。本章将通过对突发公共事件、政务新媒体等概念进行梳理、界定和论述，进而确定本研究的领域，为后续研究提供基础和依据。

一、突发公共事件

“突发公共事件”是指在意料之外突然发生的，对社会、环境、人民群众等产生重大影响的事件。虽然“突发公共事件”这一概念并不源于古典文献，也并非音译或意译自其他语言的概念，但作为一个在社会实践中产生、发展并逐渐丰富和完善的词汇，它拥有极高的理论研究和实践应用价值。根据研究和审视的视角不同，我们可以从多个角度来探寻这个概念的内涵，并得出不同的解读和结论。因此，从多个视角剖析“突发公共事件”这一概念，可以帮助我们更清晰地认识它的内涵，更好地理解和运用这一概念，进一步提升我们在面对突发公共事件时的应对和处理能力。

1. 从词源上来看

“突发”的意思是突然爆发。第一个把“发”与“突”结合起来的人是瞿秋白，“突发”来源于他的《赤都心史 · 一》里的一句话：“新芽刚才突发。”“突发”在此只表示“萌发”和“发生”，并没有突然爆发的意思。茅盾在他的《子夜 · 三》中说：“可就在这一刹那间，唢呐、笛子、大号的混合声音像春雷突发似的从外面飞过来。”这里的“突发”，就是说，它是一种突如其来的现象。“事件”指的是一些重大的事件，比如毛泽东写的《南京政府向何处去?》，其内容为：“四月一日发生于南京的惨案，不是什么偶然的事件。”广义上的“公共”指的是公共政府的性质，它区别于医院、企业、档案馆、图书馆等公共利益、公共政策等，是政府在制定和实施公共政策时，必须遵循公众的意愿，并尽量保障公众的利益。这种公共危机的发生，必然涉及一个特定的地域，因此必须有相应的政府进行干预和处理。在词源学上，“公共突发事件”，其含义主要表现为“突发”的“突然性”、“事件”的“影响性”和“公共”的“政府”特征。

2. 从法律层面来看

2007 年 11 月 1 日施行的《中华人民共和国突发公共事件应对法》第二条中明确界定：“本法所称突发公共事件，是指突然发生，造成或者可能造成严重社会危害，需要采取应急处置措施予以应对的自然灾害、事故灾害、公共卫生事件和社会安全事件。”该概念明确了在应对突发公共事件时的理论实践，以规定不同行政组织在处置和管理突发公共事件时应享有的国家紧急权力范围、履行的职责和承担的责任。由此看来，“存在达到法定危害程度的突发公共事件，这是国家紧急权力适用的基本前提”。国家紧急权力是根据宪法和法律的特别规定，暂时克减、限制或中止某些正常权利，迅速采取法定紧急措施的权力。国家紧急权力是处理突发公共事件的保障，包括决策、公告、执行和监督。国家紧急权力只能由授权的国家机关行使，而个人和社会组织无权使用。政府系统只有在突发公共事件达到法定危害程度，并且具有合法合理的目的时，才能依法行使国家紧急权力，而不能滥用。

从法律角度来看，“突发公共事件”不仅暴露了其潜在的危害性，还要求政府以应急管理的主体身份，积极、果断地采取应急处理措施，充分借助并巧妙运用人力、物力资源，全力以赴、毫不松懈地投入到应对危机的行动中。这种政府的应急行动，严格符合法律法规，遵循相应的法律程序，充分体现了政府的主导地位和权威性。政府在应对突发公共事件时，必须严格按照相关的法律、应急条例及制度规范来进行协调和沟通，确保在法律的范围内，对突发公共事件进行妥善的处理，不断提高政府应急处理的能力，从而更好地保护公众的生命财产安全，维护社会的稳定和正常运转。

3. 从传播学上来看

突发公共事件作为特殊的信息生成背景，注定其信息传播机制、舆论生态、社会公众心理、政府应急沟通方式等都与一般情境下的传播有很大的差别。随着新的媒体出现以及数智技术的应用和推广，如微信、微博、抖音、小红书等的不断普及，“微”和“小”成为“微时代”的主题，微信、微博等微媒体成为人们在碎片化时间里获取信息的主要方式。微媒体的互动传播方式，推进了突发公共事件的信息快速、深入和广泛传播。尤其是微信、微博和抖音等平台，信息传播更具迅捷性和灵活性，展示出全方位、全媒体、全覆盖的传播力。

通过“去中心化”的微媒介传播，各种资讯彼此叠加，得以更大范围地散布。随着信息技术和人工智能的不断发展，“信息流”的“基础设施”不断迭代升级，各种微型技术应用在手机上不断涌现，更多的中青年用户通过微信视频号推送、微博热搜、抖音新闻等方式，在碎片化的时间里，更容易获得即时的新闻资讯。由于微媒体具有的交互传播方式和强大的信息功能，它可以帮助信息得到更多扩散，从而让相关的动态占据了微信朋友圈和微博热搜，进而变成了引导舆论焦点的一股重要力量。各个媒体平台通过多种媒介形式，突破了新闻资讯的制作与传播闭环，将更加丰富的资讯传递到手机上。比如在2022年“3·21”东航客机坠机事件中，澎湃新闻、新京报、新华社等媒体纷纷尝试用长图、动画、3D图像等形式，向公众更加直观地模拟事故发生的全过程。

在扩散速率方面，网络中的节点扩散加速了信息扩散。信息扩散是通过网络中的交互分享来实现的。在媒体平台上，由于其传播节点数目的无穷多，使得其传播的路径数目也在持续增长，因此加快了消息的实时更新和持续传递。各种新闻网站将微博、微信、抖音等媒体用作流量引入口，通过跨平台传播的方式，来达到防控宣传的最大效果。一方面，以官方的主流媒体为核心，精准、及时地传达政府的最新消息，采取一对多的"KOL"(Key Opinion Leader)的方法，对公众进行有效引导，并保持积极的报道态度，争取让官方的消息比传闻更快。另一方面，也有大量的网民在微信、微博和抖音等平台上，即时发布和分享有关事件的信息；微博通过"关注"和"被关注"两种方式构建起"连接"的纽带，这些纽带构成了网络的"扩散点"，使事件发生后产生的各类社会问题在这些"扩散点"中得到持续的发酵，并在这些"扩散点"中生成了一颗能够迅速扩散的"火种"。

在突发公共事件中，大量的消息会以爆炸性的方式涌现出来，虽然逐渐占据人们的视野和大脑，但民众也会对事情发展的前因后果有一个清晰的认识，并慢慢地对这件事产生自己的看法。之后，一些人会利用微博、论坛等互联网社交平台来表达自己的意见和看法，并在对应的网站论坛上展开一个开放式的交流与互动。上述情况表明，信息的整合与扩散具有较强的普遍性，能够在某种意义上促进国家政策的制定与社会大众的理解。但是，当信息量达到了一个临界值之后，太多的信息就不会对事态的发展产生正面的作用，不真实信息传播等因素就会让事实的真相逐渐被越来越多的信息流所湮没。所以，在对突发公共事件的公共信息进行管理的过程中，我们需要将这样一个信息节点把握住，准确地判断节点、控制节点，从而更好地运用这一信息节点，让信息的传播得到最大限度的优化，充分利用媒体的作用。因此，从传播学角度来说，突发公共事件主要是指在去中心化的微媒体平台上所呈现出的传播速度快、传播面广、受关注度高、社会影响大、引发网络舆论的事件。

二、政务新媒体与政府传播

(一)政务新媒体

新媒体概念最早由美国学者戈尔德马克于1967年首先提出，即"一种新型媒介形态"。联合国教科文组织对新媒体的定义是以数智技术为基础，利用互联网来传递资讯的媒介。一般而言，新媒体是基于数字、网络和移动通信技术，与视频、音频、文字等多种信息形态融合，以电脑、手机、电视等作为其主要的输出终端，为网络用户提供远程教育、语音数据服务、连线游戏等信息和娱乐综合服务。匡文波对新媒体的界定，是指以计算机(或具有计算机基础特征的数字设备)为媒体传播信息。后来基于网络传播技术支撑体系，出现了数字杂志、数字报纸、数字广播、手机短信、移动电视、网络、计算机、数字电视、数字电影、触摸媒体等多种媒体形式。曾来海对新媒体的界定，是指利用数码科技，透过电脑网络、无线电通信网络、人造卫星、电脑、移动电话、数码电视等不同的终端机，向用户传送信息与服务。“新媒体”在时间和空间方面，是一种具有大容量、实时性和交互性的独特媒介，具有突破区域边界、实现全球传播的能力。由以上学者的观点可知，相对于报纸、广播、电视等传统媒体，新媒体是在媒介技术驱动下形成的新型传播形态。随着数智技术和社交媒体的迅速发展，新媒体的形式不断涌现，主要有移动应用、微博、微信、短视频、现场直播等。

政务新媒体是政府组织利用新媒体传播技术，集政府信息公开、新闻发布、便民服务、网上办事、互动交流等功能于一体的，一种新型的政务信息传播与公共服务媒介，是能够实现互联网治理、提高信息化水平的一种手段。例如，“平安北京朝阳”“浙江宣传”“深圳卫健委”“蒙速办”等都是典型的政务新媒体。新型政务媒介的兴起与发展，一方面离不开科技的发展，另一方面也反映了新的政府管理观念与公众服务水平的提升。目前政务新媒体呈现的形式有政府网站、政务微博、政务微信，以及政务 App 客户端、政务短视频等。一些政府机关也在试行“政务易信”等业务，如“政务来往”和“政务飞信”。依据前述解释，在本章节中，地方政务新媒体指的是相对于中央政务新媒体而言的媒体形式。本书主要研究地方政务新媒体，涉及的内容及数据主要集中于对政务微博和政务微信的研究。

(二)政府传播

目前，关于什么是“政府传播”，有很多争论，其中最突出的是两种意见。一种是从政治学和行政学角度来看待政府传播，他们将政府传播界定为由政府主导所从事的信息服务等相关行为和活动，将其视为政府在行使职能的过程中，按照特定价值理念实施的一种必要手段。另一种是从传播学和信息学的视角出发，界定并探讨了政府沟通的概念。程曼丽认为，“政府沟通是指政府运用媒体对民众进行的沟通，或者说，是指政府部门运用媒体对民众所进行的沟通”。这种界定清楚地指明了政府沟通的主体和责任，也就是将消息传达给大众。“政府传播”的研究，是政治学与传播学的交叉研究，政府沟通是一项重要的社会活动，它涉及了许多学科，如政治学、行政学、管理学、信息学和传播学等。各个学科的专家们都从自己的研究视角进行分析，并提出自己的看法。

政府作为一个国家最关键、最庞大的机构，拥有丰富的物质和信息资源，它在整体上对社会的生产、分配等环节起到了协调和引导作用。政府的每一项行动，都关系到全国人民的切身利益，因此，如何提高政府的工作效能，就显得尤为重要。从组织的开放性角度出发，在遵守一定的制度规则的前提下，政府部门的沟通应充分重视并考虑到其内部各成员及合作伙伴的意愿。改革开放后，中国政府逐步改变了在计划经济时期实行的“自上而下”的行政闭关型、“政府—社会”交涉型的治理模式，并在此基础上，提出了新的治理理念。尤其是在2008年，随着国务院颁布了《中华人民共和国政府信息公开条例》，我国的政府信息公开水平明显提高。《中华人民共和国政府信息公开条例》在2019年进行了修订，使政务公开的范围得到了更大的拓展。

当前，我国的政治、经济等领域都在发生着深刻的变化，除宏观环境因素外，新型媒介环境的出现也对政府组织的沟通有很大的影响。新媒介的兴起，使世界范围内的信息资源互联互通、达成共享。首先，无论是国家还是公民，都能在大量的信息中找到自己需要的内容，新媒介打破了过去由国家或个人机构所掌握的社会信息。其次，社会化媒介注重技术授权，大幅提高了使用者对媒介的使用权限。如今无论是官方还是非官方的新闻媒介，人人都可以访问并使用，人们获得的信息也越来越多样化，而非仅仅依靠官方的媒介，人人都可能是新闻的创造者、筛选者和传播者。最后，社交新媒体的兴起，对政府与民众都产生了很大影响，成为双方相互交流的工具。社交网络的出现，对网络营销既是一种机会，也是一种挑战。传统的国家治理模型注重等级的稳定性和等级间的信息交换，但随着网络技术的发展，拥有相同利益的人们逐渐聚集在一起，形成趣缘群体，不再是身份、地位、行业等传统的等级体系，而是更多地关注于“熟人间”等个人关系。面对新媒介环境下对社会治理的新要求，我国政府应当转变观念，更加注重对社会关系的探索和治理。新的政府管理媒介正是在这样的媒介环境中诞生和发展的。

三、理论依据

(一)协同治理理论

1. 协同学

协同治理理论是协同学和治理学的结合，它是一个交叉学科。“协同学”是研究普遍规律下形成有序、自发组织的群体行为的科学。它探索在集体中完成任务时需要遵循的两个基本原则：支配原则和自组织原则。①

协同学，又称“协作的科学”，于20世纪70年代由德国赫尔曼·哈肯所提出。协同学是指研究一系列系统的学科。如由电子、原子、分子、细胞、神经元、力学元、光子、器官、动物，甚至人类组成的多个子系统，研究各子系统之间是怎样协同生成空间、时间和功能结构的。尤其是，以自组织形式产生的结构，与子系统完全无关地支配着组织过程，需要着重对其进行分析。

从静态的角度来看，它是多个子系统之间在开放状态下相互协作而产生的一种新的结构。从动态的角度上讲，就是一个体系由无序向有序的转化，或由旧秩序向新秩序的转化。在这种情况下，这个体系在不受外界影响的情况下，自行组织、形成和维持发展自身的状态并以不同的方式对体系进行反馈，进而对体系的组织行为进行调控和强化。在此基础上，提出了一种新的自组织现象。该现象的主要特点是：

(1)开放性。非平衡热力学证明，远离热平衡是发生非平衡相变的必要条件。而只有从外界向系统注入能量(或物质)系统才能维持非平衡态。也就是说，一个开放系统才能实现非平衡相变。

(2)协同性。协同性是相变最基本的条件。当系统处于相变点附近时，平衡相变和非平衡相变会让所有的子系统都连带产生变化。

① 李汉卿．协同治理理论探析[J]．理论月刊，2014(01)：138-142.

(3)随机性。由理论物理学中的一些基本规律可知，当存在耗散时，必然会出现一些波动性，进而使体系呈现出一定的随机特性。当体系靠近相变点时，无论是在平衡态还是在非平衡态下，其变化(即自组织)将起到决定性作用。①

2. 社会治理

社会治理是政府、企业、社会组织、社区和个人等各种不同的行动者通过合作、协商和沟通，在平等对话的基础上指导和依法管理社会组织、社会事务和社会生活的一个过程，从而使公共利益最大化。从操作的角度来看，“社会治理”实际上意味着“治理社会”。换句话说，“社会治理”是一个特定的行政主体对一个特定的社会所行使的行政行为。

从“社会管理”到“社会治理”的转变，不仅是概念的转变，也是方法的转变、手段的转变、制度的转变。社会治理是一个可以产生社会效应和经济效应的公共概念模式，在西方的治理理论中，社会治理是其重要内容，是政策和制度的一种价值。允许对社会进行有效的经济、政治和社会管理，是社会治理在国民经济和社会发展中采用的一种管理方式，它也是一个决策和实施的过程。同时，对个人和组织来说，社会治理既是制约又是激励的规范、制度和行为形式。因此，治理不仅是政府的责任，而且是各种行为者之间的互动。在西方，“个人标准”和“个人”是主要内容。在某种程度上，西方的治理思想本质上是一种基于“理性人+经济人”的社会自治思想。

3. 协同治理

协同治理理论是指政府、非政府组织、企业、公民等各个主体在社会生活中共同参与公共管理活动，并充分利用自身特长，构建出一个协调、有序、有效的公共治理网络。②

(1)协同治理的特征。

①治理主体的多元化。要想社会和谐，就一定要有一个多元的治理结构，治理的主体不仅包括政府组织，还包括企业、民间组织、家庭以及个人等行动主

① 张立荣，冷向明. 协同治理与我国公共危机管理模式创新——基于协同理论的视角[J]. 华中师范大学学报(人文社会科学版)，2008(02)：11-19.

② 朱纪华. 协同治理：新时期我国公共管理范式的创新与路径[J]. 上海市经济管理干部学院学报，2010，8(01)：5-10.

体。不同的利益诉求，不同的社会资源，不同的价值取向，形成了不同的利益群体，它们相互间既有竞争又有合作。这是因为当今社会，任何一个组织或行动体都不具备单独行动的能力，而不同于传统的政治体制，各种不同的社会团体也可以通过不同的途径来表达和处理自己的政治、经济、文化等问题。

②各子系统的协同性。在一个现代化的社会体系中，知识与资源不再集中于某个系统，而分散于多个系统之间。所以，一个进行集体行为的组织必然要依赖其他的组织，并且，不同的组织之间还会有一些谈判磋商和资源的交流，而交流能否成功的进行，除了个人的资源以外，还依赖于各方所遵循的规则和交流的环境。为此，在合作式管理中，应尊重各方的志愿、公平合作。在合作治理中，一些组织可以在某个具体的交易过程中起到支配作用，但支配作用并不表现为单方面的命令。因此，所谓的协同治理，指的就是政府不再单纯地依赖强制力，而是更多地利用政府与民间组织、企业等社会组织之间的协商对话、相互合作等形式，建立合作伙伴关系，对公共社会事务进行管理。由于社会系统的复杂性、动态性、多元化，因此需要各系统之间的协调配合，以达到整体的良性发展。

③自组织间的协同。在合作治理中，自组织机构是一个关键的角色。政府的能力常受多重约束：政策过程的高度复杂、制度设计的多元冲突，以及正当性基础的持续弱化。国家的行动对社会的一些事件的进程发挥着作用。从某些方面来说，国家还不具备把自己的意愿强加给其他行为体的力量。

同时，其他的主体也努力从国家对它们的统治中解脱出来，寻求自我的掌控，也就是自主。它不仅仅指的是自由，相对的义务是自己的责任自己承担。这也是自组织机构的重要特点。自治可以让一个独立的系统，拥有更多的自主权。而自组织系统的构建也需要政府在控制、管制上有一定程度的削弱，甚至在某些领域退出。

要实现社会制度的作用，就需要各种不同的组织之间的配合。而政府作为一个嵌入社会中的关键行动者，在制定群体行动规则、目标等方面有着无可取代的作用。协同治理过程是资源和权力的互动利用过程，自组织间的协同离不开政府组织。

④共同规则的制定。合作治理是一种群体的行为，合作治理在一定意义上是一种由各方共同制定行为准则的过程。在合作治理中，信任和协作是治理的基

础，其作用类似于协同学中的序参量，不仅关系到治理结果的优劣，还关系到均衡治理结构的构建。虽然在此过程中，国家机构并没有起到主导作用，但其意志却对规则的制定起到了重要作用。在规则制定中，企业之间的竞争和合作，是促使最终制定出相应制度的重要因素。

(2)协同治理在危机管理中的运用。

公共危机的共同治理是一项全面的系统工程，仅依靠某个参与者的能力，或是提高其中一个过程的运作效率，都无法对其进行有效的处理。在多主体协同问题上，一定要跳出"国家或政府中心论"的框框，在突出政府在危机管理中的角色的同时，要最大限度地调动社会资源，努力扩大社会参与的渠道，形成全民动员、集体参与、共渡难关的格局，通过群防群治、协调合作来应对危机，建立起一个社会整体的危机应对网络，让政府从危机管理转向危机协同治理。

从公共危机合作治理的途径来看，应建立一套完善的公共危机管理体系。一是以建设体系为核心，促进多中心的建设和强化顶层设计的互动；二是支撑体系，强调科技应用和多元主体之间的耦联；三是评价体系，实现效率、效果和效度的有机结合；四是建立"重新学习"体系，建立"危机""学习"的循环，延伸"学习"的链条。参与方之间明确的权力与责任分工，是实现危机协调治理的关键。如何建立和调整不同利益相关者之间的权利与义务关系，是当前我国公共安全领域面临的一个重要课题。要使企业在面对突发公共事件时能够得到更好的应对，就需要对各个利益相关者的权力、职责进行合理的分配。在权力结构方面，除政府以外，非政府组织、企业组织和公民个人在公共危机管理的架构中都具有权力、能力和责任，从而构成一种权力与责任对等、制度化、常规化的多元治理架构，以及上下联动、协同应对的模式。当前，随着我国社会经济发展的不断深入，政府与社会之间的跨地区乃至国家之间的合作问题也越来越引起人们的重视。"城市间的人员迁移""城市间的生态环境破坏""城市间的政府管制"等问题时有发生。这就要求政府改变现有的公共危机管理观念，构建起多区域、多主体的共同应急管理协作机制。主要内容有：构建出一套跨域的危机治理责任机制、一套能够汇集多个领域的专业知识的机制、一套能够有效地促进多个领域的知识产权保护机制以及一套完整的、有价值的知识产权保护机制。在公共危机中，应建立起一套以应对突发公共事件为中心的"国际交流与协作"机制，要构建国际危机预警、应对、处理和修复的协作机制，使国家与国家、国家与国际社会之间相互协调、相互监督。

（二）危机传播

危机传播是一种针对社会的危机现象通过大众传播和其他媒介传播渠道，对社会进行有效控制的信息传播活动。其目标就是要遵循社会与新闻传播的基本原则，通过对危机处理过程进行引导，使其走向良性循环的道路。危机传播研究在国外具有悠久的历史，并积累了丰富的经验。1962 年，古巴导弹危机事件中学者们开始注意到危机传播的重要性并对其展开研究。该工作被用于对设想中的政治局势进行预报，以预防再次出现一场同样的危机，以及对所要采取的行动的重要性进行评估。

泰勒事件（TY101 事件）标志着危机传播的理论从政治学向商学、企业学的方向发展。1989 年美国埃克森公司发生的原油泄漏事故，标志着危机传播力在商业活动和企业管理中更加凸显，并由此开启了“第二层次”的危机沟通研究。20 世纪 90 年代以来，危机传播的理论研究掀起热潮。1996 年的 Valuiet 案是综合运用各种理论研究的典型范例，展示了危机传播研究的多样性和不断发展的特点。伦斯（Reinsch）生动地描述了危机和组织传播研究作为一个多元且不断演化的领域。在 2003 年 SARS 疫情暴发之前，我国的危机传播研究集中在企业公关领域，主要以跨学科研究为基础，着重于管理科学方面的内容。近几年有关新冠疫情、暴雨、飞机失事等危机事件的传播研究越来越多。同时，也有学者对于社交媒体平台上公众进行危机传播的机制进行了分析，2022 年，刘嘉琪等学者探讨了社交媒体用户自发危机传播的决策机制，关注了危机信息中经常涉及的道德和功利要求，为我国公共管理机构的传播和危机管理工作提供了理论基础。孟胜军等学者从科学传播和危机传播的角度，探讨了在危急情况下，利用科学信息传播进行危机应对时，传播者应采用视频等综合媒体形式，并根据文本内容，运用合理的传播策略。

以传播学为中心，研究人员不断收集关于危机传播的基本规律和应对策略的研究成果，系统地探讨了危机传播问题，为政府、企业和社会团体在应对危机时提供建议和思考，大大丰富了危机传播的实证研究。

1. 危机传播的特征

以危机事件产生发展的过程为基础，并综合学界现有的研究，危机传播主要有四个方面的特征：

(1)突发性。美国学者斯蒂芬·巴顿将危机定义为：一种重大的、不确定的大事件，这种事件及其后果可能会给企业、员工，企业的生产、经营、财产、信誉等带来某种程度的损失。危机的发生，从来都是出人意料的。比如，我们不能预测地震，不能预测新冠病毒。正是这些突发公共事件自身的突然性，才导致了其在整个社会中的扩散也是突然的。在很多情况下，危机的出现很难预测，在危机事件发生的萌芽期，有关事件的真实信息，通过人际传播、大众传播、组织传播等传播链条的形成，在传播中并不会被事件主体的意愿所改变。

(2)可聚合的性质。尽管在它的原意上，危机是一种风险与转机共存的状况，但是在危机初期所表现出来的却是毁灭性的，如果处理不及时，很有可能演化成更大规模的社会危机，严重影响社会的稳定与发展。目前，我国突发公共事件的数量增多，且有组织性、暴力性和危害性增强的倾向。危险的蔓延，往往会让事情变得更加糟糕，而且还会出现民众聚集的情况。涉及次危机的各个方面，都将是一个热门话题。

(3)速度快。新媒体环境下，在5G、大数据等技术的支撑下，信息流动速度很快，覆盖的领域也很广泛，人们之间的交往越来越多，这就导致了危机的传播速度很快，而且在发生的时候也很紧迫，在一天之内，危机就会发生，它不仅表现出了突然性，还表现出了快速传播的特点。尤其是在当今的社会，随着互联网的快速发展，在这个星球上发生的事情，都可以被世界上其他地区的人们所知道。

(4)关联性。"关联"是指各种风险之间存在着相互依存和因果联系，一次风险的发生常常会产生多米诺骨牌效应，从而引发一次风险链式的反应。关联性主要体现在三个方面：一是同质关联，它是指与危机有着同样或者相似性质的人、事或者产品被牵连；二是因果关联，它是由某种事件引发的一系列事件；三是蔓延效应，即因危机所引起的一种精神上的恐惧，使人将"危机"人为地扩展到"原本并不存在的区域"。比如，2022年，康师傅土坑酸菜事件被爆出，这起事件对康师傅和中国所有的方便面制造商来说，都是一个巨大的冲击。

2. 危机传播的四个阶段

斯蒂文·芬克在处理危机沟通时采用的是“四段论法”。第一个时期被称为“潜在的危机时期”。这一步，是最简单的一步，也是最难被发现的一步。第二个时期的特点为“突发性”。这一时期持续时间最短，但是感受时间最久，给人的精神上带来的震撼也最大。第三个时期是“长时间”持续。这个时期比较漫长，但只要处理好了，这个时期就会很短。第四个时期是处理危机后的复原时期。从这一点来看，企业已经彻底摆脱了危机的影响，但仍然要提高警觉，因为这种危险还会再次发生。芬克的“四段论法”最具特色之处在于，它从整体上对整个危机进行了周而复始的研究。①

3. 危机传播的形象修复理论

危机管理大师威廉·班尼特(William Benoit)首创了企业形象修复理论。班尼特的理论基于这样的假设：个人或组织最重要的资产是声誉。他认为，与其他有价值的资产一样，声誉或公共形象应该从战略高度加以维护。该理论及五大策略对于危机传播中形象的修复具有重要意义。任何组织都应该尽可能地维护其声誉和形象。在此基础上，提出了五种应对策略。第一种策略是拒不承认。他将否定划分为单纯否定和敷衍回避两类。第二种策略是推卸责任。这一策略有四种：不可能的策略、刺激的策略、意外的策略、善意的策略。第三种策略是降低敌对情绪。为了减轻企业的责任，维护企业的声誉与形象，可以采取帮助、区别、超脱、反击、补偿等措施，以降低企业不良行为蔓延的广度和程度。第四种策略是补救。这一策略就是为了减少这种情况的出现。第五条策略是责备自己。自我谴责包括道歉、忏悔，以及在公共场合请求原谅。②

4. 危机传播的焦点事件理论

托马斯·伯克兰于 1997 年首次从新的角度探讨了危机传播，并将其归结为“焦点事件”，其会影响和推动公众的决策。伯克兰认为，“焦点事件”是引发社会舆论的重要因素，通过“焦点事件”的访谈，可以引发社会各界的高度重视，

① Fink, S. Crisis Management: Planning for the Inevitable [M]. New York: American Management Association, 1986.

② 邱岍. 基于形象修复理论的高校舆情应对研究[D]. 上海：华东师范大学，2020.

从而推动社会各界积极行动，进而对社会发展起到积极的推动作用。伯克兰将“焦点事件”定义为“公众对政策问题的关注达到高峰，并导致政策制定者和实施者采取行动的事件”，这种事件通常是突发的、不可预知的，具有引起公众广泛关注的特点。在伯克兰看来，焦点事件不仅能够在短期内引起公众关注和媒体报道，还能够对政府或组织的行动产生长期影响。焦点事件理论强调了突发公共事件在公共政策制定和实施中的作用，特别是在危机事件发生后的应对和解决过程中。伯克兰认为，政策制定者和实施者需要注意并及时回应焦点事件引发的公众关注，采取有效的行动来解决问题，否则可能会面临公众的质疑和批评，影响政府或组织的形象和声誉。近年来，随着社交媒体和互联网技术的普及，焦点事件的影响力逐渐扩大。研究表明，社交媒体在焦点事件传播中起着重要的作用，已成为关键的传播渠道之一，对国家决策与社会转型具有重大意义。所以，对于焦点问题的研究与分析就显得更为复杂与必要。

第三节 文献研究综述

一、电子政务及移动电子政务研究

“电子政务”这一概念源于美国，是对 E-government 或 E-governmence 的一种译法。起初，它的意思是政府可以借助信息和通信技术(ICT)，来提高自己的政府形象，并对自己的工作功能进行优化。其实它的本质就是，借助网络技术，构建一个跨越时空、部门互联并为人民提供全面服务的信息服务系统。国外电子政务的研究主要集中在服务功能和影响，以及相关的实证研究。比如美国的道格拉斯·霍姆斯就在其著作《电子政务》一书中，从人们的学习、生活、社会压力，以及社会治安状况几个方面分析了电子政务的优点和作用，并指出必须积极推动其发展，从而使政府能够更好地管理与决策，更好地满足民众的需要。而要使政府的信息资源得到充分的利用，就必须有网络技术的支撑。日本学者程野敬子认为信息科技为国家提供了一种全新的管理模式，并从这个角度来探讨如何构建一个以 IT 为基础的政府管理模式。美国的布朗和保罗·杜奎德等学者从“观众”的角度，对人们的学习、工作和生活中的信息需要做了较为全面的研究，并指出人们在获取信息的过程中，应避免盲目地依靠信息，避免陷入信息所造成的消极境地。而美国的肯特和道勒、英国的西威尔和厄尔则是在探讨如何在信息和资源共享的基础上，建立起首席信息官(Chief Information Officer)。有些国家，比如加拿大和新加坡，坚持“以人为本”，按照使用者的要求，确立了个性化的服务原则，像新加坡政府就广泛推行个性化的网上服务，新加坡公民可通过 Myecitizen 服务设计个性化的 ecitizen 网站首页。

近年来，关于国外移动政务的研究大多是根据政府工作的体系结构，围绕公众需求、价值取向、服务平台建设、用户满意度等问题开展的。例如，Costa P. D. (2013)等人认为，为了更好地为顾客提供个性化的服务，应构建优化基于情景的信息服务平台。美国学者 Parent M. (2011)等人也认为，利用手机进行电子政务可以获得民众的信赖，并提高选民对其的信任度。对于政务媒介效应的研究，Gunnar Karlstrm，B. K. Brussaard (2009)首先在对政府入口的调研中，将信息技术应用于公共领域的影响问题引入到了对其进行理论分析的过程中，之后 Edmiston K. D. (2011)通过对手机政务媒介效应的实证分析，构建了手机政务网络的效能评估方法与体系。基于上述理论，Gupta 等(2013)以个体为对象，对当地手机电子政务的行为模式和沟通效率进行了实证分析。

政务网站是我国广泛使用的一种电子政务形式，发展至今已有 20 多年的历史，目前的研究主要集中在其管理、服务功能、政务公开等信息化水平方面，从传播学的角度进行研究的不多。从政府网站的有关评估结果来看，主要集中在：政府网站的服务性评估、绩效评估、智能化评估、易用性评估和公众满意度评估。近年来，对特定考核方式的研究有了一定的进展。例如赵丹(2022)以西宁市政府为例，以政府网站、微信公众号等为例，从网站链接数量、主办单位、政策法规、信息服务、政务公开等角度，对政府信息的可用性、可操作性等方面进行了深入的探讨。① 当前，国内的学者通常将移动电子政务称为移动政务，研究内容是如何将无线通信和移动互联网技术运用到政府治理中，通过无线网络、移动终端、蓝牙等方式为用户提供信息。蒋宏杰(2021)以河南省为案例，对我国政府

① 赵丹．大数据背景下西宁市电子政务发展现状及问题分析[J]．河北企业，2022(11)：93-95.

在大数据环境下的信息安全性进行了实证分析。他指出，在移动政府管理工作中，政府管理工作将会逐步向更高层次迈进。目前，国内对移动电子政务的研究多集中在技术层次上。吴诺等人(2022)从政府信息系统的管理视角出发，对政府信息系统在社会治理中的应用，给出了相应的对策与建议。① 肖荣和郑荣(2013)则从安全控制角度出发，对该系统的功能进行了深入的探讨。曹小华、赵丹等人(2022)在大数据环境下，从实际需要的视角对移动电子政务进行了深入的探索。张伟(2022)以国际上的电子政务发展历程作为切入点，从政府创新这一宏观的角度展开了分析。他指出，要想持续地推动政府的创新，就需要不断更新应用新技术，更好地运用信息化管理实现政府、企业和公众之间的良好互动，才是政府所关心的问题。

目前，学界对我国政府网站评估的理论和实践已形成了一定的共识，但现有研究仍存在有待完善的地方：一是尚未系统回应媒体融合与传播生态变革对评估框架的影响；二是在构建指数时，缺乏对其可测试性的考量；三是要更新已有的研究方式，立足于现实，明确研究的着力点。

二、政府网站及社会化媒体研究

关于政府网站的研究，一些外国学者指出，要更多地对其所产生的效用以及其为人民提供了多少的服务和信息进行研究，而不仅仅是对建设网站的问题进行研究，还要对其传播渠道、传播方式和受众的需要等进行更多的重视，由此就会牵扯到对其综合评价手段、评价指标等一系列的评价体系。在美国的加利福尼亚州、韩国等地，于2011年度启动了“智慧政府”的创建工作。Chulani (2012)在大量文献调研的基础上，界定了“智慧政府”的发展时期，并从“服务”角度诠释了“智慧政府”，建构了智慧政府在社会治理方面的成熟度模型。Howard和Maio(2013)提出，通过对传媒技术的有效运用，可以使政府在纵向和横向上、单一和多层次上相结合，进而提高其公共价值的可持续性。如何选取一种科学的评估方式，建立一套切合现实的评估指标体系，是对政务网站传播力进行评估的一个重

① 华斌，魏尹娟，吴诺．基于异质信息网络的电子政务平台治理问题发现方法研究[J].情报理论与实践，2023，46(04)：184-194.

要问题。施里弗和斯威尼在对政府网站进行评估时，分别采用了专家评估和使用者评估两种方式。Schriver 和 Sweeney（2010）对两种常见的网站评价方法进行了区分，即用户评价和专家评价的研究方法。Jonga and Lentz（2011）采用情境评估方法，弥补了传统评估方法的缺陷。Kristin（2012）给出了 66 个对 FBI 网络影响进行评估的指标，从整体上看，其对评估体系与评估方式的多元化是非常有价值的。

关于社交媒体的相关问题，国外学者关注社交媒体对政府沟通的影响。该领域自 2007 年以来，历经萌芽期、过热期、低谷期、复苏期，由多个交叉领域扩展到了传播领域，相关代表刊物包括《政府信息季刊》(*Government Information Quarterly*)、《国际战略传播》(*International Journal of Strategic Communication*)、《公共管理评论》(*Public Management Review*)、《亚洲传播季刊》(*Asian Journal of Communication*)。这些研究在政治学、传播学和社会学等多个交叉领域，打破了以往只重视政府，不重视媒体；只重视理论，不重视实践的现状。然而，无论是在课题选择上，还是在实务评估上，都有必要在方法论上做一些补充。

我国从 2009 年开始政务新媒体的探索，2011—2013 年政务新媒体的相关研究逐渐增加。2020 年，在线上业务增长的背景下，政务新媒体再次成为新的研究热点。目前学术界对这一问题的探讨多围绕职能内涵、公共服务、社会治理、舆论导向等展开。对政务新媒体职能内涵的探讨，重点在于政务新媒体对政府话语权的争夺、政府信息的公开、政府的民生服务。崔文斐(2022)从政府公共服务转型、政府职能转变、电子政务生态建设、社会治理创新四个角度对新的政务新媒体进行了剖析。① 另外，张安志(2015)对政务新媒体的基础功能、公共服务功能、信息内容功能以及传播效果进行了探讨，指出其功能表现为媒体融合、圈子化、社会管理等，其传播功能的实现也就是媒体融合的实现。关于政务新媒体的职能，刘冰(2022)提出要强化对各种频道的划分，并对其进行清晰的定位。他认为，政务微博与政务微信的不同之处，在于它们的功能不同。政务微博的优点在于它的消息发布速度很快，并且与其他的传播对象有很大的联系；政务微信则是一个“圈层”的传播方式，在读者看来，它更像一张移动的报纸，使用者既可以

① 崔文斐．政务新媒体的“破圈”路径探析[J]．青年记者，2022(24)：85-86.

订阅，也可以直接阅读，还可以把它转发到自己的朋友圈。新的政务新闻媒介，是构建服务型政府过程中产生的一种新型新闻媒介，受到了越来越多的重视与研究。任宋洁(2022)选择具有较强代表意义的“北京发布”与“上海发布”为案例，从信息的简洁性、形式的权威性、受众的广泛性以及信息提供的多元化等方面，阐述了其观点。① 张晓艺(2013)借鉴布迪厄的场域理论，对外交部微博的特征进行了剖析，指出其同时具有活跃和正规的“双重人格”，体现了微博传播的场域、资本、惯习的不同所带来的客观结果，也是政府重塑自身形象、加强和民众沟通交流的有效途径。近年来，文化类政务新媒体也逐渐兴起，尤其是各地的文旅类政务新媒体在 2024 年更是大放异彩。文化类政务新媒体的发展时间较晚，因此有关文化类政务新媒体的研究目前较少。刘娜与詹骞(2020)运用媒介生态学的视角，对故宫博物院的新媒体群进行分析，认为故宫博物院新媒体群通过构建新媒体矩阵、开展跨领域合作、培养用户使用习惯和打造严肃文化稀缺爆款内容等手段构建了良性可持续的媒介生态环境。② 单晓颖(2024)分析了文旅类政务新媒体传播的策略和特点：加强互动、运用模因传播、突出政务新媒体个性化和亲民化特征。同时也指出了其传播中的问题：文化内涵不足、内容同质化、泛娱乐化、美感不足。③

21 世纪初，人们就开始对政府传播的基本概念和特点进行了深入的探讨。对于“政府传播”这一概念，学界并未形成共识，而是从各自的研究角度出发。程曼丽(2004)将政府或其部门利用大众媒体向公众进行的信息传播称为“政府传播”，这个定义有些狭隘。实际上，政府还广泛运用了群体传播、组织传播和个人传播等多种传播方式，也都是政府传播的一部分。事实上，在传播学发展史上，美国的帕洛阿尔托学院就有一个观点，那就是“人的行动即是交流”。在此所述的政府传播，一是指政府部门和公务员自觉地、有目标地进行沟通；二是由

① 任宋洁. 基于用户行为的政务媒体内容主题关注度研究——以“上海发布”及“北京发布”为例[J]. 情报探索，2022(01)：98-105.

② 刘娜，詹骞. 媒介生态学视角下故宫博物院政务新媒体群传播策略研究[J]. 新闻论坛，2020(02)：73-76.

③ 单晓颖. 文旅政务新媒体竞相“出圈”的传播学思考[J]. 新闻论坛，2024，38(02)：50-52.

公众传媒进行的公共舆论报道，或者由学术界人士进行的解释与评价，均可归入政府信息交流的范围。于德山(2015)通过对近年来突发公共事件的研究，指出了由网络舆论产生的负面效应，使得各地政府纷纷开通微博、微信等政务新媒体，从而实现了以更为敏捷的互联网思维回应网友声音和要求的转变。在对突发公共事件进行案例分析的过程中，吴肖(2015)从政府管理和服务的视角出发，认为应着力推进“政务新媒体整合”和“一站式”的“综合管理”，从而提升政务新媒体的管理水平。

在政府新媒体的理论构建上，有学者引进了政治学、管理学和传播学的相关理论，为政府新媒体的发展奠定了坚实的基础。如沈捷(2012)等认为，新媒体的出现不断变换着新的舆论传播载体，占领着舆论传播的主阵地。在政务微博这个平台上，网友不仅具有传播者和观众的双重身份，同时也是引领民意的主体。

在这种交流平台上，媒体、公众以及政府机构能够顺利地进行交流与对话。胡建华(2014)等人指出，政务微博已成为公众、网络舆论和公众媒体相互依存的“公共空间”。在新闻报道的内容与方式上，一些学者认为新闻报道应注重个性化定制、新闻报道的情景服务、新闻报道的“悦读”化等。宋建武(2015)指出，政府信息交流应从“内容”入手，以“信息”为主，以“形式”为辅。在新媒介背景下，过去单一的信息发布方式已经不能适应政府与民众之间相互交流的需要，而新媒介则为民众与政府之间的信息交流搭建了一条“超时空”的通道，成为民众与政府之间的一条直接交流之路。手机将所有的片段联系在一起，也将所有的片段分割开来。对碎片进行适应、连接和增值，实现“智慧的政务助理”的作用。互联网的发展，微博、微信等相继问世，不仅让信息传播的媒介环境发生了变化，还在持续地对人们的思想和生活模式产生影响，对世界的文化、经济、政治等各个领域造成了巨大的冲击。学界一致认为，新媒体所重构的传媒环境，对政府沟通造成了严峻的考验。王勇(2012)认为，随着网络的发展、移动通信的广泛应用，重塑了一个全球化、复杂化和多元化开放的传媒环境，不仅拓宽了政府的传播途径，而且传播方式也变得更为多元化，使得政府的传播在社会中的作用得到了极大地提高。马丽丁娜(2024)认为政务新媒体在媒体融合转型过程中受到政务系统内部“科层制”的影响，“原生科层组织携带的公共性、等级性、稳定性等‘惰性’要素，与融合转型过程中平台化、弹性化、个性化等‘创新’要素相互缠绕，使其在组织战略、组织执行、组织文化三个层面产生冲突博弈”。[①] 郑权(2023)认为，当前人工智能技术大力赋能政务新媒体发展，已经嵌入政务新媒体信息采集、内容生产、平台分发、效果评价、舆情监测、运营管理、便民服务等全环节。然而技术作为一把双刃剑，政务新媒体当下也面临着战略方向较为模糊、关键核心技术基础薄弱、伦理规制较为落后等困境。未来，政务新媒体应该从“媒体大脑”走向“综合服务枢纽”。[②]

程曼丽(2014)指出，面对新媒介所带来的变革与挑战，政府部门应从新闻的角度，把握新闻的发展趋势，加强对新闻的关注。她认为应从完善互联网媒体环境、强化互联网法律法规、提高网民主体地位、积极引导网民意见、构建互联网预警、应对突发公共事件等方面着手。

在政务新媒体的影响力与传播力评估方面，目前我国关于政务新媒体影响力的研究成果和学术成果寥寥无几，在知网上搜索“政务新媒体影响力评估”这一关键字，仅有几篇文章。李晓(2016)以公安机关政府微博为案例，开展了政府微博公众影响力的评价，从公众影响力的广度、深度、强度和有效性四个维度，构建了一个涵盖35项因素的政府微博公众影响力评价指标体系。在此基础上，对警务微博的观众影响进行了实证计算，在垂直方向上，不仅对各个地市微博观众影响的特殊状况进行了分析，也对不同地市微博的观众服务能力以及观众的影响程度进行了对比。于晶、赵艺童(2024)基于“社会临场感”理论，以S省交警微博、微信和抖音三个平台账号中的2031条数据为研究样本，分析政务新媒体的传播效果和影响因素。研究发现，政务新媒体在生产和传播内容的过程中，依靠“临场感”建构的情感策略、互动策略与凝聚力策略在不同平台会产生差异化的传播效果。[③] 除了理论上的探索，《人民日报》、清博指数、新华网政务直通车等发布的各种新型政务新媒体的影响力以及它们的榜单，在数据获取、数据处理以及与政府互动等方面都有着显著的优越性，在现实中也有着重要的参考意义。在

① 马丽丁娜．政务新媒体融合转型中的“科层惰性”、创新困境与在地调适——基于A省消防全媒体中心的参与式观察研究[J]．新闻记者，2024(05)：16-28.

② 郑权．AI赋能政务新媒体：趋势洞察与未来展望[J]．青年记者，2023(03)：64-66.

③ 于晶，赵艺童．政务新媒体传播效果及其影响因素研究——基于社会临场感理论视角下的跨平台比较[J]．北京航空航天大学学报(社会科学版)，2024，37(02)：147-156.

国内，对于政务新媒体矩阵建设的研究，大多是从实践角度进行研究，以案例分析为基础，利用大数据进行统计分析，最终提供全国、行业、区域政务新媒体发展的调查报告。

在大数据时代和“互联网+”背景下，很多学者对政务新媒体的发展进行了生态化、集群化、协同化等方面的探讨。俞永福(2014)提出，判断一个“互联网+”的标准，首先要从已有的非网络服务入手，看看已有的服务在接入网络之后，有没有发生质变，并且质变并不只是提高了工作效率，而是出现了供给和需求的二元结构。张蕾(2022)认为，在“互联网+”背景下，政府不能生硬地复制传统媒介的“生态”管理模式。应当把整个网络看作一个在特定区域中自由成长的传播生态圈，让线上社会组织、公众在这个平台上可以自由表达自己的意见，与政府进行互动沟通，一起完成公共事务。① 阿里研究所高红兵(2015)在“互联网+”背景下，提出了五个维度的治理理念。他认为基于未来“互联网+智慧城市”的模式，利用淘宝、芝麻信用和支付宝等进行身份验证，老百姓就像在淘宝里一样在政府超市里购物、评论和转发政府微博和微信，体验手机政府的优质服务。在生态治理方面，孙国华(2015)等人提出了新媒体的身份、关系、表达和交互等关系，分析面临的困境，包括如何打破信息孤岛、实现信息共享、弥合数据鸿沟、打通政府信息与服务的“最后一公里”等难题。汪玉凯(2015)认为当前“互联网+”政府面临的最大难题是难以实现互联互通、难以实现业务的协调、难以实现资源的共享、难以实现大数据和云计算等新技术的应用。《2021 年中国政务微博运营现状及区域市场格局分析》指出，突破政务微博发展困境就是走政务微博矩阵的模式，并认为当前政务微博矩阵实践中有社会治理形态、突发公共事件新闻舆论引导形态和正能量传播形态。

在政务新媒体集群效应评估中，更多的是以微博为研究对象。李煜(2021)将在线政府机关微博作为一个典型的案例，构建了一个包含了平台搭建，微博的发展、执行、导向等事务在内的四个一级评价体系、十四个二级评价标准，并对这

① 张蕾．互联网时代我国政务服务的创新发展——评《互联网+政务服务：新形势、新趋势、新未来》[J]．科技管理研究，2022，42(23)：243.

些标准进行了评价和进一步的试验验证。① 从整体上讲，他所构建的评价体系具有较高的实用性，并且从研究的样本来看，更多的是针对政府微博群聚机制自身进行的研究。

三、突发公共事件中政府信息传播研究

政府传播既是政府存在和政府活动的重要基础，也是政府活动的重要工具。在政府职能转型与政府治理体系优化的背景下，“政府传播”已逐步变成日常生活中常见的一种沟通行为，并作为一种信息分享与公众利益协调的方式，实现了政府与社会及公众的沟通与交互，促进了社会的安定与和谐。② 但是无论是学术上，还是社会上，对于这一信息传递行为，都还没有一个完整而准确的认知。

关于什么是“政府传播”，目前学术界尚未形成一个普遍认同的定义。在斯坦伯格(2005)的观点中，政府传播被认为是“政府官员及政府机构用来向公众传播各级政府部门活动信息的技巧”。③ 在西方的公共关系学中，人们把一个国家的公共关系工作者通过媒体来为自己进行形象规划，从而获得人们的拥护，扩大自己的影响力，并为自己的竞选创造一个良好的舆论环境的行为称为“政府传播”；与之相混同的是“政治传播”的概念，它是指国家通过诸如法律约束、经济控制和新闻审查等行政措施对媒体和媒体的传播活动进行控制。④

关于这一点，我国学者亦有论述。刘小燕、崔远航(2021)更广义地定义了“政府传播”，认为政府传播是指政府议题、公共政策、政府施政等内政外交的信息与价值观，在一个有机体中扩散、接受、互动、认同、内化的运行过程。⑤ 相比之下，刘春花(2021)给出了一个较为狭窄的定义，她将政府通过媒体进行

① 李煜．政务微博公共信息传播效果评价指标体系研究[D]．河北大学，2021.

② 吴康斌，顾锋．突发公共卫生事件中政务微博影响力分析[J]．上海管理科学，2021，43(04)：103-108.

③ 布莱恩·麦克赖尔．政治传播学引论[M]．殷棋，译．北京：新华出版社，2005：6.

④ 程曼丽．政府传播机理初探[J]．北京大学学报(哲学社会科学版)，2004(02)：134-139.

⑤ 刘小燕，崔远航．政府传播研究的多元路径与未来方向[J]．中国人民大学学报，2021，35(05)：107-116.

的，或者说政府以公众为导向的信息交流视为“政府传播”。① 田军(2004)则尝试从“公共性”和“公共领域”两个维度出发来解读“政府传播”，并将其定义为“政府根据自己的任务和价值观，以实现其功能的行为和过程”，并突出了其公共性和互动性。② 从政府传播的角度来看，我国对突发公共事件信息传播的研究主要有如下几个方面：

第一，对我国政府的主体职能进行研究。从根本上讲，政府作为社会治理的主体，承担着社会公共服务的提供与公共管理功能的执行职责。在社会运行的各个环节，政府通过制定和执行政策，以实现社会秩序的维护、社会公平的促进和公众福祉的提升。一方面，政府作为政府传播的主体，其传播行为不仅是政策的表达，也是公共意识形态的塑造者，具有举足轻重的社会影响力。政府通过传播，向公众提供社会公共服务信息，引导社会公众行为、塑造公众观念。另一方面，政府在突发性危机事件中扮演重要角色。突发事件往往会对社会安定和公共安全产生巨大冲击，如何对这类事件进行有效管理，预防和减轻其对社会的负面影响，无疑是政府公共管理职能的重要组成部分。因此，针对这类突发事件，政府需要有快速、高效的应对机制，既包括事件的预警和预防，也包括危机的响应和后期的恢复。这不仅要求政府具备良好的危机管理能力，也需要政府有能力通过传播向公众及时、准确地提供信息，引导公众理解和应对危机。而民众则是政府沟通的客体，他们享受着知情权和参政权。所以，在当前的危机沟通过程中，公众需要政府在信息极速流通的现状下，保证信息传递渠道的稳定性，使得人们可以及时地得到全面准确的信息，并将各种不同的需求及时地表达出来，从而在发生危机的时候，确保“上通下达”。政府应该在公共舆论引导和协调政府与公众交流的过程中，保障公众的知情权，实现公众的民主权。比如对 2021 年郑州“7·20”特大暴雨事件的研究，刘丹阳、韩春梅指出了当前突发公共事件信息发布滞后、信息透明度低、后期谣言扩散管控不力等问题。针对这一问题，许多学者提出了要提高政府在紧急新闻中的沟通能力，必须从观念上和机制上进行创

① 刘春花．泛传播视野下政府传播的逻辑[J]．青年记者，2021(02)：29-30.

② 田军．政府传播理论与探析[J]．学习与探索，2004(02)：35-36.

新。① 与此同时，在危机事件发生、发展的进程中，各类流言谣言的传播，给政府应急处置工作造成了很大的影响与困难，因而，如何有效地控制危机事件中的流言谣言，成为当前各国政府必须主动采取措施解决的关键与难点。

第二，对“政府—媒体—公众”互动关系方面的研究。“政府—媒体—公众”三者构成了我国突发公共事件中的信息传播结构，三者之间相互影响和博弈，共同构成了突发公共事件中的信息传播生态。对政府、媒体和公众等各因素在危机信息传播中的互相渗透作用进行考察分析，有利于分析危机事件中各因素之间的博弈，从而对危机事件中的信息流形态有更全面的认识。所以，从政府沟通的视角来认识“政府—媒体—公众”三方的交互作用已成为学术界研究的热点。本研究就媒介与政府的交互作用而言，呈现出两个维度。一是在传播水平方面，即从新闻媒介和政府之间的相互联系来看，新闻媒介在政府传播中起着“合作”和“帮助”的作用，而“舆论媒介”则起着“监督”和“约束”的作用。二是对两者之间的联系进行了纵向分析，重点对二者之间的联系方式进行了分析。另外一些研究则试图构建“政府—媒体—公众”三方互动的模型。

当前，学术界对政府、媒体和公众三方在危机事件中互动的研究比较零散，也没有针对某个专题的局部讨论。已有的文献大多集中在政府记者招待会、政府发言人和突发公共事件中的媒介沟通等方面。如陆范锋(2022)的《突发公共事件新闻舆论应急与处置路径探析——以海南“0801”疫情舆论引导实践为例》、侯迎忠(2022)的《突发事件中政府新闻发布公众认知与社会效果的实证研究——基于广州、兰州的调查分析》、王妍等人(2022)的《突发事件网络的传播规律及特征——以知网事件为例》以及丁柏铨的《浅议重大公共危机事件中新闻发言人的发言与舆论的关系》等研究普遍认为，过去危机事件中缺乏有效的评价和责任追究，导致出现信息滞后、事实不符、回避问题等信息发布的公信力问题，公众认知度不高、社会效果不佳、效果评估机制缺失与问责机制缺位等信息发布的效果问题，以及新闻发言人责任的不对称性、新闻发言人水平有限等发言人的素养问题。周海生在《公共危机信息传播中的政府、媒体功能及公众参与》、赵路平在

① 刘丹阳，韩春梅．郑州“7・20”特大暴雨事件应急信息传播效果研究——基于“河南应急管理”微信公众号的信息发布[J]．中国应急救援，2022(05)：18-24.

《公共危机传播中的政府、媒体、公众关系研究》中指出，在突发公共事件中，媒体作为政府与公众的纽带，在突发公共事件中发挥着重要作用。公众通过新闻媒体来获取和传播危机事件信息，并利用媒体对政府的危机处置行为进行监督，以确保危机事件中的信息交流和政府与公众之间的互动。周莉等人(2015)在《政务微博在突发事件中的信息发布及其影响》、罗颖佳等人(2022)在《化危为机：灾害救援事件中地方政务微博的视觉框架分析》等研究中对新媒体(政府微博)的表现、功能进行了深入的探讨，重点关注了新媒体(政府微博)对危机事件的信息披露与舆情导向功能。政府微博作为一种新的政府与公众交流的手段，它以一种创新的方式为公众提供了一个畅通无阻的渠道，使他们有机会参与民主决策和政治协商的过程中，充分发挥他们的主人翁精神，发表自己的观点，为社会的进步贡献自己的力量。在这个平台上，公众可以自由地发表自己的看法，与政府进行平等的对话和交流，共同讨论和解决社会问题。这种民主参与和政治协商的方式，不仅有利于政府了解公众的需求和意见，还有助于政府在制定政策时更加科学、民主和合理。公众通过微博围观和质疑，表达他们的观点和看法，从而形成一股强大的民意力量。信息技术的普及和应用使得公众可以更加便捷地获取信息、参与公共事务中，也让政府更好地了解公众的需求和期望。

总的来看，众多学者从以政府传播为核心的角度，对危机信息的传播行为展开了广泛而深入的研究。他们不仅仅阐述了政府在危机事件传播中的职责和功能，同时还从公众和政府的视角分析了新的社会形势对政府危机传播的需求和挑战。在这一研究过程中，学者们也对危机事件传播中的多个基本要素——政府、媒介以及公众间的互动和博弈关系进行了详细的分析，力求揭示危机事件中各个主体之间的相互关系和作用。尽管这些研究为我们理解政府危机传播提供了重要的理论框架，但我们也应看到，目前我国对此问题的研究还存在一定的局限性。其中，最主要的问题在于研究过程中过于侧重理论性的解读，而缺乏对具体情况的实证分析。在已有的文献中，大部分是对理论进行的笼统阐述，但对具体案例的深度和科学性分析较少，形成了“大而化之”的研究现象。此外，当前的研究方法也相对单一，多数是抽象的、质的分析，缺少实证的、量化的分析。这样的研究方法可能无法准确地揭示危机事件中复杂的信息传播机制，限制了对政府危机传播的深入理解。因此，未来的研究需要在现有的理论研究基础上，加强实证分析和量化研究，以期深化对政府危机传播的理解，为实际的政策制定和实施提供更加科学、精确的指导。

四、协同治理研究综述

国际上关于协同治理研究的相关理论和方法，从20世纪90年代开始，就已经初步形成。迄今为止，海外关于协同治理的研究已趋于完善，外国学者更多地关注构建理论模型，而在我国，人们更多地关注协同治理理论在实际中的应用。

近年来，研究学者对跨部门、跨领域、跨边界的合作和管理的研究越来越多，涉及的领域也越来越广。基于上述观点，Donahue在其著作《关于协同治理》中指出，对一种具体的公共与私人的协作模式进行研究，我们称之为“协作治理”。① 学者Emerson、Nabatchi和Balogh在Donahue的基础上对其进行了扩展，并提出了一个更确切的理论定义：当任何一方单独采取行动都不能达到给定的公共目标时，来自不同部门、不同层级、不同公共和私有部门的个人或组织会加入公共事业发展和管理的过程和结构中，来共同实现其目标。②

在中国，关于协同治理的研究起步相对较晚，但是，其研究结果还是相当的丰硕，并且关注到了主体在治理中的作用。协同治理理论引进中国之后，许多学者开始对协同治理的含义、价值等问题，结合本国的国情展开了深入的探讨。然而，在我国的协同治理理论的概念层次上，许多学者还停留在“协同+治理”的视角上，没有太大的突破，大部分的学者都是依赖西方的理论要义，对协同治理的定义并没有太多的关于本土化和结合新时代的新发展要义的研究。例如，郑巧、肖文涛(2008)将合作治理视为由政府、NGO、企业、公民等多个子系统组成的一个开放式的、完整的系统，其中，多个子系统中的每一个元素都在彼此的协作下，为整个系统提供了一种可持续的合作运行的外部环境与结构。③ 张贤明和田

① Donahue, John. On Collaborative Govenance[J]. Corporate Social Responsibility Initiative Working Paper, 2004(02): 1-8.

② Kirk Emerson, Tina Nabatchi, Stephen Balogh. An Integrative Framework for Collaborative Governance[J]. Journal of Public Administration Researchand Theory, 2012(01): 1-29.

③ 郑巧，肖文涛. 协同治理：服务型政府的治道逻辑[J]. 中国行政管理，2008(07): 48-53.

玉麒(2016)对“合作治理”的概念进行了扩展，并对其含义进行了进一步的界定，提出了“合作治理应满足目标一致、资源共享和合作共赢”的前提，即“合作”是各参与者在协商的前提下开展的合作。① 此外，顾洁等人(2022)也对网络环境中的协作管理的理论来源、内在逻辑及实际应用展开了较为系统的探讨。在具体运用上，从社会治理资源的配置、社会治理制度的创新、社会良性资本的创造和基层民主的发展等角度进行了探讨。② 魏住在论证中指出，国家间存在着“分散性”的“协作”关系，这说明了忽视协作所带来的负面效应，需要确立“整体”的治理观念。黄冬季、陈世香从城市社区的公共文化服务供给角度，指出了在城乡地区合作治理的发展趋势，认为如果忽略了与其他组织的合作，就会影响到公共服务的质量，相反，可以更好地提升城市社区的公共服务水平。也有学者立足生态环境学，将协同治理理论应用于理论体系建构、政府纵向层级间关系网络建构及区域生态环境发展等领域。

自 2014 年以来，不少新闻与传播学者也将协同治理引入舆情与媒体等领域。陈好(2018)对网络舆情的传播规律及其运行规则与原理进行了深入的探讨，并将其与协同治理理论的有关原理与方法进行了对比，得出了以下结论：不同的利益集团之间的意见冲突与博弈，将会导致不同利益集团之间的合作与竞争，进而导致网络舆情的产生与发展。③ 李立景指出，关于协同治理的研究仍未得到足够的关注，而当前媒介所面对的最大问题就是从管理向治理的转变，要解决这个问题，就需要协调好“治理”与“媒介”的相互影响，实现“协同治理”与“共赢”。郭泽德也确认了政府间合作治理的有效性，指出政府间合作治理能够极大地提升公众的信任感和参与感，并能够有效地降低社会各方的各种风险。洪一晨与张成福(2020)以新冠疫情防控为案例，对数字化背景下的公共危机协作管理进行了深入探讨，研究发现，在突发公共危机事件中，如果忽视算法与大数据等数字化技术，很难实现多个主体之间的信息与资源的共享与融合。所以，在危机出现的时

① 张贤明，田玉麒. 论协同治理的内涵、价值及发展趋向[J]. 湖北社会科学，2016(01)：30.

② 顾洁，栾惠. 互联网协同治理：理论溯源、底层逻辑与实践赋能[J]. 现代传播(中国传媒大学学报)，2022，44(09)：146-154.

③ 陈好. 协同理论视角下网络舆情传播机理研究[D]. 哈尔滨：哈尔滨师范大学，2018.

候，要主动地利用技术手段，展开明确的分工和资源协同，从而构建出一种有效的危机处理方式。①

根据上述内容，协同治理理论的研究在国内外广泛且深入，覆盖了众多领域。当前，协同治理理论的基础框架和模型已经相当成熟。然而，关于协同治理理论在新闻传播领域的研究仍存在不足，内容和范围较为局限。新闻传播领域的协同治理理论研究对于提升新闻传播质量和增强社会沟通具有重要作用。此外，媒体特别是政务新媒体在促进社会互动沟通中发挥着关键作用。政务新媒体作为政府与公众之间沟通的桥梁，在政策传播、信息发布、公众互动等方面发挥着重要作用。为了实现公众、媒体和政府各方更加平等的对话，构建更有效的政务新媒体作用机制，也成为学者们未来研究的重要方向。通过深入研究这些问题，有助于我们更好地理解协同治理理论在新闻传播领域的应用价值，并为相关领域的实践提供理论支持。

五、危机传播研究综述

关于危机传播的理论，在海外有很长的历史渊源，是从 1962 年的美国—古巴核事件中产生的。一开始，它被当权者用来预言一个国家的政局，并被用来评估一个国家在面对一场危机时所做出的反应所带来的结果与价值。从这一点上说，现代的危机管理就这样产生了。国外学界对危机传播的研究和应用主要有危机传播理论研究、危机管理，以及传播策略等方面。

在危机传播的理论研究层面，研究者尝试融合多种导向，比如库姆斯(2022)在整合"管理"与"修辞"导向基础上，系统构建了情境式危机传播理论(SCCT)；在社会媒体日益发达的背景下，有学者在 SCCT 理论的基础上进一步以媒介为研究的核心要素，发展提出了"社交媒体中介的危机沟通理论"，该理论将所有沟通媒体分为三大类：社交媒体、传统媒体和人际传播媒体，并研究危机传播中的线上(社交媒体)和线下(传统媒体和人际传播媒体)不同传播方式之间的交互性。② 对于如何应对突发公共事件，学术界众说纷纭，莫衷一是。总体来

---

① 洪一晨，张成福. 数字时代的公共危机协同治理——以 2020 年我国抗击新冠肺炎疫情为例[J]. 求是学刊，2020(06)：10-16.

② Yan Jin, Brook Fisher Liu. The Blog Mediated Crisis Communication Model Recommendations for Responding to Influential External Blogs[J]. Journal of Public Relations Research, 2010, 22(04): 429-455.

说，国外危机传播的研究主题和研究视角趋向多元，理论成果丰富，国际影响力更大。

我国从2003年“非典”开始，就有了关于这一问题的理论和实践。在事件刚开始的时候，我国的大众传播媒体出现了一系列的失误，这让很多学者对在这次危机中，媒体的传播行为和危机传播所发挥出来的社会功能产生了很多思考，因此也引起了我国传播学学者对危机传播的重视。

第二个关键时刻是汶川大地震，它让我们认识到了媒介在突发公共事件中所扮演的角色。目前，我国学术界大多从实际情况出发，对危机传播的概念、特点、传播规则以及应对措施进行了较详细的探讨。通过对国外相关理论的整理和本土化的探索，学者已经初步建立起具有中国自身特点的网络舆情导向的理论体系。目前，学者对此问题的探讨，主要集中于运用与危机传播有关的理论，并将其与特定的事件联系起来。具体的研究内容包括以下几个方面：

第一类是危机传播的相关理论研究。我国关于危机传播的理论研究起步较晚，大多是对国外已有理论的再研究与补充。比如，史安斌在论文《危机传播研究的“西方范式”及其在中国语境下的“本土化”问题》(2008)中，将“管理导向”与“修辞导向”相结合，将“组织危机”这一“线形”的危机沟通模型引入西方的危机沟通模型，从而对危机传播的理论进行了补充。① 鲁津和栗雨楠从班尼特的“形象恢复”的角度，以“双汇”克伦威尔为案例，考察双汇在这次危机中的传播行为，归纳中国食品业发生危机的成因，并给出相应的对策和建议。基于托马斯·伯克兰的“焦点事件”理论，周庆安和孟祥夫等人重点研究了在恐慌之后的信息披露和危机处理，认为利用信息披露能够稳定社会局势、缓解公众恐慌，使政府能够及时了解事件真相，解决公众“求真需求”，使公众能够“亲临现场”“亲眼见证”。

第二类是在一定的理论基础上，探讨媒介在发生危机时所应采取的应对措施。在《危机管理中有线广播功能的挖掘及实现》一文中，郭小安、王新涛以有线广播为切入点，以日本海啸为例，对有线广播的优势、功能定位及实施途径进

① 史安斌．危机传播研究的“西方范式”及其在中国语境下的“本土化”问题[J]．国际新闻界，2008(06)：22-27.

行了探讨。[①] 王宇琦、陈昌凤(2016)以天津港“8・12”事件为案例，基于“组织交流—响应模型”和“班尼特形象修复理论”，探讨社交媒体环境下公共事件的政府形象塑造策略。刘奥将“结构主义”和“情境主义”相融合，以“结构主义”和“情境主义”为指导，对《人民日报》报道的“四川茂县泥石流”事件和深圳“12・20”泥石流事件等进行了结构主义的研究，并尝试对“结构主义”和“情境主义”下的危机沟通进行了最优选择。

第三类是以政府新媒体为视角，对新闻媒介在公共事件中所扮演的角色进行研究。新媒体环境下，很多政府部门纷纷开通了政务微博、政务抖音等政务媒体。这些政务新媒体一方面提升了政府的治理效能，另一方面在信息的及时公开上也起到了重要作用。政务新媒体作为一种新型的公共信息系统，其在危机传播中的应用也受到了广泛的关注。常昕、刘玉琴(2019)针对政务微博的传播特征，从管理主体、运营状况和突发公共事件处理技术三个层面，研究政务微博的突发公共事件处理与言语重建。[②] 李小军、吴晔、胡璠(2020)以“抖音”为案例，探讨了短视频社交平台对疫情的影响。[③] 很多学者都将危机传播理论与具体的危机事件结合起来进行分析研究，并对媒体、政府等危机传播策略提出优化策略与建议。但在理论研究方面，有所创新的不多。

六、当前研究的局限性及存在问题

随着新媒体的普及和民众参与意识的增强，充当政府喉舌的传统媒体已经无法控制信息发布和舆论走向，这种失衡的传播模式严重影响了社会治理。在实际执行中，政府传播已经逐渐由封闭状态转向开放状态，从一元状态发展到多元状态，从单一状态转变为互动状态，从宣传状态转换到传播状态，政府传播研究也开始适应新媒体环境与新的社会形势。学者更重视研究政府传播实践中的热点、

---

① 郭小安，王新涛．危机管理中有线广播功能的挖掘及实现[J]．电子政务，2014(08)：94-99.

② 常昕，刘玉琴．政务信息传播的对称性与舆论主导路径探究——北京地区四家政务微博再观察[J]．北京印刷学院学报，2019，27(12)：26-29.

③ 李小军，吴晔，胡璠．社交媒体上新兴传染病的危机传播——对抖音平台新冠肺炎短视频的计算内容分析[J]．新闻知识，2020(10)：55-67.

难点问题，着重对突发公共事件、危机事件中政府传播所存在的问题、不足及改进措施等进行了深入研究。学者认为，应该改变政府宣传理念，创新宣传方式，对宣传机制进行优化，充分利用新技术、新媒体来实现更快、更高效的宣传，使宣传更加开放、更加透明，更好地与大众进行互动。在理论层面，我们关注的是相关的理念与挑战；在现实层面，我们关注的是信息公开、政府形象、危机公关等问题。

就目前已有的研究成果而言，尚存在以下一些不足之处。

第一，从信息管理、计算机、行政等角度对政务新媒体进行了大量的评价与研究，并从政务新媒体的服务性、影响力、受众认知等方面进行经验总结。立足传播学视角，对在紧急公共事件中的政务新媒体传播效果进行分析的却很少，且缺少对其构建系统进行评价的研究。

第二，已有研究发现，现有评价方法普遍存在评价指标体系的缺失，且缺少对以使用者经验为基础的主观和客观两种评价方法的融合。

第三，媒介传播力评价指标的选取具有多元化的特点，但这些指标在一些研究中与“引导力”“影响力”“可信度”等核心评价指标存在相似性。

第二章　政务新媒体的演进脉络

第一节　政务新媒体的技术赋能

政务新媒体的发轫和发展与互联网技术息息相关。随着互联网技术的迭代，政务新媒体经历了从政务微博到政务 App、政务短视频等形式的演进。在此期间，政务新媒体的传播形态、传播符号等不断发生变化，并持续处于变动之中。

一、政务新媒体演进的技术脉络

互联网技术是政务新媒体肇始的技术驱动力，笔者从与政务新媒体发展密切相关的 Web 技术的发展脉络出发，对政务新媒体的演进进行梳理。

Web 技术构想起源于 1980 年由 Tim Berners-Lee 构建的 ENQUIRE 项目，目的是建造一个用户可以突破时空阻隔、进行交流互动的平台，用户随时随地都可以通过网络进行信息共享。时至今日，Web 技术已从 1.0 升级至 3.0，从单向、波及少数人的网络升级为双向、多维和全参与的网络，并朝着 X.0 的方向不断推进。(如图 2-1 所示)Web 技术对政务新媒体的传播理念、形态产生了深刻影响，构成了政务新媒体的技术基础。在 Web 技术的不同时期，政务新媒体的发展和表现形式表现出较大差异。

二、Web1.0 与政务新媒体

Web1.0 开始于 20 世纪 90 年代，使用静态的 HTML 网页进行信息发布以及从浏览器当中获取信息，是 Web1.0 的突出特征。Web1.0 能够聚合海量的互联网信息，还可以进行信息的搜索与联合，并且主要进行信息的单向度传递。

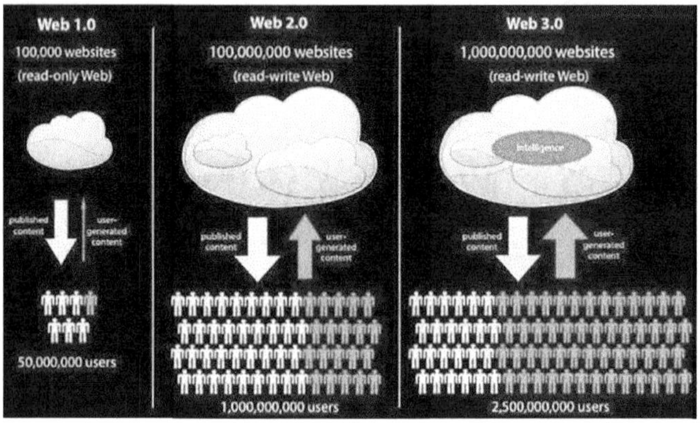

图 2-1　Web 技术的发展

在 Web1.0 时代，由于受制于互联网技术，政务新媒体多表现为"政务+互联网"的形式，即党政机关利用现代电子信息技术进行信息化建设。1984 年，邓小平同志作出"开发信息资源，服务四化建设"的重要题词。原国家计划委员会经国务院批准成立了信息管理办公室，负责国务院相关部委的经济信息系统建设工作。20 世纪 90 年代末，我国党政机关在信息化建设服务的基础上，全面推进"政府上网"。1998 年，青岛市政府在互联网上建立了我国第一个严格意义上的政府网站"青岛政府信息公众网"；1999 年，"政府上网工程"启动，该年被称为"政府上网年"；到 2000 年底，我国在"gov. cn"下注册的域名数达到 4615 个。2001 年，党中央、国务院决定重新组建新一届国家信息化领导小组，并于 2002 年 8 月下发了《国家信息化领导小组关于我国电子政务建设的指导意见》，就"十五"期间全国电子政务建设的指导思想、发展原则、主要目标、重要任务、职责分工及相应的政策措施等分别予以明确，并相应作出新的部署。该文件下达后，各地各部门纷纷开展电子政务建设，并出现了"南海经验"、北京"首信模式"、"红盾 315"等一批电子政务的建设与应用的典型。①

Web1.0 时期，各级政府的信息化过程经历了各自为战、分散开发到整合统一的过程，基本建立起统一规划的电子政务网络与信息安全保障体系，搭建了

① 汪向东．我国电子政务的进展、现状及发展趋势[J]．电子政务，2009(07)：46-68.

“内网外网平台、12 个业务系统、12 个基础数据库”的规划框架。若与《国务院办公厅关于推进政务新媒体健康有序发展的意见》中关于政务新媒体的界定进行对照，Web1.0 时期以“政务+互联网”形式在传统互联网环境中展开，致力于将政务网络化、电子化，因此也许不能称之为当前广泛使用的政务新媒体。但是，这一时期为当下的电子政务搭好了框架、奠定了网络基础，其理念贯穿于后续的政务新媒体系统构建中。总而言之，Web1.0 时期的政务新媒体主要表现为政府信息化能力的建设上，即将“政务”的阵地上线至互联网，虽然无法实现网民的参与和人与人之间的互动，但不可否认的是，在这一时期，互联网很好地促进了政务公开和网上办事效率。

三、Web2.0 与政务新媒体

Web2.0 这个词最早出现于 20 世纪 90 年代末，但这个概念流行起来，则是从 2004 年开始。2004 年，蒂姆·奥莱利创办的 O'Reilly Media 公司与其他几家公司举办了首届 Web2.0 大会，预示着 Web2.0 的兴起。究竟何谓 Web2.0 目前依然未能达成共识，但有两点是毋庸置疑的：第一，它是允许用户广泛参与网站内容建设和交互的技术，网络从“仅可读”变为“可读亦可写”；第二，它是一种用户可以参与的架构，尤其是参与网络整体“生态系统”的建设。在 Web2.0 时代，“内容”的核心地位让位于“人”，人与内容的关系深化为人与人的关系，内容的生产权力从专业人士下沉为普通用户，生产的目的从内容本身扩展为以内容为纽带的网络社会中的关系。

Web2.0 时代，随着互联网技术的不断推进，Blog、Wiki、Tag、SNS、P2P、IM 等多种应用被开发出来并应用于政务领域。首先被纳入政务新媒体的当属微博。作为一个社交平台，微博能够基于用户之间的关系，为用户提供信息获取以及分享服务。用户能够在微博中建立个人社区，在个人社区中更新文字、图片、视频等信息，并且能够及时分享给网络中的其他人。微博于 2009 年通过新浪内测版形成较大影响力，2010 年因微博的快速发展被称为“微博元年”。同一时期，腾讯、网易、搜狐等也开设微博。2011 年，随着多个政府部门和公共机构的入驻，政务媒体进入新的发展阶段。同样在 2011 年，腾讯公司推出了即时通信应用——微信。2012 年，微信公众平台宣布上线。同年 8 月，广州市白云区政府应急管理办公室开通政务公众号“广州应急白云”，政务微信开始走上舞台。随着智能终端的普及，基于移动智能终端的 App 大量出现，并迅速成为政务新媒体的组成部分。而在被称为“政务客户端元年”的 2014 年，政务客户端迎来快速发展。从此，“两微一端”的政务新媒体格局开始形成。

2016 年，专注于短视频社交的抖音上线，并迅速在网民之间流行开来，形成巨大影响力。2018 年，大量政府部门开通了抖音账号，力争实现“网民在哪里，政务新媒体就应该在哪里”的传播局面。“南抖音北快手”，政务短视频的阵地不仅限于抖音，快手也吸引了大量的政务机构入驻，“政务抖音”、“政务快手”和其他一些吸引政务机构进驻的短视频应用一起构成政务短视频，推动政务新媒体向视频化、移动化的方向发展。有人将这一时期的政务新媒体格局总结为“两微一端一抖”。2022 年，中国政务短视频在传播力和影响力方面继续保持着重要地位。政府部门在各大短视频平台上的账号数量和活跃度不断增长，不仅通过政策解读、宣传报道等方式向公众传递政策信息，还通过情景再现、动画讲解等形式提升信息传递效果，受到越来越多网民的关注和喜爱。

随着基于数据挖掘技术的产品——今日头条的影响力持续扩大，政务新媒体以政务头条号扩大阵容。在今日头条这个第三方平台上，政务信息的传播不再依赖于用户的主动关注，海量的用户基础和强大的智能推荐算法自主将政务信息匹配给目标用户，信息的曝光率和到达率空前提高。因此有人戏称政务新媒体的“标配”升级为“两微一端一抖一号”。在 2020 年初的新冠疫情中，政务新媒体的队伍再次扩大，音频平台等也被吸纳进来。可以预见的是，随着互联网技术的迭代，政务新媒体的形式将更加多样化。随着短视频平台的发展，政务短视频也在内容形式、传播渠道等方面不断创新。除了在抖音、快手等主流短视频平台上开设账号外，一些政务短视频还在其他新兴平台如 B 站、小红书、TikTok 等开设账号，扩大传播渠道。同时，政务短视频的内容也不再局限于政策解读，更多地关注于百姓生活、公共安全、文化传承等方面，增强了受众的参与感和认同感。抖音曾推出“传统文化传承系列”，各级政务部门纷纷响应，发布有关中华优秀传统文化的短视频内容，播放量高达 16 亿次。2021 年，包括中国国家博物馆在内的七个国家一级博物馆都已经集体入驻抖音，并且推出“博物馆抖音创意视频大赛”，让厚重的传统文化以崭新的面貌重新焕发生机。

在突发公共事件预防和应对过程中，政务短视频发挥了重要作用，很多媒体尝试通过动画、漫画等形式解读灾情，不仅能够提高公众关注度，也能提高公众的自我防护意识和应对能力。总之，政务短视频在中国的传播格局中已经成为不可或缺的一部分，持续发挥着重要作用，同时也需要不断创新和提升内容质量，更好地服务公众。

在 Web2.0 技术的支持下，政务新媒体从“政务+互联网”的阶段进入真正意义上的政务新媒体阶段，无论是内容生产、传播渠道抑或是交互性等方面都有所突破。首先是在内容生产上，Web2.0 技术使网络从单纯的“可读”升级为“可写”，网民可以参与内容的生产。这就使政务信息的传播从 Web1.0 时代的以政务机构为主体转变为政务机构和网民共同生产内容的局面，具体表现为在政务微博、政务微信、政务 App 等中，网民可以通过评论、转发、留言等形式对政务机构发布的信息进行意见表达，在此过程中政务机构和网民均是内容生产者。其次是传播从单向到交互的改善，Web1.0 技术仅支持信息的浏览，相伴而生的是“我说你听”的单向度传播，而 Web2.0 的读写兼具将传播变成“边说边听”的双向传播，政务新媒体能够对用户的质疑及时作出回应，对群众的求助进行精准捕捉。2022 年新冠疫情期间，一名网友在“深圳卫健委”微信公众号评论区反映核酸结果没出来，孕妇无法办理入院，“深圳卫健委”回应“电话发我”，帮助孕妇顺利解决住院问题。这些反馈和互动不但维持传播循环，还以政务新媒体为中介，使网民和政务机构建立起比 Web1.0 时期更亲密牢固的关系，并转化为持续的内容生产动力。最后是政务新媒体类型日益多元化，Web1.0 时代，以政务信息化形式呈现的政务信息传播只能在传统互联网环境中通过网站进行；Web2.0 时代，技术催生了诸多应用并陆续被运用于政务信息的传播，形成“N 微 N 端”的新媒体政务队伍。

从 Web1.0 到 Web2.0，政务新媒体从无到有地建立起来，从政府网站到政务微博，从政务微博到政务微信和政务短视频，再到未来将会出现的其他政务新媒体形式，在实践中逐渐形成了一套运营和操作规范，成为增强政府公共服务能力、推动政府治理能力现代化、实现向服务型政府转变的重要推力。

四、Web3.0/WebX.0与政务新媒体

目前，Web3.0的概念尚未有明确定义。谷歌的CEO认为Web3.0创建应用程序的方法将更不同，其主要特征为：程序相对较小、数据在云中、程序运行不局限于设备类型、程序能够自定义、运行速度快等，此外，程序还会在社交媒体平台上扩散。在即将到来的Web3.0时代，政务新媒体受互联网理念、技术等的影响，也将获得进一步的发展，或许将从以下几个方面显露出来：一是政务信息将实现更高效的聚合。渐进式语义网的发展将提供完备的内容聚合和应用聚合支持，将互联网变成数据库。在这个庞大的数据库中，政务信息的发布、分发、搜索等将更高效和精准。二是承载政务新媒体的终端将更加多元。Web3.0时代，网络服务可智能地与个人电脑、手机、机顶盒和专用终端等兼容，让用户可以摆脱终端、传播符号等的限制，随时随地地使用任一种终端接受政务信息服务。三是政务新媒体使用的个性化。Web3.0在承袭2.0技术以人为本的基础上，将用户的偏好作为设计的主要考虑因素，以更智能、破茧的智能技术对用户行为特征和高可信度信息源发布的信息之间进行挖掘、匹配，得出最佳设计方案，让政务机构借第三方平台之力更广泛、精准地将政务信息扩散出去，并根据用户浏览信息的时长等数据对信息呈现方式进行优化形成良性循环。

Web技术绝不会止步于3.0，梳理政务新媒体与Web技术的关系不难作出如下推断：Web4.0甚至是X.0时代，政务新媒体将跟随技术的推进不断发展、壮大和成熟。

五、大数据、人工智能与政务新媒体

以技术创新引领媒体转型升级，是目前传媒业发展变革的主要方向。近年来，我国媒体转型的速度在持续增长，得益于大数据、AI、云计算等智能技术的进步。随着传统媒体的变革与媒体生态系统升级，多元媒体形态层出不穷，基于AI算法技术的智能媒体逐渐成了未来媒体发展的新方向。所谓智能媒体，是指将AI、大数据、云计算等智能技术运用于媒体当中，以满足用户需求，使媒体向自主化、智能化发展的一种媒体形式。

随着国家“新基建”规划布局加快，以人工智能、信息技术、工业互联网为

代表的第四次科技革命，也为媒体领域的范式转换指明了新的发展方向。智媒时代，政务新媒体将与数智技术深度融合，紧跟时代潮流，充分发挥新技术的优势，将困难变为机会，推动内容表现形式创新，用户需求识别更加准确，信息传播不断精准化，打造智慧政务新媒体。智能技术的发展，将推动内容生产创造力的提升，并且政府部门能够在智能技术的加持下，推动传播创新。

党的二十届三中全会指出："数智技术是数字化和智能化的有机融合，可以理解为'数字化+智能化'，是在数字化基础上融合应用机器学习、人工智能等智能技术的过程。"数智技术不仅要应用在制造业上，对于传媒业也有着举足轻重的影响。数智技术赋能政务新媒体，使得政务新媒体的传播内容和形式更加智能化，为用户打造沉浸式观赏体验，提升我国"文化新质生产力"，使得我国文化领域和传播领域在创新和科技赋能下培育出新模式，释放出政务新媒体强大的内容生产潜力。智能创新的内容产品开辟了智能政务传播的新路径，视觉呈现效果的提升与双向互动的模式，提高了受众的参与感和认同感。同时，低时延的 5G 技术降低了网络质量带来的负面影响，实现了视频的快速传输，使短视频和直播成为内容创新的重要动力点。在内容制作上，AI 技术也逐渐运用在政务新媒体当中，例如，2019 年《人民日报》制作的《全息 3D 强影看两会》AI 科技创意短视频。此外，省级融媒体平台同样表现突出，江西省的"赣鄱云"、四川省的"四川云"等都制作了 H5 新闻互动产品，为智能化内容生产提供了借鉴。数字技术不仅赋能政务新媒体在政府传播内容创新，同时对政务新媒体的文化传播也提供了新思路。"基于数字技术高速迭代演进，一种新的虚实同步式数字孪生栖息地正在成为主流，数字孪生正在形成文化传播的新场域，为中华优秀传统文化的传播塑造了一个全新的传播生态语境。"①数字孪生技术赋能中华优秀传统文化创造性转化和创新性发展，数字孪生技术能够实现传统文化的"即时化"传播，打造用户"数字在场"的常态化，为用户提供沉浸式、交互式的文化体验。如敦煌研究院联合腾讯共同推出的"寻境敦煌——数字敦煌沉浸展"，围绕敦煌第 285 窟为用户带来线上知识讲解和 VR 线下沉浸式壁画历史文化体验；河南博物馆也推出了

① 努尔比娅．数字孪生技术赋能中华优秀传统文化传播的内涵布展与逻辑指向[J]．新闻论坛，2024，38(01)：83-86.

线上的虚拟展厅，让用户即使相隔千里也能享有“身临其境”的观展体验。借助技术，新颖、原创的内容形态打破了政务新媒体的桎梏，使其能够深刻理解用户的需求，满足多元化、分层化、多样化的内容需求，生产优质的内容产品，已成为政务公开、创新传播、舆论引导的重要途径。

在当前的新媒体激烈的竞争生态中，政务新媒体发布的内容往往欠缺差异化，这也成了政务新媒体吸引用户注意力、提供政务服务的障碍。如何克服海量的信息影响，是政务新媒体必须面对的挑战。作为智能技术的基础，算法真正改变了信息接受的方式。因此，利用智能算法技术，对用户需求进行精准识别，构建“政务+服务+技术”的多元政务服务平台，是未来政务新媒体平台重构的关键。通过精准定位和智能分发，智能政务新媒体能够在推送热点事件新闻的同时，为用户提供个性化服务。

广东省政府发布的“粤省事”，用户可通过手机客户端、微信公众号、小程序扫码等方式进入。作为全国首个集合了各类民生服务的线上本地政务服务平台，“粤省事”突出服务的本地化和便捷性，是“有效传播+精准服务”的代表，目前已有超过五百万用户。并且，“粤省事”可以通过后台大数据，对用户进行分析。分析发现，“粤省事”的用户主要为“80 后”，这些用户对税务、交管等信息更为关注，由此生成了核心用户画像。拥有了清晰的用户画像，政务部门也可以发布更受用户喜爱的内容。

在 5G、大数据等技术的支持下，政务新媒体需要利用数据精准绘制用户画像，提供用户所需要的服务，提高政务信息的相关性和服务的在地性，才能真正称得上是智慧服务商。在党的二十届三中全会上，习近平总书记强调要深化文化体制机制改革。随着信息技术的不断发展，传媒领域催生了很多新应用和新模式，不断重塑着当下的舆论生态和文化业态。因此要推进文化体制机制全方位改革，推进工作理念、内容、形式、方法、手段全方位创新，把互联网思维和信息技术应用系统贯穿到宣传思想文化工作中，实现全面彻底的数字化赋能、信息化转型。①

① 李书磊．深化文化体制机制改革[N]．人民日报，2024-08-07(006)．

第二节 政务新媒体的体系构成

一、政务微博

我国的微博出现于2007年，饭否网、叽歪网、嘀咕网等开通了我国较早的一批微博，但由于种种原因存在的时间均不长。真正形成较大影响力的是2009年中国门户网站新浪推出的新浪微博内测版。2010年在犀利哥、凤姐、3Q战争和唐骏学历门事件中，微博成为网民关注事件、获取信息和讨论的重要平台。这一年，机构、名人、草根纷纷入驻微博，成为微博发展最快的一年，2010年也因此被称为“微博元年”。

微博作为国内高人气的平台和舆论场，吸引了政务机构的注意，微博中开始出现政务机构这一主体。由于政务微博开通数量众多，2011年也被称为“政务微博元年”。到目前为止，政务微博的概念还没有一个统一的定义。在国内，有学者认为政务微博是指政府机构及其工作人员在主流门户网站上开设的微博，功能主要以政务公开、听取民意、回应质疑、表达观点为主。大部分学者在研究时直接将“政务微博”一词当作约定俗成的名词进行使用。

我国首个政务微博当属湖南省常德市桃源县在新浪微博上开通的政务微博。2009年11月5日，桃源县人民政府以“桃源县人民政府微博客由桃源县政务网站注册并管理，联系电话0736-6629181”的博文宣布微博的开通。之后，云南省人民政府新闻办公室开通了“微博云南”。经过了十多年的发展，截至2020年4月，全国30多个省市区已开通政务机构微博，政务机构微博数量为13.9万个。其中，河南省各级政府以10185个政务机构微博居全国之首，广东省以9587个紧随其后。

政务微博作为出现较早的政务新媒体形式，因微博自身的关注机制，在信息扩散、形成舆论和意见表达等方面显示出特有的传播优势，涌现出一批“教科书式的操作”。如“平安北京”“银川问政”“成都发布”等，在社会治理和服务型政府建设过程中发挥了无可替代的作用。人民网等机构通过对当年度具有影响力的政务微博进行评选，发布年度政务微博影响力报告等形式对优秀的政务微博进行表彰和推广，推动政务微博的进一步发展。

作为国务院国有资产监督管理委员会新闻中心的新媒体平台，2012 年 6 月 16 日，“国资小新”微博正式开通，到 2022 年 3 月共发布微博 5 万多条，收获粉丝 592.4 万。微博开通近十年来，“国资小新”创造了很多个“首次”：中央部委首次推出新媒体人物形象；首次打造新媒体联动矩阵，打造属于自己的网络文风“小新体”；首次推出主题歌曲《小新之歌》；首次在大学设立新媒体奖学金；首次发行中国新媒体卡通题材的邮票等。“国资小新”始终坚持自己的发展特色，将微博平台与其他平台进行联动，力求扩大传播声量。2023 年 10 月 30 日，“国资小新”首次在淘宝平台开通认证店铺，商家大国重器“展而不卖”，网友可以将大国重器加入购物车，并通过淘宝平台“购物车分享”功能生成海报，分享到社交媒体。2023 年 11 月 7 日至 12 日，“国资小新”在微博设置多种互动话题，并且连续抽奖，吸引广大用户参与互动，持续打造话题热度。活动结束后，“国资小新”和微博还发起了网络投票活动，为大国重器颁奖。在运营中，“国资小新”始终坚持“为用户创造价值，为受众提供信息，为分析解决问题”的价值观，持续强化自身的服务、传播及互动功能。向公众传播打动人心的国企故事，提高国企的企业文化、口碑及品牌建设等无形资产价值，是“国资小新”的重要使命。

2021 年 7 月河南遭遇百年一遇的特大暴雨，河南全省多处遭遇洪水、城市内涝等危机。郑州市巩义小镇通讯中断，央企第一时间抗洪抢险，搭载中国移动无线通信基站的翼龙无人机紧急出动，滞空 5 小时恢复网络。“国资小新”及时发布消息并突出央企始终以人民需要为中心、科技创新成果造福于民，引发大量关注。7 月 22 日 13 点半，翼龙无人机再次起飞，为郑州市中牟县阜外华中心血管病医院的救援工作提供网络保障，14 时许，“国资小新”第一时间发布此消息，话题迅速冲上热搜，单条微博互动量过万次。

传统模式下，政府的信息发布起到的作用比较有限，发布方式也比较单一，政务微博作为最早的政务新媒体形式正在改变这种局面，增加了政府信息发布的渠道，有利于政府构建完善的信息发布机制。在构建服务型政府的过程中，政府不仅会在政务微博发布政务内容，还会输出重要的民生资讯，发布与民众生活密切相关的信息内容，体现出政府秉承“以人为本”的理念，在发展过程中不断提高自身的服务能力。此外，由于微博平台的开放程度较高，因此政务微博的使用不仅能够实现信息的及时、有效传达，还能“原汁原味”地获取民众的反馈意见，加强与民众之间的沟通互动。

二、政务微信

微信(WeChat)是2011年由腾讯公司张小龙团队推出的一款为智能终端提供即时通信服务的免费应用程序。微信可跨系统、跨平台使用，通过消耗网络流量实现语音短信、图片、视频和文字等的发送。2012年3月29日微信用户突破了1亿人，耗时433天。到2014年7月微信国内用户数超过4亿，8月海外用户数超过1亿。腾讯2023年第二季度财报显示，微信及WeChat合并月活跃用户数为13.27亿，微信小程序日活跃用户数为6.91亿。2012年上线的微信公众号功能实现了从即时通信工具向通讯类社交平台的转变。公众号主要面向社会名流、政府、媒体、企业等机构进行合作和业务推广。作为新型的主流媒体平台，公众号发送音频、视频等操作更加便捷，用户体验更加良好。相对于微博，微信公众号是自主订阅的，互动性、私密性和针对性也更高，而且对信息的推送数量有限制。2013年，微信在从4.5版本向5.0版本的升级中将公众号细分为订阅号(运营主体是个人和组织)和服务号(运营主体是企业、媒体和公益组织等)，为入驻公众号的主体提供了更多便利。

微信自诞生起就备受关注，由于其复制了线下社交又便于在移动终端使用，因此很快成为智能手机必备App。2013年国务院办公厅发布的《关于全面推进政务公开工作的意见》中有七处提到政务微博，一处提到政务微信，要求政务机构积极探索利用政务微博、微信等新媒体，及时发布各类权威政务信息，与公众进行交流。2016年7月国务院办公厅发布61号文件《关于在政务公开工作中进一步做好政务舆情回应的通知》，提出进一步提高政务微博、微信和客户端的开通率，将微信和微博一起纳入政务新媒体，成为政务传播的重要力量。

我国首个成功运用政务微信的是2012年8月30日广州市白云区应急办开通的“广州应急—白云”，① 开通第二天的13时52分，广东省河源市源城区、东源

① 李宗富．信息生态视角下政务微信信息服务模式与服务质量评价研究[D]．长春：吉林大学，2017.

县(北纬23.75、东经114.64)发生了里氏4.2级地震。14时33分，“广州应急—白云”通过微信公众号发布包含地震震级、震源、影响范围等信息的推文，以点对点的传播效果及时、高效地将信息扩散出去。政务微信公众号在全国范围内迅速发展起来。第九届中国电子政务论坛于2014年首次发布了《2014中国城市电子政务发展水平调查报告》，该报告对政务微信的定向传播理念和精准传播方式给予了高度评价。报告认为，政务微信独特的传播方式很适合政府部门发布公共服务信息以及政务信息，不仅可以有效地提高政府公共服务水平和管理效率，而且还能够有效地缩短政府与民众之间的距离，加强双方的沟通和理解。政务微信已经成为各个政府部门展示权威信息、提高公共服务效率、密切与民众关系、引导社会舆论、提升管理服务能力的一个重要新型平台。通过政务微信，政府部门能够更加便捷地发布公共信息，及时回应民众关切，增强政府公信力。政务微信的广泛应用，为政府部门提供了一个全新的沟通渠道，有助于政府更好地服务于民，提升政府治理水平。

在政务新媒体的实践中，涌现出一批富有影响力的政务微信。如2021年，江门市共监测了全市220个政务微信样本，以及超16万篇文章样本(平均单个政务微信全年发布超730篇文章)。其中，市直政务微信74个，发布文章约5万篇；各县(市、区)政务微信146个，发布文章超11万篇。超16万篇文章收获阅读量约2.5亿次(其中70篇文章阅读量超10万次)，在看总数达82万次，点赞总数达93万次；平均单个公众号推文获得阅读量约114.1万次、在看总数超3700次、点赞总数超4200次。

“青春上海”政务微信公众号由中国共产主义青年团上海市委员会于2013年4月创立，根据人民网的数据，该公众号进入了全国政务微信百强榜，处于领先地位。2022年，“青春上海”再次拿下上海政务微信的年度集赞冠军，分别在“上海政务微信总体十强”“上海政务微信”“政务微信阅读量”中排名榜首。“青春上海”何以获得如此人气？我们不妨从其公众号一探究竟。以其2020年5月的公众号内容为例，页面下方共分为“青年生活节”“大学习”和“青春战疫”三个栏目。“青春生活节”是上海团组织携手200多家品牌企业和电商平台在5月至6月推出的针对青少年的购物活动和平台；“大学习”涵盖了红色文化传承、出国留学、就业等青少年生活的方方面面；“青春战疫”以抗击新冠为主题，通过信息发布、招募志愿者和公益活动等形式进行抗疫并链接至《中国青年报》。观察其内容可发现，“青春上海”定位“青春”、关注时事和生活。

2020 年 5 月 13 日，“青春上海”当天先后发布五次推文，分别关注“小朱配琦”“钟南山买口罩”“李佳琦申请注册声音商标”“一号台风”“云南男生给同桌女生夹肉”等事件，其中阅读量超 10 万次的文章有两篇，其他文章的阅读量也在 4 万+次到 7 万+次。其中一篇文章为《今年 1 号台风“黄蜂”生成！明天起至周末，上海或集齐“风雨雷电”四件套》，获得超 10 万次的阅读量。一则天气预报类文章为何能获得如此高的阅读量呢，这与“青春上海”贴近生活的定位、有趣的文风、网感表达的一贯风格有关。除标题使用“集齐四套件”的表述外，文中也出现了“筒子”“吃人”“井盖”等词语，还使用了青年人熟悉的暴走漫画来表示台风之大。“青春上海”从定位“青春”出发，将自身打造成为有温度、有趣“人格”的政务微信号。

政务微信公众号不仅能提升社会治理效能，还有助于中华优秀传统文化的传播。如位于全国中医药类政务微信公众号排行榜前列的“河北中医药”，在弘扬中医药文化和传播中医药信息方面发挥着重要作用。中医药文化作为中华优秀传统文化的重要组成部分，在人们心中长期处于晦涩难懂的形象，人们对其了解并不深入。再加上当下自媒体的传播环境中，很多“伪中医药”的知识会在网络上传播，这就需要官方的、权威的专业媒体对中医药知识进行正确传播。“河北中医药”微信公众号运用年轻化、个性化的方式深入讲解中医药知识，发布中医药政策，讲述中医好故事。如 2020 年抖音神曲《野狼 Disco》爆火之后，“河北中医药”随后发布一条推文《中医健康版〈野狼 Disco〉》，通过押韵的歌词和洗脑的旋律，将中医养生知识以更加喜闻乐见的方式传递给受众，极大地拉近了内容与受众的距离。同时，“河北中医药”还利用 VR、AR 等虚拟技术模拟中医针灸，使中医药知识的传播变得更具趣味性，体现了政务微信的温度。

三、政务 App

随着移动互联网顶层设计持续优化、资费不断下降、智能终端性能不断迭代及 App 种类不断丰富，人们的互联网使用习惯向手机端高度集中。2022 年 9 月 14 日《中国互联网发展报告(2022)》在北京正式发布。① 根据统计，截至 2021 年

① 中国互联网协会．中国互联网发展报告(2022)[R]．2022-09-14.

12 月末，中国的移动网络使用者数量已达 10.29 亿人，较上年同期增长了 4733 万，但增长速度较上年有所减缓。在这一年的时间里，手机用户每月平均流量达到了 13.36 GB，与上年同期相比增加了 29.2%。智能手机销量达到了 3.43 亿台，较上年同期上升了 15.9%。

因开发及使用的自主性、信息的广泛性等因素，各类 App 深受企业、机构和媒体的青睐，并逐渐应用于政务领域，出现了政务 App。政务 App 是由政府部门或公共服务部门基于自身政务需求，开发在智能手机、平板电脑等移动终端上运行的软件应用。其显著特点包括：更加简便的网络接入方式、多样化的移动终端、丰富的服务内容和更加人性化的用户体验。政务 App 并非中国独有，韩国、美国、新加坡等国家的政务 App 建设都走在了全球前列。韩国政府从 2010 年计划搭建政务 App 平台开始，逐渐将国家公共服务过渡到移动设备中，并对个人开放国家公共数据，实现了以政府 App 为载体对个人提供一对多的差异化行政服务。美国政府依靠云服务平台——Apps. gov，提供近 252 个应用程序，包括教育、卫生和医疗、新闻、旅游等，全面覆盖了公共服务领域。①

例如，“See Click Fix”应用是一个独具匠心的基于地图的公众报告平台，深受用户喜爱。这款 App 应用能够帮助公众持续关注非紧急事件，令地方政府对一些诸如道路上的坑洼、涂鸦、非法倾倒的垃圾等问题引起重视。而新加坡政府与公众和私人社区紧密合作，共同开发并运营政务 App。以新加坡国家环境局为例，它为公众提供丰富的数据支持，涵盖了诸多要素，包括空气质量、天气预报、暴雨预警以及气候变化，还有垃圾回收的地点等，这些信息都极大地激发了公众对环境问题的高度关注，从而也更好地保障了公众的环境权益。

我国的政务 App 始于 2012 年北京市政府新闻办公室推出的“北京城市”，由此正式开启了我国政务 App 之路。经过几年的发展，政务 App 已具规模，2017 年 11 月 28 日，中山大学发布《移动政务服务报告（2017）——创新与挑战》，报告显示 2017 年全国 70 个大中城市共有 514 个政务 App。2019 年中国国际数字政务博览会在北京召开并发布了《2019 全国省级政务服务 App 蓝皮书》，蓝皮书以全国 32 个省级政务服务 App 为分析对象，建立了完善的指标体系，并通过用户

① 中国软件评测中心 . 2013 年移动政务客户端专项评测报告[R]. 2015-02-16.

体验(感知度)、服务供给(成熟度)和平台运营(活跃度)三大维度进行横向比较，总结了全国省级政务服务 App 的建设、运营和发展趋势，梳理了我国政务新媒体的发展状况，为全面提升我国政务 App 的发展水平提供了指导。政务 App 可由政务机构自行开发，也可以联合互联网公司定制共同开发，还可以根据需求实时对 App 进行改版，这种自主性使得信息发布主体不再受制于发布平台的限制。区别于以政务信息传递和公开为主的政务微博、政务微信以及门户网站，政务 App 以公共服务为导向，依托网络信息技术，把政府提供的公共服务装进“口袋”，让公众随时随地享受便捷的自助式服务，是在服务型政府下对政府治理模式的创新探索。①

以福建省“闽政通”App 为例。为了适应移动互联网发展趋势，实现政务服务从 PC 端到移动端的转变，福建省经济信息中心与中国移动福建公司合作建设了“闽政通”App。2017 年 10 月 20 日上线的“闽政通”整合全省政务服务资源，通过该平台，用户可进入福建省网上办事大厅、政府门户网站、12345 平台进行办理事务，此外，该平台还聚合了省市民生服务资源，能实现统一身份认证、统一支付等服务功能，一个平台能够办理多项业务。以开放式的架构支持各级各部门便民服务入驻，打造掌上政务应用业务闭环，变“群众跑腿”为“掌上办事和信息跑路”，变“群众来回跑”为“部门协同办”。到 2023 年 3 月，“闽政通”更新迭代 50 多个版本，精品便民服务拓展至 25 类超过 560 项，注册用户突破 800 多万，月活跃用户超过 200 多万。在 2019 年工信部中国软件测评中心发布的 2019 数字政府服务能力评估中，“闽政通”位居全省政务 App 第一梯队，入选省级十大数字政府优秀创新案例。

作为我国地方政府头部政务 App，“浙里办”App 是浙江省推出的一款基于浙江政务服务网一体化平台的 App，围绕“规范、智能、有温度”的目标，为公众提供更加便捷、高效的政务服务。“浙里办”App 被 网友称为浙江人的专属“许愿池”，这一说法看似夸张，实际上是对浙江省政务服务水平的认可。在“浙里办”App，市民不仅可以办理缴纳医保、社保查询、补贴申请、电子票据查验等常规

① 薛万庆，谢明荣．服务型政府视角下政务 App 的发展现状与策略思考[J]．电子政务，2015(03)：38-42.

政务项目，还能够享受额外的服务。如查询高考成绩、相亲、数据查询等非政务事件，极大地体现了政务 App 的与时俱进以及“以人为本”的本质。近年来，地方政务 App 大量涌现，成了提升公共服务数字化水平、推动地方文化发展的重要手段。然而，能被网友叫作“便民神器”的政务 App 却屈指可数。“浙里办”App 一次又一次因相关部门反应迅速，为市民提供便捷服务而冲上热搜，凸显了浙江省对建设服务型政府的重视。

四、政务短视频

短视频的出现要追溯到传统门户网站和网络视频分享网站。在这个领域，美国是最早涉足移动短视频社交应用的国家。Youtube、Viddy、Instagram 等短视频平台用户群体庞大，其发展过程中所积累的经验和成功的商业模式对国内互联网企业产生了强烈的吸引力，引发了国内企业对短视频社交应用领域的关注。在对这些成功模式的借鉴和融合过程中，国内互联网企业结合国内市场的特点，不断推出新的短视频应用。内容爆款对短视频的发展也起到了重要的推动作用。例如，2006 年，由于一部《一个馒头引发的血案》的走红，迅速掀起了一股娱乐狂欢的热潮。然而，在早期，由于版权和带宽等因素的制约，国内短视频的广告价值并未得到充分的发挥，加上长视频在内容质量上的不足，使得长视频市场缺乏强大的市场基础，以至于经历了一段低潮期。然而，随着技术的进步、受众的转变、资本的涌入和内容生态的改善，2010 年，人们又重新把注意力放在投资少、成本低、内容容易掌控的短视频上。这一转变，预示着短视频时代的全面开启，为国内短视频行业注入了新的活力。

对于短视频的定义，学界业界说法不一。在艾瑞咨询 2016 年度短视频行业报告中认为短视频是指一种视频长度以秒计数，主要依托于移动智能终端实现快速拍摄和美化编辑，可在社交媒体平台上实时分享和无缝对接的一种新型视频形式。它融合了文字、语音和视频，可以更加直观、立体地满足用户的表达、沟通需求，满足人们展示与分享的诉求。与网页、微信、微博等载体提供的内容不同，短视频具有麦克卢汉所言“热媒介”的属性，以多媒体属性的信息降低了传播中的噪音，满足了信息过载、信息碎片化时代用户的信息需求，故而成为后来居上、最受欢迎的应用之一。

根据中国广视索福瑞媒介研究(CSM)发布的《2021年短视频用户价值研究报告》数据显示，10岁及以上网民观看短视频的比例为90.4%，其中50岁及以上“银发e族”用户占比超1/4。“银发e族”中有过短视频制作/发布经历的用户比例达30%，通过短视频建立社交关系的需求更强。短视频在媒体生态系统中的地位不断提升。以今日头条孵化的创意音乐短视频社交App抖音为例，依托于今日头条强大的算法功能，用户很快便能在抖音上找到想看的内容和“同道中人”。抖音还支持用户随时随地以15秒的时长分享自己的生活，也支持用户通过拍摄技术和特效让视频更具创造性。经过几年的发展，抖音国内版已从最初的舞蹈为主拓展至政务、美食、旅行等内容。在新冠疫情期间，抖音还成为学术分享的平台。据抖音政府数据公布，2023年抖音日活跃用户已达7亿多，抖音日均视频搜索量超过50亿，抖音用户集中在24—30岁，该年龄段用户占比目前已经超过40%。

2018年3月，政务机构开始陆续入驻抖音，2018年也因政务短视频数量的激增而成为“政务短视频元年”。中央政法委政府网站中国长安网于2018年3月8日入驻抖音，成为第一个抖音政务号，“官抖”打开了政府与公众沟通的新渠道。“糟了，是心动的感觉”，在政务短视频中随处可见这样的标题与政府回复。比如北京特警总队的政府账号的评论回复“能不能火就看你们的了”，一改往日严肃高冷的特警范，呈现与其官微官博截然不同的形象，拉近与群众之间的距离。① “主播说联播”抖音账号中，主持人经常使用诙谐网络流行语讲解当下政治时事，对政治性话题进行软化处理，一改往日严肃庄重的语态，如“NO Zuo NO Die”“呵呵”“双标”“歪果仁”等网络热词的使用，极大地拉近了与当下短视频用户之间的距离，利于增强用户黏性。2018年8月31日，抖音与生态环境部、国家卫生健康委员会、国资委、中国铁路总公司、新华网、央视国际频道、国际在线等11家政务机构共同召开了政务抖音号大会，发布了政务抖音号成长计划，意在通过培训等措施，帮助政务抖音号快速成长，树立形象，达到传播社会正能量的目的。9月、10月，全国省市两级公安机关、全国各级人民法院入驻抖音。正是因为抖音是政务机构首先入驻的短视频平台，且抖音中的政务新媒体数量远

① 童飞波．政务抖音账号发展现状与传播策略研究[D]．杭州：浙江传媒学院，2019.

多于其他短视频平台，因此也有人以政务抖音指称政务短视频。

政务抖音是中文语境中的词语，就像政务微博、政务微信、政务头条号等概念一样。这个词语首次出现在抖音与政府合作的新闻发布会上，在国外还没有类似的词。在此将政务短视频理解为政务机构在抖音等短视频平台上开设的用于传播信息和实现高效公共管理的账户。

"四平警事"是吉林省四平市公安局在抖音上开通的政府账号，自2018年6月起开始运营，起初主要发布一些常规性的警务新闻和一些正能量和纪实宣传片，也记录了警察的典型故事，运营效果并未产生过人之处。8月，四平人民广播电台主持人吴尔渥及其团队加盟四平警事，形成了一个警察和两个"笨贼"的三人组合模式，以小短剧的形式将法律知识变得通俗易懂，迅速成为政务视频号中的"网红"。如某期中两个"蠢贼"在寒风中拦住了道路上行驶的车辆：玄天一片云，乌鸦落在凤凰群。满车都是英雄汉，哪是君来哪是臣。介绍一下，这是我们102国道的张"道长"，这位"道委"吴书记。面对司机的疑问，二人不耐烦地回答道"抢你呗，干哈干哈的"。当警察来了，两人立刻扮可怜，边哭边说"董叔，其实我俩也是苦命的孩子，从小我妈就教育我说穷人的孩子早当家……"，董叔识破了两人的伎俩，义正词严地回答道"无论你的故事多么悲惨，都不是你抢劫的理由"。当面对警察的询问"街道群众举报，说有两个人在这里拦路抢劫，一个身高一米六，一个身高一米七"，两人的回答居然是"那不是我俩呀，我一米八五。他一米七七"。警察"董叔"哭笑不得地回答"你说他一米七七我忍了，你一米八五？"回答曰"我身份证上有……"，最后"董叔"严肃地告诉两人"你们两个涉嫌拦路抢劫，处以三年以上十年以下有期徒刑"。在四平警事发布的普法短视频中，枯燥的法律常识通过短视频的形式诠释给大家，贴近生活的剧本、东北语言特有的爆笑效果和抖音平台的音效共同传递着一条条法律常识。四平警事常年位列政务号粉丝量第一名，还多次被中央电视台等央媒点名表扬。至2023年3月，四平警事粉丝数量达到1869.8万，共发布作品231个，获赞1.7亿余次，获赞百万+的视频数量不在少数。

2024年开年，文旅政务短视频大放异彩。从平台上用户的点赞量、转发量和评论量来看，文旅政务短视频都取得了不错的效果。文旅政务类短视频的爆火"出圈"离不开其传播思维的转变和传播语态的变革。在此次文旅政务短视频的

“引流大战”中，各地文旅局官员纷纷亮相。作为政府官员，大多数的官员是不愿意抛头露面的，而此次各地文旅局长纷纷走到台前，成为当地文旅事业的代言人和宣传者。如甘孜文旅局长刘洪，其抖音号为“甘孜文旅刘洪”，抖音平台数据显示，截至2024年，其粉丝量达到247万，视频总点赞量达到4915万次。其账号多次发布变装视频，视频中刘洪身着古装、头戴斗笠，就好像武侠小说中的侠客，带给人们无限遐想。该账号结合甘孜本地特色，运用多元化符号，突出藏族传统民俗和传统文化，打造了一个神秘、立体、圣洁的甘孜形象。再如2024年初爆火的东北文旅政务媒体群，重新焕活“沉默”的东北形象。就东北地域形象在短视频平台的传播来看，大多被贴上“土味”“恶搞”等负面标签，再加上自媒体的传播，这些负面的刻板印象被进一步放大。然而，真实的东北形象其实是被遮蔽的，东北真正的文化、历史并没有得到有效传播。文旅政务短视频的兴起重新向用户展示了东北的地方历史、地域文化和民俗特色，重塑了东北形象，让东北的文化内涵得以进一步传播。如在辽宁阜新市文旅局发布的短视频中，以“玉龙故乡，文明发端——第一缕炊烟升起的地方”为内容创作定位，将查海遗址、中华第一龙、世界第一玉、海州露天矿等历史文化元素，融入文旅局长的讲述中，全面、立体地展现了八千多年历史积淀下的文化厚度。随着媒体融合的进一步深化，文旅政务短视频对于宣传地方政府形象，展现地方历史文化底蕴将愈来愈重要，不仅拓展了政务短视频的传播功能，而且能够助力地方文旅产业深度发展。

五、政务头条号

今日头条是一个内容分发算法推荐应用，创立于2012年8月。在质量参差不齐、数量过载的信息传播环境中，今日头条以智能分发技术脱颖而出，根据海量用户兴趣建模主动将资讯推荐给对应的人群。据Quest Mobile公布的TOP榜单，截至2022年6月，头条App月活用户3.44亿，是唯一一款进入TOP20的新闻资讯类App。

头条号主要帮助企业、机构和自媒体在移动终端捕获更多热点信息。为今日头条平台产出更多优质内容的同时借助今日头条强大的智能分发技术实现品牌传播和影响力的扩大。今日头条的理念与政务新媒体的传播需求不谋而合，因此很快就有大量的政务头条号出现。政务头条号让权威信息精准地投放给大众，有助于树立权威、高效、接地气的政府形象；让受众及时、便捷获取政策、民生等信息；以正能量、服务性信息营造良好网络空间，促进和谐社会建设。截至2022年12月，我国政务头条号数量已达到82937个。

在2022年7月召开的“2022政务新媒体座谈会”上，人民网舆情监测室秘书长祝华新在会上点评政务头条号成为“政务公开的标配”“治国理政的新平台”。政务头条号缘何得到如此好评呢？首先源于今日头条无可比拟的用户基础。今日头条出现之前，各大门户网站是网民获取资讯的重要方式，但这需要用户在多个网站之间跳转并自行“拉”出需要的信息。今日头条搭建平台吸引用户生产内容，并以“青云计划”等形式对优质作者和优质内容进行鼓励，在培养优质内容生产者的同时，保证源源不断的信息流，为用户提供“一站购齐”的信息服务，逐渐将其他平台的用户吸引至今日头条来。如此一来，政务机构只需入驻今日头条就可以凭借已积累的充足用户资源进行信息的发布，以极小的成本实现传播效果的最大化。

2022年“3·21”东航客机坠机事件发生后，关于坠机的原因网上议论纷纷，产生多种谣言。很快便有科普类政务头条号发文进行辟谣，这些信息被推荐给了用户，第一时间应对疏导了舆情焦点。第一批与灾难现场和救援活动相关的资料陆续在国资委等各部门政务头条发布，权威信息触达用户，并引导舆论进入合理范围。第一是信息生产与发布区分开来。对于政务机构而言，权威、及时、专业的信息生产是其绝对优势，但政务机构毕竟不是深谙传播规律和受众信息的传播机构，增加阅读量、“吸粉”等任务对政务机构而言并不是一件容易的事情。尤其在信息形式多样、渠道多元化的全媒体时代，优质信息也可能“滞销”，众多政府网站和政务微博的低粉丝量和低阅读量就是最好的例子。而在今日头条这个平台上，信息的生产和发布成为两个独立的环节，政务机构只需负责内容的生产，内容的分发则交由今日头条负责，实现“专业的人做专业的事”。第二是精准的信息推送。目标受众是广告业和营销业的一个概念，是指营销活动作为目标的人口群体，针对目标受众的广告投放行为将产生较高的转化率。不仅是广告，其他类型的信息传播行为也有目标受众，但受制于传统技术，信息的分发很难做到面向目标受众展开，因此传播效果受限。得益于智能技术尤其是基于算法模型的分发技术，今日头条可根据收集到的信息对用户进行画像并基于选择性、针对性和预测性的信息的匹配和分发，力争发布的消息与用户需求的高吻合度。精准的信息推送也将提升用户体验，培养用户忠诚度。在未来，随着人工智能技术的成熟，用户画像将更加准确，场景思维的加入也将使信息推送更加精准和个性化。第四是弹窗发布的优势。遭遇突发公共事件时，政府机构可以第一时间通过今日头条平台的智能推荐，把相关信息推荐给上千万的人群。

六、其他政务新媒体形式

政务微博、政务微信、政务 App、政务短视频和政务头条号已经成为众多政务机构的“两微多端”的政务新媒体“标配”，但政务新媒体的种类不仅如此。近些年在 5G、虚拟现实等技术的加持下，政务小程序、H5、政务电台、知乎号小红书号、B 站号等更加亲民便捷的政务新媒体形式也如雨后春笋般纷纷出现。

2022 年 9 月，哈尔滨市香坊区在深入推进“互联网+政务服务”、探索数字政府建设过程中，以提升政务服务数字化水平为目标，以电子证照的制发和应用为突破口，搭建了“香智通”政务服务小程序。“香智通”政务服务便民小程序依托哈尔滨市一体化在线政务服务平台建设。在项目前期，与省、市营商环境局共同分析了现有技术、业务、数据条件，论证了应用开发和推进落地的可行性。在功能的开发上使用了省、市政务服务平台的事项库、审批系统、电子证照系统、数据共享系统、电子签章系统、人脸识别系统、统一身份认证系统等多个基础服务系统的功能，极大地提升了“香智通”平台的搭建速度，降低了搭建成本，免去了网上办事用户体系、线上审批用户体系和组织架构体系的建立，面向应用级直接开发、直接使用。

2020 年 4 月，警界“网红”四平警事开通知乎账号，正式入驻知乎。面世于 2011 年的知乎是一个大型的社交类综合型知识平台，聚集着大量的普法类专业机构、从业者和优质内容。目前共有超过 3000 家政务机构和权威媒体入驻知乎并持续发声，“四平警事”并非入驻知乎的首个公检法政务账号。此前，最高人民检察院、中国警察网、正义网、中国互联网法院，其中最高人民检察院知乎机构号已发文 912 篇，除了发布权威检察资讯，还讲述大量真实检察故事，带领网友们了解新时代检察工作的“四梁十柱”，吸引超两百万知乎用户关注，在普法工作上取得了显著成果。针对备受关注的鲍某某涉嫌性侵案，最高人民检察院就在知乎发布政府信息，宣布将与公安部联合督办案件，受到广泛关注。

2023 年开年之际，山东省临沂市政府联合画报新闻推出了“2023，一起拼”政务 H5，用拼字和游戏的方式点出了 23 年临沂市政府的工作报告，互动性和内容性都很强，也受到了公众的欢迎，很多网友留言：“太有趣啦!”“2023 一起加油!”运用 H5 的方式不仅可以增强互动性，其链接或二维码的形式相比政务 App 等形式更轻便，也更容易传播。特别是在互联网环境下，网状的传播路径使得这些有趣又有料的内容很容易实现裂变传播，取得更好的传播效果。

2018 年，国内知名音频分享平台喜马拉雅正式开展政务音频业务，目前一些重要城市和部分“国”字头的政务机构正在运营。同其他政务新媒体相比，政务电台的规模和数量还不成气候，但音频特有的伴随性和情感性更能直达人心，更适用于开车、做家务等场景，因此给政务机构向音频领域延伸提供了思路和启发。2020 年 5 月 28 日，“听见光明”政务电台上线仪式在光明区公共服务平台举行，标志着由光明区委宣传部与《深圳晚报》、喜马拉雅深晚公司联合打造的“听见光明”政务电台正式上线。这是深圳首个区级喜马拉雅政务电台，将助力光明好政策、好故事、好声音更入耳、更入心。“听见光明”是深圳首个区级喜马拉雅政务电台，具有开创性的意义，标志着深圳区级政务音频化时代的到来。喜马拉雅深晚公司作为深圳头部音频内容生产企业，此次与光明区委宣传部一道，充分利用头部互联网平台，利用声音这种独特的手段，强化政府机构服务职能，打通政府和人民群众信息沟通的“最后一公里”，构筑起政务服务新高地，打造创新政民互动模式的移动版“有声政府”。

2017 年，百家号针对各级党政机关推出信息传播及民生服务，正式发布政务百家号，旨在为政务机关提供信息传播、舆情管理、在线政务服务的高效解决方案，为百度用户提供权威政务信息以及便捷民生服务。第一批入驻百家号的有上海发布、中国地震台网、中国气象台数据网等政务机构，由公安部主导的全国 372 家网警也集体入驻政务百家号。

2022 年为了激励政务视频创作者，百家号发起了“不一样的政能量”活动。在 2022 年 1—12 月期间，每月以“榜单+奖励”形式，每月给予表现优异的作者奖金奖励和流量扶持，旨在鼓励作者发布有时效、有深度、有创意的短视频、小视频，捕捉政务前线百态，传递向上力量。同头条号相比，百家号可帮助政务机构结合百度辟谣平台，充分发挥百度在大数据及人工智能等方面的优势，第一时间发现网络上的疑似谣言并作出精准判断，最终形成结论，有效地将权威辟谣信息告知广大网民。

千瓜数据 2024 年 4 月发布的数据显示，小红书平台的月活用户量已经突破 3 亿，男女比例达到 3∶7，95 后占比为 50%，00 后占比为 35%，一二线城市用户占比 50%。由此可见，小红书平台拥有庞大的年轻女性用户群体，为各政务单位开展与女性相关的宣传工作提供了便利条件。如妇联系统的妇女工作、市场监督管理系统的化妆品知识科普、卫生健康系统的女性健康科普、政法系统的女性自我保护案例宣传等工作，均可在小红书平台进行铺设，且极大可能取得良好的传播效果。① 2024 年 5 月 30 日，官方政务号“香港海关”正式入驻小红书平台，目前已拥有粉丝量 17.4 亿，获赞量达到 13 万。在其所发布的视频下方，大量用户向其咨询有关香港出入境及购物等问题，具有较好的传播效果。政务媒体小红书号可以借鉴政务媒体 B 站号，以小红书平台“女性化”这一特性为切入点，为妇联工作提供广阔平台，推动妇联工作高质量发展。

2022 年《国务院办公厅关于推进政务新媒体健康有序发展的意见》指出，要建成以中国政府网政务新媒体为龙头，整体协同、响应迅速的政务新媒体矩阵体系，全面提升政务新媒体传播力、引导力、影响力、公信力，打造一批优质精品账号，建设更加权威的信息发布和解读回应平台、更加便捷的政民互动和办事服务平台，形成全国政务新媒体规范发展、创新发展、融合发展新格局。在《意见》的指导下，各地、各级、各类政务部门都结合实际加快政务新媒体建设。随着移动互联网基础设施的不断完善、智能终端的成熟和普及、互联网技术的不断推进，更多的网络应用被开发出来并运用于政务传播，政务新媒体的队伍将不断壮大。

---

① 张锦涛，王维．“移步”小红书：政务新媒体增长的新支点[J]．记者摇篮，2024(10)：54-56.

第三节 政务新媒体的属性

以政务微博为起点，政务新媒体迄今已经走过了十年。经过十年间的不断探索，政务新媒体的属性逐渐明晰。

一、政务属性

《国务院办公厅关于推进政务新媒体健康有序发展的意见》开篇就明确指出，政务新媒体是移动互联网时代党和政府联系群众、服务群众、凝聚群众的重要渠道，是加快转变政府职能、建设服务型政府的重要手段，是引导网上舆论、构建清朗网络空间的重要阵地，是探索社会治理新模式、提高社会治理能力的重要途径。该意见对政务新媒体的目标、定位和属性进行了明确的界定，即无论是哪一类政务新媒体都是政务机构在各类互联网应用中开设的账户，其行为主体为政务机构，其最终目标是为了探索社会治理新模式、提高社会治理能力，政务新媒体就是将政务机构的信息发布，上传下达和政务服务等功能被平移和扩展至移动互联网中。

但是，在政务新媒体的实践中存在过于强调政务属性的做法。最典型的就是认为未能以服务型政府的理念来运营政务新媒体，忽略互联网传播规律，继续以传统的政府形象示人。长期以来，高高的建筑、威严的哨兵和严肃的氛围是很多人对政府部门的“记忆”，这种严肃甚至是高高在上的刻板印象使公众与政务机构自觉保持距离。今天，植根于移动互联网时代的政务新媒体携带消弭距离的基因出现，政务机构可以使用多种新媒体应用进行信息的扩散、民意的收集和形象的再塑造，完成从管制型政府向服务型政府的转变。然而不少政务机构虽开设了各种政务新媒体，却未从根本上转变思路，将一贯的工作作风复制到政务新媒体中，如在政务新媒体中复制文件全文；形式单调，文风官僚、生硬；更新迟缓或简化为每日工作记录等。如此一来，虽有政务新媒体但无法真正发挥作用，成为流于形式的政绩工程。

二、媒体属性

政务新媒体是“政务”和“新媒体”两个词语的组合，这恰恰说明政务新媒体仅有政务属性是不够的，媒体属性也是必需的。我国的政府网站早已有之，但和今天方兴未艾的政务新媒体相比，其受众数量不可同日而语，究其原因就在于技术赋能让政务新媒体具有了媒体属性。媒体属性要求政务新媒体重视传播效果，不做掩耳盗铃式的自说自话，而是在传播时充分考虑如何塑造良好的政府形象乃至城市形象、国家形象，如何将党和国家的声音传播得更远、更广。只有真正考虑政务新媒体的媒体属性，政务新媒体才能从源头上杜绝“僵尸”“睡眠”“雷人雷语”“不互动无服务”的现象，做到互联互通，让公众建立起强关系，推动政民良性互动。

2022 年 11 月 13 日，浙江东阳市“紫荆庄园”一名 4 岁儿童被 22 楼高空坠物砸中头部，男孩被砸中后倒地受伤，“高空抛物”问题再次引发社会强烈关注。11 月 14 日，最高人民法院发布《关于依法妥善审理高空抛物、坠物案件的意见》(以下简称《意见》)，对于故意高空抛物行为，根据具体情形按以危险方法危害公共安全罪、故意伤害罪或故意杀人罪论处，特定情形要从重处罚。据微热点数据统计，11 月 13 日至 11 月 15 日 15 时，有关最高法颁布“高空抛物意见”的微博信息量为 4.65 万条。从“高空抛物”与“高空坠物”的关键词云图中，可以看出“高空抛物”“高空”“坠物”的“杀伤力”巨大，严重可“导致”“死亡”。相关事故中，“物业公司”“小区”“业主”等词语被频频提起，“公共安全”令人担忧。最高人民法院出台《意见》引发网民较多关注，该行为根据具体情形可以定为“危害公共安全罪”“故意伤害罪”，最高可判“故意杀人罪”。通过分析最高人民法院微博的传播表情，可见“good”“鼓掌”“赞”等正面表情较为常见，网民对于最高法出台的《意见》持肯定态度。

政务新媒体的媒体属性并不意味着要以专业媒体的一系列指标作为衡量成功与否的标准，而是在坚持政务属性不放松的前提下考虑媒体属性和传播效果，粉丝数量、转评赞数量只能作为参考而不是最重要的衡量指标。2018 年 1 月 9 日，《人民日报》刊发一篇《强推关注公众号基层干群烦透了》的读者来信：一些部门和单位用公众号、App 等现代信息手段传播政策、公开政务、方便群众办事，是一件好事。但有的部门和单位却层层下任务，要求办事群众强行先下载 App、注册并捆绑手机号、填写个人信息等才能办事，有时还强行要求完成 100～200 条下载任务。① 这显然违背了运营政务新媒体的初衷。人民网舆情监察室秘书长祝华新将政府比喻为“信息的富矿”。以信息的权威性、独家性等作为优势的政务新媒体重视“粉丝数量”，只需充分开掘“富矿”资源，并以遵循互联网传播规则进行应用即可“静待粉丝来”。

另有一些政务新媒体则过度发挥了政务新媒体的媒体属性，将其与内容包罗万象的专业媒体相提并论。正如互联网国内知名新闻评论员曹林撰文“不少所谓政务新媒体都走歪了，强化着自身的新媒体属性，而忽略了关键的政务。也许成功把自己做成了新媒体大号，但‘含政量’非常低”。放眼望去，那些貌似很火的政务新媒体号，公众真正关心的政务信息没发几条，正经体现信息公开的新闻也没几条。有的多是搔首弄姿的蹭热点，自娱自乐地抖机灵，自吹自擂的营销，还有与部门事务毫不相关的鸡血鸡汤，华而不实的标题党，沾染了自媒体诸多恶习。

以 2022 年江西省第二季度的政务新媒体审查的结果来看，一些政务新媒体出现了以下问题：第一，审核把关不严格。部分政府网站和政务新媒体没有对内容严格审核把关，已发布的信息存在表述错误，如江西省供销合作社联合社网、会昌县人民政府网等网站发出的信息仍存在错字、漏字等现象。少数网站可用性较差，首页无法正常浏览。部分政府网站对外链管理不严格，未及时自查，导致发布或链接不当内容。第二，网站功能不完善。部分政府网站未对办事服务事项集中分类展示，也未公开办事统计数据，办事指南要素仍有部分缺失。少数政府网站未做到互动交流栏目“统一登录”，留言公开仍存在盲区，办理答复速度有待提升。个别政府网站仍未规范添加中国政府网“我为政府网站找错”入口。第三，政务新媒体管理不规范。部分政务新媒体未做好内容保障，存在超过 2 周不更新的情况，如“南昌市人才开发交流服务中心”“余江区教育体育局”等微信订阅号。一些政务新媒体名称发生变更或已在第三方平台注销，但未及时在“全国

① 强推关注公众号基层干群烦透了[N]. 人民日报，2018-01-09.

政务新媒体信息报送系统”中履行变更、关停程序。少数政务新媒体自行开设账号后，不主动报备，长期脱离监管范围。第四，安全保障不到位。少量网站存在后台地址泄露等情况，网站在开发时没有遵循安全编码规范，缺少基本的安全策略配置功能；部署上线时服务器及相关 web 容器采用不安全的默认配置；日常运维管理时，没有落实内部安全巡检和第三方安全评估；发生安全事件或爆发安全漏洞时，不知情或消息滞后。

三、媒介属性

除了政务属性和媒体属性之外，媒介属性也是政务新媒体的应有之义。在实际应用中，媒体和媒介二词经常被混淆，实际上二者存在不同之处。中国社会科学院语言研究所词典编写团队编写的《现代汉语词典》对媒介定义为“使双方(人或事物)发生关系的人或事物”，可用 intermediary、medium、vehicle 等单词表示；将媒体定义为“交流传播信息的工具，如报刊、广播、广告等”，可用 media 表示。① 政务新媒体的媒介属性指它在政务机构和公众之间的充当连接器、服务器、调节器等的桥梁作用。

政务新媒体出现以前，因管制型政府的工作理念、传播技术和传播手段的制约因素，政务机构和公众的交集是有限的。互联网打破了传统社会的金字塔结构，打破了绝对的“中心”将世界变得扁平化，将一台电脑变成网络中的一个个节点，实现了信息可以在节点之间的自如流动。政务新媒体不仅具有传统互联网的所有特性，还吸纳了移动互联网的优势，因此它较好地促成了政务机构与公众“亲密接触”。第一，政务新媒体是连接器。依托于政务新媒体，政务机构的信息发布变得高效便捷。政务机构可依据自己的工作要求随时进行信息的发布，公众可以无延迟地接收到政务机构发布的信息，还可以通过多种点赞、评论、转发等形式对信息作出反馈，这些反馈将被信息发布者同步接收并及时进行回应。受众也可以通过向政务机构提问、反映问题等行为成为传播者一方，改变了传统政务信息传播中的传播双方的传统地位。第二，政务新媒体是

① 李沁．沉浸媒介：重新定义媒介概念的内涵和外延[J]．国际新闻界，2017(08)：115-139.

服务器。与行政机构打交道一直是老百姓颇有怨言的事情，由于部分行政事务由多个机构共同负责、公众对办事流程不了解，常有“小事跑断腿”的现象发生，不利于服务型政府的形象建构，也不利于社会和谐发展。政务新媒体的服务器功能较好地解决了这一问题。2019 年，与“粤省事”App 同名的“粤省事”微信小程序上线，这是广东省“数字政府”首个改革成果，也是全国首个集成高频民生服务的移动政务服务平台，涵盖公安、人社、教育和税务等 800 项高频民生服务，其中 649 项实现“零跑动”，这充分体现了政务新媒体的服务功能。第三，政务新媒体是调节器。社会“热点”多、“焦点”密、“燃点”低，人们的价值观越来越呈现出独立性和差异化的特点，不起眼的小事也有酿成大事的可能。面对此情此景，情绪纾解渠道是必需的，全社会需要“减压阀”。早在 2009 年新浪调查就做过有关“减压阀”的调查，其中第一道题就是在维护社会稳定的过程中，您认为哪方面所发挥的作用最大？选择“减压阀(如网络、传统媒体、公民组织、信访等渠道)”这一选项的人物占比 72.3%。政务新媒体不仅是媒体，更是本身自带社交属性的媒体，其低门槛性和交互性使受众可以在其中直抒胸臆，在这个过程中政务媒体重返成为情绪宣泄和调解的平台，有利于全社会的情绪逐渐恢复常态。这些不同的意见和声音既成为政务机构了解民意最直接、最本真的方式，又反作用于政务机构决策，形成良性生态闭环。

总的来说，政务新媒体的政务属性、媒体属性和媒介属性三者是共存的。虽然三种属性之间有强弱之分，但是每种属性都是不可或缺的。当前，极个别政务新媒体运营指导思想错误，抛弃本地方、本部门应有的政务属性盲目追流量、盲目蹭热度，重单向发布、轻政民互动、淡政务服务，不少政务新媒体甚至向部分无节操自媒体学了一堆的“旁门左道”，沦为营销号，这样的乱象偏离了方向，需要警惕。

第四节　政务新媒体传播力的实现

自 2018 年 12 月 17 日国务院办公厅发布《国务院办公厅关于推进政务新媒体健康有序发展的意见》以来，我国的政务新媒体的发展进入了新阶段。经过几年的发展，各地、各级政务新媒体遍地开花，表现出新的特点。

一、政务新媒体传播力的内涵

传播力是新闻传播学中的经典话题。在媒介融合时期，互联网传播也不断出现新形态，因此，对于传播力的研究也呈现出蓬勃发展的趋势。

（一）政务新媒体传播力的含义

在新闻传播学领域中，传播力已然成为一个重要的关键性概念。有许多学者认为，传播力不仅仅是一项执政工具，是一种娴熟的沟通策略，也是一种非凡的资源整合方式，更是一种激发创新思维的特殊能力。[①] 就传播主体的特性而言，可将其传播力大致分为政府传播、媒体传播及企业传播；而就传播媒介的具体类型而言，主要可细分为纸质媒介传播、电子媒介传播、网络新媒体传播以及综合媒介传播；至于传播范围的划分，主要包括对内传播与对外传播。[②] 20 世纪 70 年代，西方学术界已经深度聚焦到了传播力的议题。诸多研究者在深思熟虑后提出，传播力是指个体能够以符合社会规范且卓有成效的方式来展示信息传播的能力，它是一种贯穿于信息传播过程中的重要素养和能力。美国传播学者拉森尤为重视传播力的研究，他强调在特定的情境和际遇下，传播力不仅仅是对传播行为的交际性理解，更需要把它视为一种知识和能力的传播。[③] 这意味着在每一个传播行为背后，个体需要有扎实的知识储备和灵活的应对策略，才能在不同的环境里运用合适的传播方法，进行高效的信息传播。美国传播领域的杰出学者帕克斯经过深入的研究分析，揭示出传播力的诸多定义中存在着一些共同的核心内涵。这些内涵包括，传播的基本功能在于对人和社会环境施加有效的控制，使得信息能够在广阔的社会空间中以预期的效果传播，满足社会公众对信息的需求和渴

---

① 张晋升．提高传播力的理论内涵与实践路径[J]．暨南学报（哲学社会科学版），2013，35（08）：2-6.

② 张名章．“传播力”的内涵及其研究视域[J]．声屏世界，2012（11）：5-8.

③ Spitzberg B. H., Cupach W. R. Handbook of Interpersonal Competence Research [M]. Springer Science & Business Media, 2012.

望。传播行为的选择要非常适合不同的社会情境变化，要精确地把握住信息传播的时机、节奏和规模，使信息传播的效果达到最佳状态。实现合作是传播力的价值取向，因为合作能够促进信息传播的深度和广度，能够使信息传播更加富有凝聚力和吸引力，进而在更大的范围内产生社会影响。

目前我国以喻国明、强月新、唐润华、张晋升等为代表的广大学者们，已经在传播力这一具有普遍性与独特性的领域，进行了深入全面研究，研究聚焦在传播力的定义、意义以及核心要素方面，希望能通过这样的研究，对传播力有更加全面、系统、科学的理解，从而为传播领域的进一步发展提供坚实的理论支持。其中强月新教授主要研究了我国主流媒体传播力的现状及存在问题等内容，认为主流媒体的影响力与传播力、公信力的关系有重要关系：影响力是主流媒体信息传播的基本诉求和终极目的，也是主流媒体获得公信力的直接表征，没有影响力就难以获得公信力。①

我国学者对传播力研究投入了大量的精力，主要的关注焦点在于传播的力度和效果。然而，对于传播力这一概念的定义以及传播效果的本质，其区别何在，仍然是一个亟待解决的问题。沈正赋在《新媒体时代新闻舆论传播力、引导力、影响力和公信力的重构》一文中认为，“所谓传播力一般是指新闻媒体立足于自身的新闻业务水平，凭借自身在实践中逐渐探索出来的独特的传播方法与途径，对一定覆盖范围内的目标受众形成潜在影响的一种能力”。② 在传播主体日益多元化的新媒体时代，以上概括的局限性凸显，亟须拓展传播力概念的内涵。喻国明的观点则给我们打开了一个新的认识窗口，他认为传播力是一种软实力，提出“传播力是影响社会的一种最为重要的软实力，是影响人们情感认同、身份认同、价值认同的最为重要的力量”。③ 另外学者钟学丽还提出了媒体提升传播力的“五维模型”，即政治维度、经济维度、文化维度、社会维度和技术维度。④

① 强月新，刘莲莲．对主流媒体传播力公信力影响力关系的思考[J]．新闻战线，2015(05)：46-47.

② 沈正赋．新媒体时代新闻舆论传播力、引导力、影响力和公信力的重构[J]．现代传播(中国传媒大学学报)，2016，38(05)：1-7.

③ 周南．电视借力新媒体提升传播力现象研究以凤凰卫视凤凰新媒体为例[D]．苏州：苏州大学，2014.

④ 钟学丽．新时代党报党刊提升传播力的“五维模型”[J]．传媒，2022(24)：24-26.

学者们重点对传播力的内涵、意义以及要素进行详细探讨，强月新教授专注于研究我国主流媒体传播力的现状及存在问题，并深入探讨影响力、传播力与公信力之间的紧密联系。他强调，影响力是主流媒体信息传播的基石，也是塑造公信力的关键路径。有些学者主要研究传播效果的衡量。但是，对于我国政务新媒体在传播力评价体系的设计与构建方面，系统性研究不足。针对社会热点问题、突发事件等，传播力的系统性研究更少，这也正是本研究需要深入探讨的核心。希望通过分析，可以为我国传播力建设提供具有实际意义的参考，助力我国媒体传播事业在发展道路上迈向新的高度。

(二)政务新媒体传播力的构成

美国学者萨拉·特伦霍尔姆和阿瑟·詹森围绕传播力的内容构成要素这一问题，建构了传播力的模式。他认为传播力应涵盖解释的能力、目标的能力、角色的能力、自我的能力和讯息的能力五种能力。他们认为传播力与社会情境有关，社会情境涉及制度、文化、媒体以及经济发展水平等。①

有研究者认为媒介融合背景下，传播力的内容至少应该包括：全媒体平台建设力、大众吸引力和舆论引导力等能力。② 也有研究者提出，媒体传播力应包括三个层次：内容传播力、平台传播力和“声誉”传播力。③ 还有研究者从政府传播的角度认为，政府传播就是政府组织及其成员对内对外传递、交流和共享信息的行为，以及通过迭代信息传播所形成的沟通交流和社会互动。④ 张名章等人认为，传播力应该是传播者信息外扩的能力、力度及效果的统称，传播力产生传播力量，传播力量带来传播效果。传播力作为传播力的基础与核心，传播力量则作为传播力的外在表现，传播效果则体现了是传播力的结果与影响。⑤

---

① Sarah Trenholm, Arthur Jenson. Interpersonal Communication[M]. New York: Wadsworth Publication Company, 1996: 11.

② 肖飞．智库全媒体传播力建设路径浅析[J]．新闻爱好者，2014(01)：22-25.

③ 范以锦．传播力三个层次撕裂后的媒体内容价值[J]．传媒，2016(08)：16-18.

④ 高波．政府传播论[M]．北京：中国传媒大学出版社，2008：16.

⑤ 张名章，李云委．传播力的内涵及其研究视域初探[J]．昆明理工大学学报(社会科学版)，2012(04)：87-91.

二、政务新媒体传播力的困境

(一)内容方面

现阶段，政务新媒体传播运营管理日渐规范，很多媒体平台均能做到及时推送，然而内容还存在同质化和原创性不足等问题。从政务新媒体传播的内容类型来讲，政务类信息占比较大，但多是宣传政策文件，对与人民群众个人利益相关的信息缺少细致解读。传播内容同质化还表现在不同平台账号内容相同，未能结合平台属性对传播内容进行精心编制，仅仅局限于内容的“搬运”与“转载”，无法引起群众的兴趣和热情，传播效果较差。如2017年注册到2024年4月25日停更的四川青川县乐安镇政府微信公众号，自注册到停更，标记为原创的内容只有5篇，大量内容都是对新华社通稿的全文转载。这样的运营方式，对提供信息和居民服务没有任何意义。伴随政务新媒体逐渐强调精耕细作的传播方法，矩形化建设速度不断提高，然而很多政务新媒体一般停滞在前台和表面，搭建了矩形结构，但未实现矩阵内部的信息通达，同一系统中的媒体平台好似“信息孤岛”，未能做到互联互通，更不能形成强大的舆论场，对政务新媒体传播信息与矩形化发展十分不利。

(二)角色困境

在互联网环境下，政务新媒体具有双重属性。一方面，它是政府部门传递信息的官方渠道，具有权威性和唯一性，此为政务信息的属性。另一方面，它也是一个媒介平台，处于庞大的互联网信息传播网络中，不断与各种信息交织，此为媒介平台的属性。然而，这两种属性在网络空间中的存在并不是总是和谐的，反而常常存在着一些冲突和矛盾。

首先，从传播效果的角度来看，政务新媒体的权威性和唯一性使其具有独特的地位，但在互联网环境下，这种权威性和唯一性被弱化。原因在于，互联网上的信息传播更多地依赖于公众的主动性，政府部门不再是信息传播的核心，而是变成了网络环境中的一个节点，信息传播的实现由公众主导。在这种环境下，公众可以随时选择“关注”或“取消关注”政府的信息，这种关系的脆弱性对政务新媒体的传播效果产生了影响。其次，从传播方式的角度来看，传统的政府信息传递方式由于受到权力等级的影响，通常是单向的，信息资源的不平等分配使得传播方式呈现出明显的层级性和封闭性。但是，在网络环境下，信息传播的方式发生了显著变化。网络平台的多元性和开放性特性使信息快速增长，公众已经不再受制于信息不对称的问题，可以从多个信息源中获取信息。这种变化使得政府机构往往难以有效地满足公众的信息需求。

因此，政务新媒体面临的挑战是如何适应互联网环境的变化，如何在保持自身权威性和唯一性的同时，满足公众对信息的需求，以及如何在信息传播方式的变化中找到新的传播策略，这都是政务新媒体需要解决的问题。同时，政务新媒体还需要深化与公众的互动，提升公众对其的认同，这也是政务新媒体在互联网环境下发展的重要任务。

三、政务新媒体传播力的实现

（一）政务新媒体形成“1+2+N”平台格局

现代社会媒介对社会政治、经济、文化等带来了革命性的影响，甚至各个领域都遵循媒介规律来发展，这种媒介的影响力被称为“媒介化”。政务新媒体的发展之路正是媒介化的典型表现。互联网技术的迭代推动网络应用不断推陈出新，屡屡出现微信、抖音等改变乃至颠覆公众生活方方面面的网络应用。每一次现象级的网络应用出现都更新了政务新媒体的构成，使政务新媒体队伍从早期的政务微博一枝独秀到如今的多种政务新媒体形式“花开朵朵”。上海交通大学政务新媒体研究中心发布的《2018 中国政务新媒体白皮书》将政务新媒体的平台格局总结为“一网两微多平台”即“1+2+N”。“1”即网站，“2”即微博和微信，“N”包括新闻类政务新媒体，政务头条号和政务百家号等，视频类政务新媒体，如政务抖音、政务快手等；音频类政务新媒体，如音频平台“喜马拉雅”中的政务频道等。“1”“2”和“N”由于平台属性不同等因素，逐渐形成了各自内容生产和政务服务的特色，在政务新媒体矩阵体系中发挥着不同的作用。曾经作为政务新媒体“标配”之一的政务客户端，受到具有多入口功能的其他客户端的冲击，被打开的动力显著下降，政务客户端的价值缩水；政务微博因其“围观性”继续发挥问政与舆情应对的优势，成为问政与服务的平台；政务微信公众号集信息发布和服务功能于一体，逐渐形成专业、扁平化的运营模式；政务短视频以音视频传播为优势，更好地传达正确价值观和社会正能量。今日头条、澎湃等平台上的政务号以专业性和智能技术成为信息发布的核心平台。“1”“2”和“N”发挥各自优势，形成整体协同，响应迅速的政务新媒体矩阵体系。

（二）政务新媒体的开设、监管和考核规范化、制度化

作为一个高度语境化的词语，政务新媒体最初是以政务微博的形式出现的，并与电子政务、信息公开、政务公开、政务服务等词语有着千丝万缕的联系。

2009年“桃源网”开通时我国尚未有相关文件对政务新媒体的开通和监管进行指导，到2011年9月出台的《国务院办公厅转发全国政务公开领导小组关于开展依托电子政务平台加强县级政府政务公开和政务服务试点工作意见的通知》中才明确对电子政务平台的构成进行了规范。2013年，国务院办公厅《关于印发当前政府信息公开工作安排的通知》首次指出，要充分发挥政务微博等传播政府信息的作用，确保公众及时知晓和有效获取公开的政府信息。在文件精神的指示下，各种形式的政务新媒体在全国落地实现，数量剧增，中国传媒大学政务新媒体实验室主任侯锷将2013年称为“政务新媒体元年”。同年10月国务院办公厅发布的《关于进一步加强政府信息公开回应社会关切提升政府公信力的意见》将“政务微博微信”参与政府信息公开的作用提到了主流地位。在此后的相关文件中，“两微一端”成为政务新媒体的标准。《2014年政府信息公开工作要点》指出，加强新闻发言人指导和政府网站、政务微信微博等信息公开平台建设……使主流声音和权威准确的政务信息在网络领域和公开信息传播体系中广泛传播。政务新媒体一词，出现于2014年，来源于新华网发布的《2014全国政务新媒体综合影响力报告》，至此政务新媒体才作为一个指称意义的词语进入大众视野。2015年、2016年和2017年国务院办公厅依然以“政务公开工作要点”的形式对政务新媒体工作提出要求。2017年在年度“政务公开工作要点”之外发布了《关于进一步做好政务新媒体工作的通知》，指出一些政务新媒体存在“有平台无运营”“有账号无监管”“有发布无审核”等问题，要求政务新媒体不得发布与政府职能没有直接关联的信息，还要求建立网民留言审看、处理和反馈机制，有序进行互动回应等。

2013年以来，政务新媒体的身份从边缘走向主流，其在社会治理中的重要作用逐渐显现。虽然相关部门多次对政务新媒体的发展进行了指导、规范和管理，但政务新媒体形态变化快，存在数量可喜而质量参差不齐的问题，在实践中出现了一些不规范、不适宜的做法，损害了政府形象和公信力。2018年，《国务院办公厅关于推进政务新媒体健康有序发展的意见》对政务新媒体的工作职责、运维管理、功能建设、保障措施等提出详细要求。要求政务新媒体坚持正确导向、坚持需求引领、坚持互联融合、坚持创新发展，在国务院办公厅、地方各级人民政府办公厅(室)或行业主管部门的推进、指导、协调和监督下开展政务新媒体工作；推进政务公开、加强政民互动、突出民生事项；以加强组织领导、人员培训和考核评价的形式保障政务新媒体的运营效果。2019年，国务院办公厅秘书局印发《政府网站与政务新媒体检查指标》和《政府网站与政务新媒体监管工作年度考核指标》，并规定每半年对全国政府网站和政务新媒体的运行进行抽查和情况通报。指标细分为单项否决指标、扣分指标和加分指标。否决指标覆盖安全泄密事故等严重安全问题、内容不更新、互动回应差三个维度；扣分指标涉及政务新媒体的发布解读、办事服务、互动交流、功能设计；加分指标在扣分指标的因素基础上增加“创新发展”一项。至此，政务新媒体彻底告别了“跑马圈地”，进入开设、监管、考核均有章程和规范的状态。中国传媒大学政务新媒体实验室侯锷将2019年定义为继2013年“政务新媒体元年”之后的“政务新媒体新元年”，他认为“新政频出，政务新媒体应当厘清重心应用，抓住重点”。

(三)政务新媒体的功能不断完善

国内知名新媒体大数据平台“清博大数据”在中国政务网以“信息公开”“政务公开”“政务服务”为关键词的检索发现，自政务新媒体诞生以来，相关政策对政务新媒体的功能要求从最初的信息公开、政务公开逐渐向回应互动和政务服务转变，如《关于全面推进政务公开工作的意见》要求政务新媒体平台参与“着力推进‘五公开’，加强政策解读、回应社会关切、公开平台建设等工作”；《关于印发“互联网+政务服务”技术体系建设指南的通知》，要求各地区各部门政务服务平台与国家政务服务平台和中央政府门户网站(及其微博微信、客户端)实现数据对接和前端整合，形成全国一体化网上政务服务体系。《关于进一步做好政务新媒体工作的通知》指出“建立网民留言审管、处理和反馈机制，有序进行互动回应，充分吸收网民意见建议，更好听民意、汇民智”。2019 年印发的《政府网站和政务新媒体检查指标》的“扣分指标”中，“办事服务”和“互动交流”分别占比 25%和 23%。在相关政策精神的要求下，随着政务机构对互联网传播规律和政务新媒体的作用和功能的认知愈加深入，各级、各地、各类政务新媒体的功能正在实现从发布政务新闻、政务文件和政策解读等基础功能向在线政务、留言回复等更便民、更人性化的功能升级。

2020 年 1 月，上海市政府与腾讯、阿里、万达信息三家公司发布了“随申办”应用，这是上海“一网通办”移动端政务服务品牌。在“随申办”小程序中，有“随申办”和“我的”两个频道。其中，“随申办”频道提供个人办事、法人办事、主题服务等办事服务以及一件事一次办、长三角无感漫游等专栏服务，同时与 App 同步提供了身份证、户口簿、驾驶证等电子“亮证”服务。“我的”频道则汇集了三金记录、健康档案、学历学位等个人名下的档案信息。此外，在微信、支付宝里，也可以使用“随申办”小程序享受“一网通办”服务。同时，在各大银行，市民们也可以办理社会保障、住房保障等 32 项政务服务事项。

随着媒介融合的深入发展以及政务新媒体建设的不断成熟，政务新媒体的功能拓展愈发多元化，对于中华优秀传统文化的传播也应该成为政务新媒体的着力点。文化是民族生存和发展的重要力量。习近平总书记强调：“没有中华文化繁荣兴盛，就没有中华民族伟大复兴。”实现中华民族传统文化创新性发展和创造性转化是传统文化发展的首要任务。无论是让文物“活起来”的文博类政务新媒体，还是宣传地方政府形象和地方特色传统文化的文旅类政务新媒体，都重新唤起了我国优秀传统文化的活力，进一步满足了人民群众日益增长的精神文化需求。2014 年前后，在“互联网+服务”的政策引领下，各地博物馆着手通过开发专属 App 用以优化官方网站的部分功能，并逐渐形成了以“两微一端”为基础配置的文博新媒体传播格局。① 如故宫博物院推出的“每日故宫”“韩熙载夜宴图”“皇帝的

① 张婵．“云游博物馆”：文博类政务新媒体的文化传播创新与实践[J]．中国传媒科技，2024(01)：22-27.

一天”等多款 App 迅速登上应用下载商店的热门榜单，受到广大用户热烈欢迎，为用户了解故宫文化提供了新窗口。

总体而言，5G、AI 等新技术将促进内容生态创新，以及万物皆媒、人机共生等技术发展，推动数字智能时代的真正到来。在未来，信息传递与交流将会更加频繁，信息与事件的传播力和影响力将会增加，中华优秀传统文化的传播也任重道远，这些都需要政务新媒体的助力，也为政务新媒体的发展创造了更大的空间。智能技术为政务新媒体开辟了新的发展方向，智能政务新媒体将是未来政务新媒体创新发展的新目标。

第三章　政务新媒体传播力的影响因素

政务新媒体的传播力大小既与主体政府有关，也与技术、组织等环境有关，同时还受公众与事件影响。本章主要从环境因素、主体政府、公众以及事件发展四个角度讲述政务新媒体传播力的影响因素。

第一节　技术、组织与环境因素

政务新媒体是指政府利用新媒体技术，主要包括互联网、移动互联网、社交媒体、智能终端等手段，向公众提供政府信息和服务的渠道和平台。随着政务新媒体的不断发展和迭代，政务新媒体已经成为政府进行信息交流、政策解读、社情民意调研以及提供服务等的一个重要途径和平台。常见的有政务微博、政务公众号、政务客户端等，它们在政府信息公开、政务公开、公众参与决策等方面发挥了重要作用。其一方面拓展了政府与公众的沟通渠道，增强了政府与公众的互动性和透明度；另一方面也能够更好地服务于社会大众，提高政府的公信力和公共形象。

政务新媒体的应用不仅在提高政务效率和公共服务质量方面有着显著的作用，也促进了政府与公众之间的互动与沟通，有效提高了政府的民主化水平和社会管理水平，助推了信息化、数字化和智能化政府的建设，促进了政府职能转型和创新发展。政务新媒体是新媒体环境下的产物，媒介技术的发展、组织架构的调整以及环境的变化都会潜移默化地影响政务新媒体的传播力。

一、传播技术的变迁

媒体的发展在很大程度上影响着社会的发展。麦克卢汉曾说：“媒介即讯息。”每次新媒体的出现，对社会的发展都有巨大的影响，并使人们的沟通方式发生了变化，进而影响社会变革。新媒体是一种新型技术产物，它将媒体的传播权力下移，更加公平地传播信息；同时，新媒体作为一种自我化的信息传输工具，其信息的传播渠道不再受制于传统的媒体机构，而是拥有更加广阔的传播空间和深度。在新媒体的世界里，信息的传播变得更加自由，实现了信息的自主化发展趋势，人们可以自由地获取和传播信息，这使得新媒体更加符合现代信息社会的需求。而政务新媒体从它最初的意义上来说，也属于一种新媒介，同时也是具有某种垄断性的政治媒介。政务新媒体虽然诞生于新媒体时代，但是人类传播技术的三大变迁，即印刷技术、电子技术以及互联网技术的出现都间接或直接地促进了政务传播的发展和政务新媒体的出现，因此，知悉传播技术的变迁过程，对于研究政务新媒体传播力的影响因素有重要意义。

一是印刷技术的出现。随着印刷术的普及，信息才实现广泛传播。在 1450 年左右，约翰内斯·古登堡(Johannes Gutenberg)发明了被称作印刷按压器的铅活字版机械印刷机，宣告了大众生产和传播时代的开启。印刷术出现之前，信息传播只能依靠人力，不仅成本高，而且传播效率低下。但是，印刷技术的诞生，使手工抄写被机器所取代，传播速度大大提高，与以前相比有了天壤之别，越来越多的人可以阅读原汁原味的信息。印刷技术出现之后，活字印刷术很快流行起来，五十年内，数以千万计的书被印制出来，小册子、报纸杂志也随之出现。随着大众媒体时代的兴起，快速的社会变革也随之而来——政治运动(例如美国独立战争)、社会运动(如人权、劳工及女权方面)以及大众教育都因为开始掌握广泛传播的信息而汇聚力量。从这时开始，信息与传播技术开始带来大大小小的社会变革，并且事实上已经成为社会发展中不可或缺的组成部分。伊尼斯指出，纸张与印刷一直都有着空间扩张的倾向，而一个民族的目的，也一直是疆域扩张，国家和民族能借助印刷媒体，把自己的文化认同，强加给民众。比如，古代中国是一个多民族多宗教的国度，为了保证自己的文化认同，封建统治者会对人民进行意识形态上的统治，除了世俗的宗教经典之外，还包括了儒家的经典，以及国家的历史。这就是为什么中国古代的文人很少会对自己的过去和未来抱有任何的幻想，从春秋时代开始，他们就以“立言、立功、立德”为“三不朽”的生活状态，通过著书立传、立功载入史册等手段，以求延年益寿，甚至永生。在中国近代，启蒙思想的报纸杂志如雨后春笋一般出现，对人民的思想造就了不凡的影响，为新思想的启蒙和中华人民共和国的成立奠定思维基础，可见，印刷技术的出现为政务思想的统一性传播提供了重要助力。

二是电子技术的出现。在人类媒体科技发展史上，19 世纪 30 年代和 90 年代足以彪炳史册，彼时，有线电报与无线通信技术的发明，为现代通信与全球同步传播开启了一个新时代。电报是最早以电力为基础的电子媒体，它以电力为动力，以电子信号为载体。1832 年，美国人塞缪尔·莫尔斯发明了一种新型的通信方式——可以在改变电源开关的情况下，将一条线路上的信息传输到任意一个角落。1837 年，他终于发明了用“莫尔斯电码”发送消息的简易键盘电报。在电报被运用之前，“communication”这个词曾被用来描述交通，也被用来描述单纯的信息传递，这种信息传输主要通过两条腿、一匹马或一条铁路传递。电报的出现，第一次让信息不依赖交通工具而移动，并具有更快的速度。此后，电力的更多实际应用也接踵而至，这些发明通过电来传递信息，例如美国人亚历山大·贝尔申请了电话专利，成为电话之父；意大利人伽利尔摩·马可尼实现了人类历史上首次无线电通信，信息从此能够更加快捷地从一个地方传递到另一个地方。

20 世纪则在前一个世纪的基础上有了更显著的发展，在此之前，人们只能利用印刷复制技术，以纸张为载体传播信息，信息传递的范围较过往虽已大幅扩展，但还是有限的。不过新技术的出现并没有取代那些旧的技术，不同的传播技术被同时使用，有时还会激发现存技术产生变革。相对于传统的印刷技术，19 世纪出现的留声机、广播电台、电视等技术手段，使得作品能够通过影像、音频等形式来传达，从而形成了一种新型的信息传达模式。任何一种现代媒介，都是利用减少信源和信宿之间发送信号的时间差，来增强其跨越时空的能力，影响着社会的变革和社会形态的演变。“电路”传播提高传播速度、摆脱时空限制，使地球空间缩小为一个小小的村落。这样的方式给政务传播提供了便捷，电子技术犹如古代神话中的“顺风耳”一般，可以使得政府发出的政务信息从一个端点快速散布至百地，加强了政府的控制能力。

三是互联网技术的出现。从 20 世纪 70 年代开始到现在，我们的社会已步入了互联网技术的时代，也就是我们所说的“信息时代”，每个社会个体都能以低成本获取自己所需的信息，而新媒体技术的发展，无疑将其划分为三个领域：网络媒体、数字媒体和移动媒体。作为继报纸、广播、电视之后出现的一种新型大众传媒形态，网络媒体享有“第四媒体”的美誉。在互联网传播平台的支持下，各种传播符号如搜索引擎、社交网站、新闻网站、网络报纸、网络广播、网络视频、网络游戏、电子邮件、微博等，均能实现有效的整合。而数字媒体则以数智技术为基础，它是数字化转型升级后的延续形式，内部信息的记录、处理、传输和获取过程，都以数字形式进行。具体而言，数字广播、数字电视、数字视频、IPTV 等多种形式的数字媒体，无疑是新媒体的重要支柱。数字化媒介的发展不仅对消费者的行为产生了影响，更是对整个网络生态及 IT 产业产生了巨大的影响，是一种对人们生活不断产生影响的媒介。现在，手机媒体被称作“第五媒体”，它是一种以手机为主要载体，在网络上进行信息发送接收与交互的新媒体形态。在当今社会，网络已经成为一种不可或缺的媒介，甚至可以说是不可或缺的一部分，这主要是通过手机、平板电脑等移动智能装置来实现的，它使得人们可以在任何时间、任何地点获得各种各样的信息和服务。网络技术打破了时空的限制，让人们的生活变得更加便利，地球也逐步化为一个紧密连接的村落，各地各国之间的政治、经济、文化信息频繁交流与呈现，信息过载已然是司空见惯的现象，电子殖民主义也悄然兴起，这为政务传播和政务新媒体的作用发挥提供了显见的助力和挑战。一方面，政务传播可以通过四通八达的信息高速公路将政务信息极速传递于各处；另一方面，移动媒体的广泛勃兴为民众提供了众多的发声渠道，能直指政务不足，给予政府执政能力相当的拷问，如若应对不当，将使得政府形象大打折扣；此外，海外电子殖民势力也是不容小觑的力量。因此，如何用好互联网技术促使政务新媒体做好政务传播工作是当下的紧要任务。

传媒技术变迁给予政务新媒体的助力已无须多言，但同时，有四点挑战需要政务新媒体工作者格外提高警惕。

一是文化安全与意识形态受到挑战。以技术和资本为主导的经济全球化趋势，主要涉及各个国家在经济市场领域的主权，并在全球经济与政治舞台上展开了激烈的竞争。这种全球化趋势也将为各国的意识形态领导力带来新的挑战。在广开言路，积极拥抱政务新媒体的同时，必须通过理论与体系的意识形态功能来巩固和实现政府的领导。这不仅需要地方政府展现较高的政治智慧，更需要政府为民众提供更好的服务，以确保政府领导力不被削弱。新媒体的快速发展，不断推动经济繁荣和社会权益增长，对传统的政府执政方式产生了很大冲击和挑战。新媒体可以通过调整信息传播方式，对政府形象产生深远影响，因此政府必须不断改进自身的执政方式，提升执政水平，以适应时代的发展。同时，政府也需加强对新媒体的监管与管理，确保新媒体在正确轨道上为社会和民众服务。在全球化进程中，我国政府的理论体系与意识形态功能必须不断完善和更新，以适应时代的发展和变化，应对新媒体所带来的挑战，实现并巩固政府的领导。

二是政党的意识形态、文化优势与主导权受到挑战。新媒体在信息传播领域的兴起不仅仅是一种技术进步的体现，也改变了信息生产、加工和传播的过程，不仅表现在信息的生成和流通方式上，还表现在信息的内容和表达方式上。新媒体作为一种新的规制，它创新性地改变了信息的内容和表达方式，实现了信息内容的多元化，以及信息传播渠道的差异化，使得信息的生成和传播变得更加丰富和复杂。同时，新媒体打破了传统的信息生产模式，使得任何人都可以生产和传播信息，这无疑对政府既有的信息能力和媒体执政资源构成了挑战。在这种新的格局下，新媒体同政府既有的信息能力和媒体执政资源形成了竞争。政府需要适应新媒体的发展，重新评估和调整其信息能力和媒体执政资源，以应对新媒体带来的竞争压力。此外，新媒体的普及和使用，使得各种观点和言论都能够在网络上广泛传播，包括一些对政党的意识形态、文化优势与主导权构成挑战的言论；以及由于国际信息传播权的不对等，使得一些对中国不利的言论在国际上广泛传播，而新媒体又使得这些言论在网络上迅速传播，放大了其影响力。这无疑对中国的形象和国际地位构成了挑战，同时也对党的意识形态、文化优势与主导权构成了挑战。

三是信息传播与安全问题。传统媒体时代，政府控制了社会信息的传播权。一方面，政府对信息的源头拥有着绝对的控制权力，它可以通过对信息的生成和流通进行管理和监控，来控制社会上的信息流动。另一方面，传统媒体作为政党的喉舌，严密地控制着社会信息传播的通道，使得大部分普通民众的话语权被削弱到微不足道。然而，新媒体的出现完全颠覆了这一信息竞争格局，引发了信息权力的显著反转。新媒体与传统媒体的不同之处在于，它更具亲民性和草根性，信息传播的范围也更为广泛。新媒体如社交媒体、在线博客、微信公众号等，使得公众也可以运用手机争夺属于自己的话语权。新媒体的出现，大大拓展了公众获取信息的途径，打破了以往传统媒体所构建的信息传播格局。现在的公众不再只是被动接收信息，他们可以主动地发声，分享自己的观点和感受。这就意味着政府的信息权力正在逐渐分解到公众中，改变了过去政府占据主导地位的信息权力格局。这种信息传播权力的变化使得公众有可能成为第一信源，即公众可以直接生成和传播信息，而不再依赖于政府或传统媒体。这无疑对政府的信息传播方式和内容产生了深远影响。与此同时，政府的信息安全问题也因为信息权力格局的改变而发生了变化，如何适应这种新的信息传播格局，以及如何保障信息的安全，将是政府面临的新的挑战。

四是所有政府都可能会遭遇舆论引导和某种政治危机。传统媒体时代，政治家团队可以通过政治杠杆进行精准调节，从而有效地应对和控制风险。在这个体系中，政府能够对信息进行严密的管理和控制，使得危机可以在一定程度上得到控制和缓解。然而，随着新媒体的发展，这种以政府为主导的危机管理模式正在发生着剧变。首先，新媒体时代传统的风险信息管控已经不可能实现，新媒体的信息传播变得更加迅速和广泛，任何人都可以成为信息的生产者和传播者，政府对信息的控制力度大大减弱。其次，政党内部的各种意见分歧和纷争会加快新媒体传播的速度，新媒体为各方提供了平台，使得他们可以直接表达自己的观点和立场，这无疑会使危机的管理和应对更加复杂。最后，由于各地方政府在经济发展、信息化建设等方面的发展程度不一，因此在信息传播力层面也必然呈现出不足和失衡的一面。这种不平衡可能会被新媒体充分地挖掘并加以放大，如果处理不当，政府将会面临空前的舆论危机。

网络传播，顾名思义，是指通过计算机设备以及多种多媒体工具进行的信息传播活动。这种新型的传播方式提供了多样化的网络传播路径，能够处理包括捕获、操作、编辑、存储、交换、放映和打印等多种功能的信息传播活动。它不仅实现了信息的高效处理，也让信息的传播更具灵活性和广泛性。相比于此前以传统媒体为载体的传播形式，网络传播的优势明显。首先，网络传播能够传递大量的信息。借助于互联网的便利，我们可以在几秒钟内获取到海量的信息，而这在传统媒体时代是无法想象的。其次，网络传播形式更加丰富多元，包括文字、图片、音频、视频、互动游戏等多种媒介形式，让信息更具生动性和感染力。此外，网络传播的速度显著提高，无论信息的产生、传播还是接收，都可以在极短的时间内完成。这种高效的传播速度，让信息的流动变得更加迅速，也让我们能够及时获取最新的信息。同时，网络传播引入了受众参与的传播模式，在网络传播的过程中，受众不再只是被动接收信息，而是可以主动参与信息的生产和传播中来。这使得每一个人都可以成为信息的生产者和传播者，大大拓宽了信息的传播途径，也让信息的传播更加民主和平等。如网络直播，就体现了上述网络传播的各个特点，如今，直播平台已经成为文旅产业发展的新型媒介，不仅能够实现地方文化的宣传，而且能够通过直播带货等途径带动地方经济的快速发展。例如，2023 年 7 月，甘肃省文旅厅与直播平台建立合作关系，先后深入兰州、武威、张掖、嘉峪关、酒泉等 5 市、10 县区、21 个景区，在 5 天的行程里，实现 40 小时的直播、8.6 亿次播放量、111 家媒体和大 V 跟踪报道，化身"流量王"，让河西走廊"火"了一把。同时，甘肃省利用新媒体平台，通过"直播+短视频+带货"的形式，充分展示了甘肃省特别是河西走廊丰富的文旅资源、独特的民俗风情、诱人的陇原美食，吸引了全国网民和游客的关注。网络传播革命不仅极大地推动了社会的信息化进程，也对我们的生活方式产生了深远的影响。从长远来看，它将有力地推动社会的进步，带领人类社会进入一个全新的信息时代。

邵培仁先生在其《论人类传播史上的五次革命》一文中，将以 1946 年埃克特等人成功研制的世界第一台电脑主机"埃尼阿克"视为第五次传播革命的纪元。① 以网络技术的发展为主线，我们已经走过了网络传播时代的 60 年。这个时期可以大致划分为 Web1.0 时代、Web2.0 时代和 Web3.0 时代，每一个时代都凸显出网络技术进步的步伐和互联网传播方式的变迁。

Web1.0 时代标志着互联网的初级阶段，此时的互联网主要以信息的读取和浏览为主。在这个阶段，受众可以利用网络，浏览商业网站的新闻栏目，阅读电子版报纸，然而受众的角色主要被局限在"接收者"的身份，信息的生产者主要是少数的网站或者媒体机构。随着网络技术的发展，我们进入了 Web2.0 时代。在这个阶段，互联网的受众不再仅仅是信息的接收者，而变成了信息的创造者。人们可以在博客、论坛、个人主页、社交媒体等平台上分享自己的观点和想法，参与信息的生产和传播中来。这一时期也是社会化媒体和即时通讯工具飞速发展

① 邵培仁．论人类传播史上的五次革命[J]．中国广播电视学刊，1996(07)：5-8.

的阶段，如 Facebook、Twitter、WeChat、微博等平台的出现，极大地丰富了网络传播的形式和内容。而当我们进入到 Web3.0 时代，互联网的传播主体不再是少数的精英阶层或特权阶层，新媒体几乎清除了准入门槛，人人都可以成为传播者，个人门户网站、云计算、互联网开放平台等纷纷为用户提供便利。这个阶段的网络传播更加侧重于用户的个性化需求和互动性，通过智能化的搜索和推荐系统，让用户可以更精准地获取和传播信息。

值得注意的是，随着网络技术的进步，地方政府及行政部门和机构开始使用网络开展电子政务。在 Web2.0 和 Web3.0 时代，政府可以利用更多的新媒体形式，如政府网站、微博、微信公众号、抖音等，更方便地进行政务信息的宣传和推广，同时也可以通过网络办公提高工作效率。这不仅提高了政府的行政效率，也为公众提供了更便利的政务服务渠道，实现了政府与公众的更加紧密的互动。

正如梅罗维茨所言："每当一种新因素被导入一种旧系统中，我们从中获得的并不是这种旧环境加上该新元素，而是一种焕然一新的环境。当然，我们必须承认，新的程度具体要取决于新因素能在多大程度上改变旧系统。"①传播技术的迭代升级对政务新媒体的传播理念、传播形态和传播符号的影响是革命性的，它将政务新媒体从高高在上的宣传工具变成媒体、服务器、连接器，以此为契机，政务新媒体充分吸收互联网技术的成果，将新技术广泛运用到政务传播中。

二、组织因素

与普通的新媒体相比，政务新媒体以"政务"为中心，具有较强的政治性，但又具有"传媒"的特性，其在信息公开、政府与公众互动以及舆论引导中都占有一席之地。因此为了更好地兼顾其政治属性和媒体属性，其组织形态也有自己的特色。2018 年 12 月 7 日，《国务院办公厅关于推进政务新媒体健康有序发展的意见》明确了开办和运营政务新媒体的有关事项，特别指出主办政务新媒体的单位要坚持"谁开设、谁主办"，以此更好履行好政务新媒体在规划建设、组织

① 梅罗维茨．消失的地域：电子媒介对社会行为的影响[M]．肖志军，译．北京：清华大学出版社，2002：15.

保障、健康发展等方面的职能和责任。

政务新媒体出现以来，政府部门的“自管”方式成为最典型的管理模式。政府机构或相关部门成为主要的管理实体，将政务新媒体的运营和管理纳入其中。政府确保其具备所需的财务支持，并对各个平台发布的具体内容进行实时监督，逐渐形成工作经验。在这个模式下，有专门的工作人员负责各种运营活动，包括素材的搜集、稿件撰写、排版编辑、审核发布、评论回复以及日常运营维护等工作，这样的管理模式使得政务新媒体的运作更为规范和高效。这种组织管理模式一方面与政府传播及政务新媒体的保密特性相呼应，使得相关信息能够在规定的范围内进行传播，避免了信息的泄露，另一方面，政府部门能够利用这一模式更好地围绕中心工作，结合自身职能来确定发布内容，使政策解读与公开更加精准、精细。这种自管模式极大地增强了政务新媒体的传播力和影响力。它使得政府能够更好地通过网络传播进行政务工作，增进了公众对政府工作的理解和支持，也加强了政府与公众之间的互动和沟通。

目前，政务新媒体的形式已经多元化，如在第三方平台，除了政务微博、微信公众号、政务 App 小程序等，抖音等短视频平台已成为政务新媒体的新热点。可以说，这种运营和分发模式有效地扩大了政务新媒体的传播力和影响力。一是打通政府与公众联通渠道。政务新媒体作为政府机构的“传声筒”，可以依托其天然的互联网优势和权威背景，用图文并茂且易于传播的方式将政府工作和动态传递给公众，让公众能客观、全面准确地接收到政府动态信息，此外，也能让民声直达政府。如今，每一个城市都在微信公众号平台上有自己的政务新媒体号，既扩大了政府声量，又服务于当地的民众，打通了政府与公众沟通的渠道，让公众能真真切切感受到政府为民服务的心思。纵观这两年，政务新媒体号也频频出圈，如“上海发布”“深圳卫健委”等杰出政务新媒体的影响力也不再仅局限于当地，而是出现了“走出来”的迹象，不仅占据了当地的“主流声态”，还让政府发声传得更远更广了；二是舆论引导有效有节。风险社会的背景下，突发公共事件频频扰动舆论场，引起轩然大波，面对这种情况，在科学组织管理模式下的政务新媒体拥有了更高的处理水平，能第一时间发布权威信息，抢占舆论高点，遏制猜测、谣言等蔓延，以免造成不可挽回的损失。在 2022 年 6 月 10 日的“唐山烧烤店打人”事件中，唐山市公安局路北分局所管的政务微博路北公安网络发言人就反应迅速，在网络中获知相关信息后就展开调查，在6月10日事件发酵当天就出具调查结果，并更新了追捕动态——“案发后，犯罪嫌疑人逃离现场。当日，两名主要犯罪嫌疑人已被依法刑事拘留，其他犯罪嫌疑人正在全力抓捕中”，及时抢占了舆论制高点，从根源上阻断了谣言和猜忌。随后在6月12日，“唐山发布”微信公众号更新了政府工作动态，唐山市启动夏季社会治安整治“雷霆风暴”专项行动，进一步用实际行动强势引导了舆论发展。可见，科学的组织管理模式使政务新媒体拥有更强大的舆论引导力、事件解决力。三是强化了政府正面形象。若能在完备的组织模式下打造出一个便民功能齐全、民众反馈及时响应、政务积极透明公开、积极引导舆论的政务新媒体，能有力增强政府的公信力、透明度和信任度，加强公众心中政府正面形象，更便于后续开展政治工作。例如在2022年12月28日，荣获微政四川“2022年度优秀矩阵联动政务新媒体”的“旺苍发布”，通过聚焦旺苍大事要事、积极回应民生关切，传递旺苍好人好事好风气、努力推送群众所需的举动，在传递党和政府声音、开展政策解读、回应公众关注等多个领域中，起到了非常重要的作用，促进了县城经济和社会的高质量发展，形成了非常好的舆论环境。“旺苍发布”的举动讲好了旺苍故事、传播了旺苍声音、展示了旺苍的发展，让公众能从多方面感知到旺苍的进步和政府的努力，有力地塑造了一个为人民服务的、不忘初心的政府形象。

由此可见，这种组织方式有诸多优势之处，目前实践结果颇佳，已出现一批显著的“头部”政务新媒体，未来可以持续在“自管”的组织基础上多与其他媒体或是自媒体进行联动，打造影响力循环动力圈，促使政务新媒体影响力破圈。例如抖音上的孝警阿特，在“自管”的基础上，多方联动流量自媒体IP，共同演绎防诈骗和警情短剧，收获了2.1亿次点赞和1958.9万的粉丝量(数据截至2024年9月30日)。因此，在“自管”的基础上多组织其他力量，融合多方影响力也可成为政务新媒体提高组织能力和影响力的重要助力。

三、环境因素

2024年8月，中国互联网络信息中心(CNNIC)发布的第54次《中国互联网络发展状况统计报告》(以下简称《报告》)显示，截至2024年6月，我国网民规模达 10.9967 亿人，较 2023 年 12 月增长 742 万人，互联网普及率达 78.0%。① 历年该《报告》显示，网民数量每一统计周期都在稳步递增，过去网络并不发达的农村地区，网络基础设施的建设也得到了全面加强。目前，全国所有的行政村均已实现“村村通宽带”，截至 2024 年 6 月，农村地区互联网普及率为 63.8%，较 2023 年 6 月提升 3.3 个百分点。自 1994 年，我国全功能接入国际互联网以来，互联网对促进我国产业结构的优化升级，促进我国数字经济的蓬勃发展，满足人民日益增长的美好生活需要等方面，发挥了十分关键的作用。近些年来，互联网在社会治理方面也在持续发挥自己的生命力。与此同时，在互联网成为基础设施的情况下，在 5G 的新加入之下，人们可以预见到，在未来，新的媒体形态、新的传播格局、用户新的信息接收方式与 5G 技术和政府通信相融合，为政务传播带来了新的发展机遇。

值得一提的是，互联网在赋能政务新媒体新型形态和强影响力的同时也在进一步将传播权下放至受众，可以看到，伴随着政务新媒体影响力增加的还有突发公共事件影响的扩散速度和舆论治理难度。在风险社会的背景下，突发公共事件常出现在大众视线中，民众广泛加入讨论，其中不少情绪化言论，给舆论引导带来了巨大困难。在由数智技术催生的节点化传播模式下，人们能够利用微博、微信等新媒体工具，及时地与外界进行互动，并发表自己对事件的看法和建议。人们向政府表达诉求的渠道比起以前要更方便和有效。但是，数智技术在让人们能够方便地利用新媒体发表他们的观点的同时，也给政府的管理工作带来了新的挑战。新媒体的及时性、交互性、公开性和信息去中心化的传播特性，让公众的舆论传播变得很难控制。一个小小的意外事件，就能在短时间内迅速蔓延开来，加之新媒介对传统政府的控制能力削弱，使转型时期的中国在社会公共治理领域，尤其是在政府的公共危机管理和公众舆论应对等方面，遇到了一些新的问题，此外，舆论场中众说纷纭，各方都有自己的利益代表，在争论和协调中难以达成一致意见。因此，面对多元联通的互联网、纷繁复杂的舆论环境以及舆论场中多方利益的纠葛，作为政府与公众对话的有效工具之一的政务新媒体，应当有效发挥其在民间沟通和社会治理中的作用，为政府多元共治提供一种“互联网+社会治

① 中国互联网络信息中心（CNNIC）．中国互联网络发展状况统计报告［R］．2024-08-29.

理”的新模式，以此提高政府面对复杂社会和舆情环境时的应对力。

第二节　政府响应速度与信息透明度

在舆情和危机事件中，政府的响应速度和信息透明度直接关系到政府在公众心中的形象，进而影响到政务新媒体的传播力。

一、政府响应速度

政府反应的快慢，反映了一个政府“以人为本”的水平，即关注民意、对突发公共事件的敏感度、主动回应群众的呼声。由于政府是信息发布的权力主体，它掌握着大量的信息资源，在这样一个信息极其不对称的环境中，它有收集、核实、整理、公开有关信息的职责。在舆情和危机事件中，人们想要看到的是政府对事件的态度，以及对事件的处理过程和结果。政府对事件的反应越是积极、及时、准确和全面，就越能反映出该级政府的危机处理能力。

事件一旦发生，政府就应当对事件保持长久的关注，及时回应民众对事件的疑问和关切，这是一个持续互动的过程，不能在民众还保持关注的时候就中止回应，应当积极推进事件解决，将关注一直持续到事件彻底退出民众视线，否则，政府公信力将大大受损。政府在回应和推进时，必须做到事事有核查，件件有真相，不然不仅难以服众，还易引起民众激愤。在这个过程中，政府能否将政务新媒体用好，一定程度上决定着政府处理事件的成败。例如在 2022 年 1 月 27 日开始在网络中发酵的“丰县八孩女”事件中，作为政务新媒体的“丰县发布”和“徐州发布”虽然积极响应了，但是所调查的结果既不准确也不全面，反而形成了更大的舆论风波。面对网友公布的“八孩女”的视频和“八孩女”可能是拐卖来的猜测，2022 年 1 月 28 日，中共丰县县委宣传部在“丰县发布”发布第一封通报《关于网民反映“生育八孩女子”的情况说明》，称该事件“不存在拐卖行为”，八孩母亲杨某侠患有精神疾病，已救治。从调查和通报速度来说，确实很快，开始调查至出结果仅花了半天时间，但是这么短的时间内就得出了“不存在拐卖行为”的结论，显然不能让广大民众信服，反而引起了更大的舆论风波。此后 1 月 30 日，丰县发布了更详细的调查通报，但是也没有更改通报的结论。在此情况下，舆情持续发酵，广大网友的质疑越来越多，调查层级也从丰县上升到了徐州市，在2月7日，徐州市委、市政府联合调查组发布了《“丰县生育八孩女子”调查进展情况》，但依旧未针对民众的怀疑——八孩女是不是拐卖作出回应。于是第四封通报出现了，2月10日，徐州市委、市政府联合调查组于“徐州发布”发布了题为《“丰县生育八孩女子”事件调查处理情况》的通报，其中指出：经过DNA比对，确认杨某侠就是“小花梅”；董某民涉嫌非法拘禁罪；桑某妞和她的丈夫时某忠涉嫌拐卖妇女罪；三名犯罪嫌疑人已经被依法逮捕。这则通告，不仅证实了八个孩子妈妈的身份，还指明了八个孩子妈妈“小花梅”是被桑某妞给拐走的，还将董某民以非法拘禁的罪名，以及桑某妞和时某忠以拐卖妇女的罪名，进行了刑事拘留。不过，当网上的证据被曝光后，这件事就变得扑朔迷离起来，案件的侦破，已经上升到了省级层面。江苏省专门组织了一支专门的队伍，对此展开了深入的调查，并作出了相应的规定，对相关的违法违纪案件将给予严厉的处罚，并追究相关负责人的责任。之后，专案组将“丰县生育八孩女子”的调查与处置经过公之于众，主要内容有：“丰县生育八孩女子”的确定、杨某侠(小花梅)从云南省福贡县到江苏省丰县的经过，杨某侠(小花梅)的心理健康状况，杨某侠(小花梅)生了八孩的情况，董某民等人的犯罪嫌疑，医疗救助，相关党员干部、公务员的玩忽职守等七个方面的问题。17人被处理，书记被撤职、县长被免职。央视也对此事作出评论，称“坚持依法依规，正义绝不缺席”。可以看到，在省级调查组的及时准确的核查下，这次舆论风波平稳度过了，作为政府发言人的政务新媒体的身影贯穿整个过程，虽然前期存在着政府响应速度快但核查不严的情况，但好在更高一级政府及时响应，履行了政府的责任，将事件真相调查清楚、公之于众。

由此可见，政府在面对突发舆情时，需要明白政府响应速度确实是关键且十分重要的、能够抵御舆论危机、维护政府形象的因素，但是这种及时响应必须是在事实调查清楚的基础之上的响应。政务新媒体需平衡好速度与真相之间的关系，既要及时响应又要确保真实，否则不仅无法平息舆论风波还可能会引发更大的危机。

二、信息透明度

信息公开是我国处置多起公共卫生事件的重要原则，也是和政务新媒体传播效果直接相关的因素。全国人大代表、上海财经大学公共经济与管理学院院长刘小兵也曾说过：“知情权就是生命权，信息公开就是最好的‘疫苗’。”在公共卫生事件中，这句话尤其见效，无论是最初的预防还是至今仍在的防控，都见证了这一道理，在猴痘事件中亦是如此。当地时间2022年5月7日，英国报告出现一例猴痘病例，随后多个国家和地区相继报告猴痘病例，患者数量迅速增长。截至2022年10月31日，世卫组织共报告了77264例确诊病例和3622例可能病例，包括36例死亡，全球受影响最严重的10个国家是：美国、巴西、西班牙、法国、英国、德国、哥伦比亚、秘鲁、墨西哥和加拿大，这些国家合计占全球报告病例的86.4%。考虑到此次疫情事件的复杂性和不确定性，为了尽可能降低猴痘疫情的国际传播风险，世界卫生组织于2022年7月23日将猴痘列为PHEIC，11月1号发布公告称其仍为“全球关注的紧急公共卫生事件”。WHO上一次公布PHEIC是在新型冠状病毒引发的肺炎疫情暴发之时，由此说明了WHO对于这次“猴痘”事件的关注。面对此次席卷全球的猴痘疫情，中国政府高度重视，在信息公开和回应方面，及时借用政务新媒体和传统媒体向公众传达猴痘相关动态、传播路径、防控知识、未来预测等等，以此来抚慰公众的恐慌情绪。如微信公众号“襄阳健康汇”在英国出现猴痘疫情后，就及时为民众解答了什么是猴痘、猴痘病毒如何传播以及如何预防等知识；“河南疾控”也发布了文章《猴痘袭多国，意味着什么？一文读懂》，深入解析了猴痘的来源和传染性以及重点防范政策，消除了人们对于猴痘病毒的未知恐惧；在中国出现猴痘病例之后，“深圳卫健委”公众号及时发文《境内发现首例猴痘病例！入境人员请注意》，以“深圳卫健委”公众号惯有的俏皮之风解析猴痘的症状和归国人员应该注意事项。除此之外，还有众多政务新媒体通报了猴痘疫情相关信息，有力地阻隔了网络中有兴起之势的谣言，消解了新冠疫情之后人们面对传染性疾病的恐慌情绪，政务新媒体用透明的信息为民众心灵打上了一剂强有力的“疫苗”。

突发公共事件发生之后，由于其通常会给民众切身利益带来危害，因此，民众多处于焦虑、紧张的状态，且越是未知的情况越让人胆怯，尤其需要掌握第一手信息的政府为民众传递相关信息，给予事情的发展一定解释，给予民众行为一定指导。政府对信息的披露是最好的情绪舒缓剂，不仅能缓解民众焦虑，消解民众不安，用信息高透明度给予民众一剂高浓度强心剂，而且有力地遏制了谣言的传递，塑造了良好的舆论环境。

第三节　公众参与及政治信任度

作为政务新媒体传播的接收者，公众的参与程度高低能有力体现出政务新媒体的传播效果，公众参与程度越高，就越有利于发现问题、解决问题，进而影响公众的政治信任度。

一、公众参与度

“公众参与理论”(Public Participation Theory)的，起源可以追溯到20世纪60年代，国外学者早期以“社区参与”为主要研究对象。其中，美国研究者阿恩斯坦(Arnstein)提出了著名的“公民参与阶梯”模型，用于描述不同层次的公众参与形式，抨击当时政府仅通过表面性参与来满足公众需求的现状。阿恩斯坦认为，真正有效的公众参与应当是在决策制定的各个阶段都能积极参与，并具有实质性影响力。

阿恩斯坦把公众参与看作一种权力的重新分配，在新媒体时代，媒体将权力赋予了普通观众，从而降低了信息的生产与消费门槛。在使用政务新媒体时，公众可以通过阅读、点赞、转发和评论等形式，促进政务新媒介中资讯的传播和扩散，从而带动全社会的关注和舆论，形成良好的政务新媒介形象。即公众所采取的企图对公共政策和公共生活造成影响的一切行动，都应该称为公众参与。

政务新媒体作为政府公共事务的传声筒，在积极传递信息给公众的过程中，扮演着重要的“互动”角色，为广大人民群众提供了一个更为方便的连接政府的通道，同时也为政府提供了新的平台。公众作为信息的接收者，对所接收到的事件信息具有一定的解码和分辨能力，可以利用既有经验、基本常识和逻辑判断来分辨一般的信息的真假。因此，公众在认知、态度和行为决策上的表现，可以直接地反映出政务新媒体的传播力是否足够强大，以及它的作用是否能够发挥出来，公众的参与程度以及在参与中素养的体现，也在各个方面对政务新媒体的传播效果产生着影响。在有了参与互动交流的能力和条件之后，公众可以利用政务新媒体平台及时提问、参与讨论、投票表决，从而激发他们参政议政的积极性。对于政府而言，公众参与能够增强其责任感，提高其工作的透明度；在公共政策层面，公众参与能扩大政府在资讯、创意和解决问题方面的资源，并能提升决策质量，促进政策的落实；对于社会大众而言，公众参与能够给他们提供一个表达自己需求与利益的渠道，从而增强他们的参政意识与能力。

在提高政务新媒体公众参与程度上，有许多因素需要注意。第一，政务新媒体发布的文章或视频的标题应当朗朗上口又吸引眼球，能一下抓住受众的眼球。例如“贵州卫健委”公众号 2022 年发布的关于猴痘的文章标题是《关于猴痘，您想了解的都在这里》，短短一句话就抓住公众想了解猴痘信息的心态，字少吸引力大。第二，政务新媒体报道的题材需精心选择，就政务新媒体而言，选择具有广泛社会关注度和重要性的议题，引导公众关注具体的问题和事件，有助于政府更好地向公众传达政策信息，推动社会进步。如“平安重庆”在抖音上定期推送反诈知识，覆盖了“双十一”“开学季”“春节”等重要节点，并代入大学生、宝妈、白领等各种角色，获得了较高关注和回复。第三，在发布方式上，政务新媒体的发布方式主要包括图文拼接、短剧、视频短片等，恰当的发布方式能够更好地展示内容，为大众带来更好的观看感受，让观众能够清楚地感受到政务新媒体所要传达的信息，从而提升观众的参与度。第四，发布内容与账号主体内容的关联性。如“四川监狱”视频号 2024 年 6 月 25 日发布的《想吃美味佳肴，请远离违法犯罪》，以 26 秒短视频展现了罪犯在监狱的饮食要求，获 6 万次点赞、5.5 万次转发。如果政务新媒体的发布者与账号主体的日常工作内容有很强的关联性，那么他们就会从自己的角度来对政务新媒体的内容进行创造性的设计，他们会更加娴熟地将自己的日常工作展现给公众，他们发布的政务信息也会更具真实性，这种类型的政务新媒体能够将政府和民众之间的关系拉近，从而提升民众参与政务讨论的热情。第五，“反馈”原本是控制论中的重要观点，意指将输出的东西再输回系统中去，后来被广泛应用于传播学理论。在传统媒体时代，以政务机构为代表的官方舆论场与以公众为代表的民间舆论场之间虽然有一定的联系，但占据中心和决策地位的官方舆论场相对排外和封闭，处于外围的民间舆论场较为依赖官方舆论场。随着政务新媒体的出现，两个舆论场之间可以实现有效地交流，宣传与反馈有机结合，构建了官方舆论场与民间舆论场共同体的交互式沟通途径。

政务新媒体要主动增强与公众的联系，既要关注自己发布的信息，也要倾听公众的意见和需求。只有这样，政府才能深入了解公众的真实需求，及时掌握舆情，逐步赢得公众的信任，并提升公众对政府的满意程度。

二、政治信任度

政治信任指的是民众对于政治制度的一种心态和评估，它包含了政治制度和民众之间前者对后者的反应和后者对前者的期望。政治信任可以分为两个层次：一是人们对政府和权力机构的信任，即“政府信任”；二是对一国政治体制的信赖，也就是所谓的“政体信任”；二者虽不完全相同，但也有一定的相互影响，其中，政府信任更为具体、易于操作。政务新媒体是党和政府的宣传通道，天然具有一定的政治属性，它是公众心目中的政府代言人，可以向公众提供政治资讯，是除政府自身之外的政治形象的主要生产者，而这些形象又是民众对其形成政治认识的一个重要来源。政务新媒体能够对公众的政治认知产生快速而持久的效果，公众会通过加工政务新媒体传递的政治信息，形成个体的政治态度，其中就包括对政府的信任，那么在媒体层面，形成公众的政治信任度上主要有这两个影响因素。

一是新闻媒介的接触率。信息接触理论认为，公众是在对信息的接触中逐步形成自己的政治价值观的，媒介的接触性对新闻媒介的可信性和政治信任能产生积极的影响。中国目前正处于由“物质化”向“后物质化”、由“工业化”向“后工业化”转型的时代背景下，大众正面对由“媒体信息增量”引发的多元选择困境。在这种情况下，媒介的正确引导和示范作用，对于人们的政治价值观念、思想观念的培育，是十分必要的。

二是媒体的信任度。在民众政治信任的塑造过程中，民众不仅要接触媒介，还要信任媒介，民众对媒体的信任有助于提升政治信任度，一方面，从媒介角度来看，媒介信任是民众对于媒介工作的高度认可，因为媒介是一种重要的沟通渠道，它在整个社会中扮演着“上传下达”的关键角色，用于传递信息和影响舆论。在现代社会中，媒介在信息传播和舆论引导中的地位越来越重要，因此，媒介信任度的提高将对公众的政治信任产生积极影响。公众对于媒体的信任度越高，就越有可能相信政府的工作和决策，从而增强对政治体制的信心。另一方面，立足政治信任视角分析，政治信任是指公民对政府业绩的客观评判。为提高政府的可信度和执行力，政府机关和政府工作人员需要切实关注公众需求，提高政策制定和执行的效率，以及关注公共事务的公正处理。此外，政府还需要加强与媒体的沟通和合作，确保公众能够了解政府的工作成果。如果得到公众信赖的媒体可以客观、真实、及时地传达出政府的政绩，在人们的心目中建立一个可信的政府形象。因此，媒体要以“把关人”的身份强化对政治信息客观公正的报道，确保公众能够获取到准确、全面、客观的政治信息。媒体在承担这一职责的过程中，既要“上传下达”，传达政府的政策和工作成果，又要公正报道，保证新闻报道的客观性和公正性。这样，媒体不仅能够起到引导舆论的作用，还能在一定程度上增强公众对于政府的信任。例如在 2023 年 1 月 29 日即新春开工第一天，“上海发布”公众号就市政府新闻办举行的新春后第一场上海新闻发布会进行了详解，对扩大需求、提振消费、减税降费等政策措施和民众关心的问题进行了一一解释，既履行了上传下达的职责，又树立了政府为民的形象，能有力提高公众对政务新媒体的信任度。

第四节　政府议程设置与框架解释能力

政府说什么、怎么说，也就是政府议程设置和框架解释能力是政务新媒体传播力的关键核心要素，政务新媒体的传播内容能直观反映出政府为民理念的贯彻程度。

一、政府议程设置能力

美国传播学者麦库姆斯在 1972 年《大众传播的议程设置功能》一文中首次提出了“议程设置”这一概念，其核心思想是：大众传播对公共领域中的“议事日程”起到了设定的作用，媒体通过对“议题”进行不同程度的突出，从而影响了人们对于周遭世界中发生的“大事”以及它们的重要性的判断。随着研究的深入，1997 年，麦库姆斯在一篇研究西班牙选举的论文中提出了议程设置理论的第二层次——“属性议程设置”理论，即大众媒体通过突出或淡化一些具体的特征，将客体的主要特征传递给观众，同时也将影响观众对客体的认知、判断和态度。在互联网发展迅速的21世纪，麦库姆斯教授与中国博士郭蕾共同提出了一项创新概念——网络议程。该概念的核心为：公众的认知并不局限于一个单一的问题或特征，而是由一系列问题构成的广泛认知网络。新闻媒介不仅具备告知公众正在思考什么的能力，更具备引导公众将各种信息片段有机地串联在一起，从而构建对现实世界全面认知和深入判断的能力。在当前社会复杂背景和媒介日新月异的背景之下，对议题设置的研究必须跳出传统媒体时代的固有研究思维，深入探索政府、媒体和公众这三方议程之间的密切互动关系，为妥善处理突发公共事件提供全新的思考和创新性的解决方案。

从传播学的视角审视，政府议题设定能力的突出标志，莫过于确保政府的声音能够让普罗大众所听到并深入理解，同时让政府的逻辑理念能够被新闻媒体和公众议程所接纳和融合。在此基础上，要使零碎的政府信息能够在新闻媒体与公众之间，勾勒出一个积极正面的政府形象，使得三大议题能够在和谐稳定的状态下达成共同的目标，从而更好地为政府的公共利益和社会福祉服务。

一要抓住政府议程设置的主体，即真正参与决策并最终决定议程设置的个人或群体。其作为最终决策者，他们的决定涉及各类重大事项的议程设置，包括涉及政策议程和其他引导形式的基层部门以及宣传部门。事实上，这级主体在解决具体问题和推动事件发展的过程中起到了主导的作用，产生了至关重要的影响。从某种程度上说，他们在整个议程设置过程中几乎决定了舆情的走势。首先，政府议程设置的客体，也就是接受议程设置的个人或群体，具有极大程度的复杂性。从空间上看，可分为网上公众和网下公众，2024年8月中国互联网络信息中心(CNNIC)发布的第54次《中国互联网络发展状况统计报告》显示，截至2024年6月，我国网民规模达10.9967亿人。① 可以说，网民是议程设置的主要主体，网民对议程的接受状态决定着舆情的走向。但同时也不能忽视网下民众，而是需要网上网下统筹兼顾。在接受者的群体属性上看，可从多个角度出发，例如城乡属性、年龄属性、学历属性、职业属性以及收入属性等等，不同属性的民众所在

① 中国互联网络信息中心(CNNIC). 中国互联网络发展状况统计报告[R]. 2024-08-29.

的立场和代表的利益有所差异，由此可见，政府在设置议题时要统筹兼顾，尽可能照顾各方人群。其次，是议程设置的载体，也就是媒体和其传播的内容，针对新浪微博、微信公众号、网站等由政府主导的新媒体平台，其议题设定中的话语表达方式是否适合平台特点，是否适合不同平台下的受众心理特点等问题，需要对其进行深入研究。在突发事件中专业媒体平台的传播性要高于政府自己的传播平台，应当指出，并非一切议题都要求大范围、长时间地宣传，媒介的功能也应具有一定的灵活性。此外，媒体上所传播的内容是其重要的载体，其传播内容的质量和所体现出的政府态度可以决定议程设置的效果。政府和专业传媒是媒介的两个基本元素，两者之间必须有很好的交流和协作。

二是关注政府议程设置的环境，即自然环境和社会环境。自然环境对政府议事日程安排的影响主要在时空效应层面。一些边远地区，因自然环境恶劣，基础设施薄弱，通信状况不佳，因而无法及时纳入议事日程。在自然环境中，这部分区域参与网络舆论的积极性不高，对网络舆论的产生和发酵的影响很小。此外，在环境要素中，社会环境是一个重要的关键点。当前网络上的舆论，之所以这么快就被炒得沸沸扬扬，与复杂的社会环境有关。政治、经济和文化的发展直接关系到整个社会的发展，并对人们的心理产生一定的影响。随着中国现阶段社会主要矛盾的转化，人们对美好生活的需求，除了物质、文化需求之外，还包含着人们对美好生活的主观判断与选择，他们将从自身对美好生活的感觉是否“满意”这一角度去认识，而且，不同的群体对美好生活的看法也呈现出多样性。矛盾和冲突通常是一个“导火索”，它会激发利益相关者和围观者把他们对社会的某些方面的不满意集中宣泄出来。因此，当政府在设定突发事件议程时，不仅要考虑事件本身的利益相关者，还要考虑社会各相关群体的生存情况和整体社会的发展情况。

二、政务框架解释能力

在快速变化的通信环境中，政府不再能够像过去那样，仅仅是通过控制媒体，就完成了议题设定，实现政务框架、新闻框架和公众框架相统一，并对舆论产生影响。在新媒体环境下，公众了解事物的渠道大幅度变宽，已不是过往的单一传受者，公众能自己挖掘信息、传播观点、解读新闻框架、促成事件发展，而公众的自由解读极有可能与政府原本僵硬的政务框架相悖。因此为了保障公众的知情权并提高政府的公信力，改善政府形象以及促进公务的顺利实施，政府需提高政务框架的解释能力，将政务框架与新媒体的新闻框架和公众框架联动起来，主要体现在：

一是从发言到对话的蜕变。我国现行的有关新闻发言人的法规体系既不够完善，也不够宽泛、不够全面。而且，在执行中，条例条文的内容更多的是对政府"权"的反映，而对政府"责"的表述并不清楚。这种制约既不够完善、不够科学，也不够有效。在这种新的信息环境中，不完善的信息发布机制的确是一个亟待解决的问题。目前面临的一个关键问题是，虽然《中华人民共和国政府信息公开条例》自 2008 年 5 月 1 日起就已施行，并有"以公开为常态、不公开为例外"的原则，但缺乏一套科学、完备的立法体系来保障政府信息的开放和公众的知情权。这一问题在政府信息公开的实施过程中形成了种种"瓶颈"，严重阻碍了政府信息公开的深入推进。没有强有力的法律约束和保障，政府信息公开的实践很可能会受到各种非法定因素的干扰，甚至可能滋生腐败和不公。尽管在当前的社会环境中，信息开放已逐渐成为主流意识形态，并逐步得到深入人心的认同，但不可否认的是，保守主义和集权主义的思想仍然在一些地方和部门中存在。这些思想不仅限制了信息开放的进程，同时也威胁到了公众的知情权。在现行体制下，有关行政权力的监督机制不够完善，一些政府官员可能会将政府记者招待会视为一种特权，将其作为展示个人成就和权力的舞台，甚至将新闻媒体视为自我宣传的工具。这种行为严重损害了新闻媒体的公正性和公信力，也让公众对政府的信任度大打折扣。另外，很多政府官员还处在一种不愿、不能、不会发布信息的状态，在新闻发言人制度的构建中，要想改变这一状态，就必须要经过长时间的培育，并且要在思想理念上持续进化，而这一质的变化不会在一朝一夕完成。地方政府的新闻发布会，往往是围绕地方社会经济发展情况和政府的关键政策举措进行的，可谓独一无二。甚至可以说，这种定期的调整和提升，其目标就是为了在政府新闻发布会上应对突发状况。回顾往昔，尽管新闻发布会对于突发公共事件的传播具有显著影响，但在常规新闻发布上，媒体和公众的关注度似乎并不高。

二是从政党框架走向市场框架。在新的信息交流背景下，政府作为信息发布的主体，必须意识到政府的构架必须由陈旧的“政党”构架转变为“市场”构架。“政党”架构必须先转换成“政府”架构，然后才能转换成“市场”架构，在内容选题上，最好契合社会公众关注点，让受众得到他们真正需要的信息。另外，要采用与观众更接近的方式，用观众所熟知的话语和媒体所使用的表达方式，结合数据、图片、案例和细节，通过新闻媒介的“包装”，以更加清晰和生动的方式呈现给观众。例如在关于第五次全国经济普查的推文上，上海发布用长图的形式解说了为什么要开展经济普查、普查对象有哪些、普查哪些内容、普查时间点以及普查数据等等，多方面解读了普查的详细讯息，用市场媒体的视角生产出对公众有意义的信息，而不是一味地采取政党通报视角，这有力地促成了政务媒体框架和公众框架的联动。

三是从宣传框架走向传播框架。政府要想树立、塑造、维护公众的良好形象，除了靠宣传赢得公众的认同与谅解外，还必须把传媒作为一个重要的渠道，让公众了解并发表自己的看法。传媒在政府沟通中扮演的是一个实践性的工具角色，如果政府还如同巴纳姆所说的“一切宣传都是好的”的“愚民时代”那样，透过传媒规制，设定传媒的议事日程，左右大众的意见，就试图达成保护大众的“知情权”，提升政府的“公信力”，改善政府的形象，在当今的时代下不仅不会达到宣传效果，还会制造出反效果。就我国传媒的运作方式来看，传媒本身已经伴随着市场化竞争而产生的产业形态的变化而发生变化，传媒的覆盖面已突破了过去的地域性，“内宣”与“外宣”之间的分界越来越模糊；在信息时代，信息过剩，受众关注不足，如何争夺受众，已成了媒介的一个常态，其传播方向正向受众导向靠拢。所以，在新的政务媒体中，政府架构的构建必须与时俱进，由“政党”架构转向“市场”架构，由“宣传”架构转向“传播”架构。

进入信息化时代，人们不仅对资讯的需求越来越大，对资讯的需求也由消极转为积极。在海量的资讯中，我们会选择性地选取那些与我们相关的资讯或我们感兴趣的资讯。在此背景下，数智技术赋能新媒体的传播形式，改变了传播环境，政府不再通过宣传管控，简单地设置媒体议题，而是要充分运用政务新媒体，了解如何提高政务框架和媒体框架、公众框架联动的力量，只有这样，政务新媒体才能更好地发挥作用，实现政府与公众实现良好沟通的责任和功能。

第五节　事件发展过程中的角色定位

当前，在数智技术赋能下的新媒体环境中，政府传播已经成为有着鲜明动态性和高度复杂性的双向传播过程，已然成为现实生活中不可忽视的重要组成部分。负责政府传播的主体，正是各级政府机关以及政府工作人员，而在基层政府组织中，我们通常指的是基层政府的行政机关及相关工作人员。相较于占据绝对领导地位的中央政府，各级地方政府除了中央政府以外，都需要承担起中央政策的严格执行和有效传递任务，在与普通民众进行直接交流和对话的过程中，具有更多的主动权和表现机会。因此，我们国家的宣传工作在新的历史时期，必须紧扣人民群众的真实需求，充分贴近基层群众的日常生活，用实际行动践行党的群众路线，不断实现党的群众工作与时俱进、创新发展。

在政务新媒体中，政府机关是重要的信息传播者，其定位是信息发布者和沟通对话者。作为传播的"诱导者"，通过"传递"的形式，积极地对另一方产生影响。在特定的重大突发公共事件下，不同类型的新媒体在不同类型的公共信息系统中，发挥着重要作用。首先，在政务新媒体传播集群中，政府是其中的传播主体(受众也是其中的传播主体)，政府对信息的处理方式和态度，将会影响到政务新媒体集团中信息的传递质量。例如，"公告"式的语气、"高大上"的宣传方式，明显无法使政务新媒体产生足够的魅力，而应该以"服务型"和"亲民"的方式来塑造政务新媒体。其次，要从"把关人"角度出发，通过"把关人"的思维方式，确定哪些信息能够通过新媒体传递给公众，比如，在突发公共事件之后，政府各部门的思维方式将会直接影响到新媒体中哪些类型的新闻、哪些频次，进而影响到公众的关注水平。第三，媒介的可信度、权威度，会对公众对事件的价值判断产生作用，进而对媒介效应产生作用。新闻媒体能否被大众所接受，既取决于新闻媒体的价值，也取决于新闻媒体的权威与可信度。因而，在新媒体集群内，地方政府发挥着上述重要的作用，而在现实的沟通过程中，由于这种作用的不协调，使得沟通力量的发挥受到了很大的阻碍。

一、作为高效的信息发布者

在重大突发公共事件中，由于事件的突发性、接近性和获取信息的渠道有限性，信息的需求量比其他事件中的要高得多。在政务新媒体集群传播过程中，政府是资讯的来源，不管是政府机构，还是个人，都对资讯的流动起到了主导作用，并影响资讯传播的内容、质量和频率等与资讯传播效果评估指数有关的因素。在政府顶层政策法规的设计和要求下，新媒体在信息传播、政务服务和社会治理等领域都有了很大的进展，但仍存在一些普遍的问题。

目前，我国各相关部门的信息库分布较散，有的部门信息资源之间缺乏联系，形成了许多“信息孤岛”。数据库在建立的过程中，主要是供给各部门的内部使用，信息资源散落，尤其是第一信息源不能达到共享，形成了部门数据库建设的信息资源垄断现象。其次，当前政务新媒体的发展存在着纵向上的优势，在横向上存在劣势。多数单位强调垂直方向上的资讯协同、上传下达，而忽视了水平方向上的合作与资讯交流，造成资讯在水平方向上的流动不畅。最后，个别部门领导和政府部门既没有对新媒体给予足够的重视，也没有很好地利用新媒体，依然是抱着一种得过且过、应付检查的态度，采取了与传统媒体管控完全相同的方式。对一些权威信息，特别是群众想知道、特别关心的信息，不能第一时间发布，政务微博变成了僵尸微博，政务微信也死水一潭。尤其是对突发公共事件的应对，往往因权威信息的滞发而使新媒体发布大打折扣，被民间舆论场的自媒体所占据，导致突发公共事件应对不力，造成不良的社会影响。另外，政务新媒体缺乏专业的技术人员，运营不力，不能及时收集和回应网民粉丝的诉求和反馈，舆情研判不到位，信源质量差，不能充分发挥政务新媒体应有的作用。

作为新闻媒体的行政管理主体——政府，在新闻传播过程中，具有选择媒体、方式、时机和话语姿态等方面的权力。造成这一现象的主要因素有：作为沟通主体的国家对新技术应用的认识滞后；以及政府接收新技术的能力和意愿存在差异。随着互联网技术的发展和自媒体的普遍运用，各级政府部门开始重视电子政务的建设，包括政务微博、政府门户网站、政务短视频、政务微信和政务 App 等等，并且注重服务方式和服务质量的优化和提升，增加了服务功能，给公众提供了参与的机会和平台。新媒介的出现，使基层对新媒介技术的运用面临着严峻的考验。尽管已有研究对社会化媒体的使用模式进行了初步探索，但并未反映社会化媒体在此进程中的使用意愿。在对政务新媒体的实践过程中，我们可以看到，个别政府人员对政务新媒体的运用持着一种模棱两可的态度，他们对微博、微信的传播特点理解不够透彻，故而无法对微博、微信的传播特点进行准确的运用，缺乏对新媒体的认知，对自己的角色没有准确的定位，他们有一种逃避的心理。所以，政府在沟通方式上，依然采用传统的沟通手段，从而进一步削弱了政府新媒体的沟通能力和影响力。在重大突发公共事件中这种做法无疑大大增加了舆情爆发的风险，错过舆情引导的最佳时机，甚至可能让政府陷入塔西佗陷阱。

二、作为沟通对话者的角色

随着媒体科技的进步，人们所处的媒体环境发生着变化，媒体传播的价值也在不断地提高。政务新媒体的价值在于与民众进行互动，成为政府与民众之间的一座桥梁，形成了民众向政府反映问题、表达意见的减压阀门，总的来说，是一个对话者的角色。政务新媒体是构建服务型政府的一个重要工具，它是在新形势下政民互动交流的新形式，也是各级政府用来提高政务服务质量、听取民意、加强政民互动、树立政府形象的一个有效平台。如何提升政务新媒体的传播力、引导力、影响力和公信力，实现其价值的最大化，已成为其发展中遇到的瓶颈。

以移动终端为载体，以社会媒介为载体构建的新型政务新媒体，具有良好的公共信息普惠效果，为政府与民众之间提供了更多的交流机会。针对民间民意表达通道不畅的现状，微博、微信等网络平台的兴起，为“公民参与”这个信息交流通道带来了一丝清凉，使这个政、民交流的平台具有了超出技术层次的新的传播价值。在政府的微博、政府的微信上，公众可以通过一些留言、问询等方式，发出自己的声音，表达自己的政治愿望，并积极地参加公众活动。通过这种方式，政府部门能够得到积极的响应，主动地与大众进行沟通和互动，听取民意，了解大众的生活状况，满足大众的心理需要。

在多元表达的新媒体空间中，有着多种多样的沟通方式，有着不同的价值评判，虽然有志趣爱好相同的人，但仍然需要通过话题的设定和积极的引导，让不同的利益团体展开坦诚的探讨与沟通，发挥一个社会平衡者和对话组织者的作用，尽可能地缩小观众间的言语差异或利益差异。政务新媒体具有感知性和利用性，它不仅可以将来自基层人民的不满和敌对情绪进行宣泄，还可以将社会发展过程中所呈现出来的一些无形问题进行映射，这对于协助政府进行及时的引导，防止一些原本就很小的事情变得更大，从而引发严重的社会矛盾，具有超然的效果。

三、作为服务者的角色

政务新媒体除能与市民进行有效的沟通与互动外，还能为市民提供各种不同的管理服务与咨询服务，这也是维持其生命力的关键。随着电子商务不断蚕食着传统贸易的生存空间，人们也逐渐养成了通过网络、智能手机等方式满足日常生活需要的习惯。在国内用户活跃度最高的通讯软件——微信上，政务新媒体也有所建树，基本每个地级市都拥有自己“××发布”公众号，如“上海发布”，在2020年10月8日，上海发布微信公众号关注用户数已超800万，成了上海市政策信息的重要发布平台，不仅功能齐全，涵盖上海民众生活方方面面，而且还及时传递上海本地信息，在服务用户的同时极大地提高了用户黏性，虽后续粉丝数不再有更新的数据披露，但是从上海发布的公众号推文可以发现，影响力仍保持高位，几乎每天发布的推文都有10w+的阅读量。“互联网+政务”从实质上来说，就是指的是一种观念的创新，在政务新媒体的运作过程中，一定要坚持以用户为核心，满足用户的信息需要。研究发现，有些政务新媒体的服务意识比较淡薄、运营不力、网络懒政现象突出，导致很多账户形同虚设。政务新媒体扮演的是一个服务者的角色，它的影响力来自用户关注度、用户使用度以及用户活跃度。用户在选择信息传播的覆盖范围以及传播的结果时起到了决定性的作用。因此，当地政府必须充分发挥其政务新媒体的应用能力和影响力，以促进更加深入和广泛的信息传播。在与民众的沟通过程中，政府必须变得更加亲近，更加人性化，以提升民众对政府工作的信任和支持。为了提高信息的透明度，政府需要不断优化其传播策略，确保信息能够准确无误地传达给民众，使他们在获取信息时更加方便、快捷。

四、网络时代受众角色的嬗变

在“传播者”“媒介”和“受众传播”这三个因素中，对传播受众的变迁和对传播受众的需要进行深入地探讨，应该是其中的中心问题。因此，媒体的采编变革和观念革新，必须建立在对受众的理解和关注之上，并以受众为核心，这样，媒体的变革和革新，就不仅有了清晰的目标，也有了应用价值。所以，要提高新的政府公关媒介的效能，就必须关注受众的改变。

一是新闻媒体用户对新闻的接受方式出现了多样化。20 世纪的最后 20 年，因特网被引入了中国，中国于 1994 年获得了接入因特网的许可，并于当年五月开始了整个中国的因特网建设。21 世纪初，互联网这一新型媒介逐渐成为人们工作和生活中不可或缺的一部分。中国互联网用户在对 BBS、QQ、博客等网络通讯手段使用得越来越熟练后，到了 2010 年，人们开始关注诸如“微博”这一刚出世的综合性更强的媒介，此后，快手、抖音、小红书等新媒体平台如雨后春笋般出现，互联网也从科学研究领域扩展至民众日常生活中，新媒体也开始代替传统媒体成为受众获取信息的主要来源——尤其是短视频平台，已成了用户增长最快的平台。根据 CNNIC 第 50 次《中国互联网络发展状况统计报告》显示，短视频用户较 2021 年 12 月增长 2805 万，增长率达 3. 0%。在互联网媒体变迁的几十年间，受众的身份发生了显著变化：既是信息传播者，又是信息接收者，在情况不透明和媒体报道未被放开时，受众甚至成为主要的信息传播者，这种双重身份使受众常在信息传播链中处于核心位置。网络传播打破了传统媒体时代传播者和受众互不交叉的状况，尽管人类的交流基础架构未变，交流元素仍为 5W，但交流的内部关联已经发生了变化，各节点之间的相互作用也得到了加强。除此之外，新媒体还将传统媒体相对单一和狭窄的传播途径进行了转变，拓宽了公众获取信息、发表言论和反馈民意的传播途径，使其逐渐朝着多样化的方向发展，并在此过程中充分地实现了知情权。随着高效、快捷的运作，政务新媒体也越来越多地变成了观众对信息和话语表达的重要平台。传媒环境的改变，不但表现在资讯传递的方式上，更表现在整体的沟通方式上。

二是传播受众的去中心化和再中心化。互联网沟通方式是对传统集中式沟通方式的一次又一次的突破，并逐渐向非集中式发展。其中，非中心性体现在：技术逻辑的中心性减弱、传播对象的变化与扩张、网络用户话语表达的非中心性思考。传统媒介中，把关人在媒介内容传播中处于决定作用和支配地位。网络传播消解了把关人的作用，弱化了把关功能，传播主体的多元化，成为去中心化的重要原因。与传统媒体相比，自媒体具有更加立体、更加丰富的文化意蕴，但也存在着虚拟性和不可视化。可以说，网络主体的这种由确定到不确定，由单一化到多元化，由集中趋向分散，带来了网络传播的自由化、多元化和开放性的优势，在现实世界里，人们之间的互动、阶层的划分在一定程度上也被弱化了，专家与权威在现实世界里的支配地位也在一定程度上被消解和弱化了。

新媒体的传播圈层化的表现比较明显，这种圈层化的传播很容易使受众进行归类和再中心化，再中心化的主要因素是新媒体关键人物的出现，在这样一个传播体系中，始终会有一种中心力量的存在和不断凝聚，尤其是在社会热点事件和突发公共事件的出现时，总会有关键人物出现，聚集大众的意见，形成意见流，这种思维的形成也是受众一贯的思维呈现。

三是受众地位的提升和价值的多元化。新媒体时代，受众在政治传播中的地位发生了质的变化，不再是被动的政治传播体系的控制对象，而是可以把自己和自己阶层的利益诉求表达出来的主动者。受众个体原子化、价值多元化和社交网络同步化的出现，不但逐步瓦解传统权威，也在不断嵌入多元化的外部价值观，使传播主体的地位发生很大的变化。另外，受众的话语表达方式和思维方式也发生了变化。传播受众思维的最大变化是由“信任思维”转变为“怀疑思维”，消解权威、质疑主流话语的真实性和政府话语的权威性。

四是不断变动的社会心态。社会心态是一种在一段时间里，广泛存在于整个社会或社会群体/类别中的社会情感，是整个社会的情感基调、社会共识和社会价值的总和。社会心态以社会个体心理为基础，以整体的形式对身处社会中的个体心理、社会价值和行为方式产生影响，进而影响着社会稳定和国家发展。一个人的进步，一个社会的和谐，一个民族的发展，都离不开一个社会良好的精神支撑。习近平总书记指出，要坚持主动引导、及时引导、深度引导，着力解疑释惑、疏导情绪，塑造理性平和的社会心态。在我国改革进入深水区、攻坚期的今天，社会矛盾凸显，社会心态本就前所未有的复杂化。在新冠疫情期间，由于病毒的未知性、事件的突发性和防治政策的特殊性等原因，社会心态更加多元化、特殊化和显性化。

上面提到的观众群体的改变是很明显的，这种改变是互联网交流行为的一个重要特征。这种内部变革是当今互联网信息交流蓬勃发展的根本原因。这对地方政府而言是一种考验，在新媒介的传播方式下，因其固有的宣传观念，导致其行为逻辑与思考方式均有较大的迟滞。不过，在政策的推动以及内部的压力之下，各地方都或多或少在多平台上建立了政务新媒体，然而，制约其发展的主要原因并不在于技术与资本的投入，而在于其角色定位，很难与公众保持一致。所以，构建一个良好的政务新媒体，就要求各级政府在思维、角色、行为上进行及时的转变，尽早意识到网络信息给社会大众带来的改变。

第四章　数智技术赋能政务新媒体的内容生产

第一节　技术驱动内容重塑，推进媒体深度融合

一、以算法技术为驱动，提高新闻生产效率

大数据、人工智能等数智技术，对政务新媒体内容生产带来了革命性的影响。其中最显著的，莫过于如今以算法为驱动进行的新闻生产。在传统媒体时代，媒体对新闻的报道主要是靠记者在现场采访获取，而在新媒体时代则需要通过信息技术实现新闻生产与传播工作数字化。

算法推荐技术是一种基于用户历史行为、兴趣和偏好等数据，利用机器学习和数据挖掘技术实现的个性化推荐服务。随着大数据时代的到来和人工智能技术的快速发展，算法推荐技术得到了广泛应用和深入研究，其发展历程大致可以分为以下几个阶段：

基于内容的推荐：早期的推荐系统主要应用于电商领域，用户在电商平台有操作行为后，基于物品的用途、内容特征等来推荐相似的物品。例如，用户在购买了某本书籍之后，系统会推荐与该书籍内容相关的书籍。

基于协同过滤的推荐：协同过滤推荐的产生源自社交媒体的兴起及其用户量的大幅增长，网民们纷纷在线上拥有了多个不同平台的身份。协同过滤就是根据用户的兴趣和历史行为，找到与该用户相似的其他用户，并为这一“熟人圈子”中的人推荐这些用户喜欢的物品。这种推荐算法成为推荐系统领域的经典算法。

基于深度学习的推荐：深度学习技术在推荐系统领域的应用也越来越广泛，如利用深度神经网络对用户的行为数据进行建模，实现更加精准的个性化推荐。

目前，算法推荐技术已经广泛应用于电商、社交媒体、新闻媒体、在线视频等领域。就在线新闻领域而言，算法推荐技术可以根据用户的历史行为和兴趣，推荐用户感兴趣的新闻内容，提高用户的阅读体验和用户黏性。

下面是一些算法推荐技术的应用：

(1)新媒体时代"算法推荐"技术能够精准地判断受众兴趣并实现精准推送，用户可以根据自身需求主动选择阅读内容及关注热点。政务新媒体平台可以利用"智能推荐"算法推荐热门政务内容或突发公共事件的现场视频及相关信息。

(2)通过人机协同方式实现新闻生产与传播流程优化。在传统媒体时代，由于缺乏与受众互动的机制和渠道，新闻生产工作往往被置于现场、人员分离的状态下进行报道与传播。而新媒体平台则可以利用算法技术实现新闻采访自动化、新闻生成数据化、新闻传播网络化和信息传递精准化。

(3)以大数据为基础的智能技术在信息筛选和分发上具有强大的功能：用户在发布信息时可根据自身兴趣选择阅读内容；智能机器人可根据用户反馈实现更精准回复；通过网络视频自动生成推送内容。

(4)以大数据和人工智能为支撑提高内容生产效率。政务新媒体平台可通过分析用户数据对热点话题进行实时推送和精准推送；通过对视频进行智能化分析识别技术对突发公共事件进行现场直播。

由此可见，数字化、智能化技术与政务新媒体相结合是未来政务新媒体发展的必然趋势和必由之路。驱动技术深度融合，已然成为媒体发展的不二之选。回望科技进步之路，每次技术革命都会引发媒介生态的革新，衍生出多样化的媒体形式。技术在互联网生态中的权重无可比拟。政务新媒体是全媒体时代党和政府与民众互动的关键平台，更是服务型政府职能转型的重要战场。政务新媒体需要依托技术革命，运用互联网思维，顺应数字时代经济要求、不断加快推动媒体融合发展、构建全媒体传播格局。

近年来，数智技术如5G、大数据、人工智能等的广泛应用，引领了沉浸式业务模式和应用场景的蓬勃发展，这种发展势头可以被比喻为新技术春雨般滋养的一片繁花似锦的生态园地。在全球范围内，新的传播场域不断拓宽，内容创作的创新潜力得以无限激发。技术赋能使得其在创新和多样化的融合发展的道路上，呈现出生机勃勃的景象。我们作为这场媒体技术革命的见证者和参与者，深深认识到，在这个深度融合的媒体新时代，内容创新成了至关重要的核心元素。而技术创新则是驱动媒体发展的动力引擎，它不仅能够提升媒体内容生产的效率，还能增强内容服务的广度和深度，从而极大地提升新闻舆论的传播力、引导力、影响力和公信力。以川网传媒为例，早在2017年，川网传媒就以“策划+技术+服务”为核心的内容生产模式，运用“大数据+算法”推荐，内容变得生动有趣。在全国两会的报道中，川网传媒引进智能机器人“小川”，策划了《小川说两会》系列新闻专题。“小川”迅速成为“网红”，其憨态可掬的熊猫造型更是受到了广大网友的喜爱。这种以创新方式展现严肃内容的尝试，激发了网友参与的热情，提高了网络用户的参与感和获得感，这是一种富有创新性的媒体内容生产模式。未来，我们期待更多的媒体能够利用新技术，创新内容形式，提升传播效果，推动媒体产业的繁荣发展。

2022年2月，中国南方报业传媒集团发布了一款名为“南方+”的全媒体客户端，它融合了包括人工智能、大数据、云计算、区块链等在内的多种技术手段，并竭力做好对移动端设备的适配，从而实现了多种媒体形态的无缝切换和交互，进一步推进了媒体融合发展。该客户端通过多种技术手段实现了自动化、个性化和场景化的内容推荐，用户可以根据自己的兴趣和需求自由定制首页及各栏目板块，实现了内容的高度匹配，同时也推动了精准广告营销的发展。另外，“南方+”还与社交平台进行深度融合，通过社交互动增强了用户黏性，打造了一个多元化的全媒体生态。

数智技术的融入与应用，既适应了融媒体的环境，也创新了新媒体作品，同时也为内容创作者提供了广阔的思考空间。智能机器人的投入，VR/AR技术的应用，在线上生成用户画像，强化互动交流，提供更精确、更便捷的服务。如江阴市融媒体中心2018年推出的“最江阴”App，依托江阴市大数据股份有限公司牵头统建的全市数据底座项目，着手建立动态用户画像，通过用户平台上的多种交互动作，获取用户的行为数据，如用户的商城购买动作、学费缴纳动作，以及每天在平台上浏览轨迹，其中资讯板块也是获取用户行为数据的重要一环。融媒体中心的工作人员表示：虽然“最江阴”算法不如“今日头条”，流量导入不如“腾讯新闻”，但背靠江阴市融媒体中心专业的采编团队，手握本地的高覆盖率，以每一次重大新闻事件首发为抓手，触发用户的交互行为，建立动态用户画像模型。用户是自发地去点击还是被动地接收推送，是中年男性偏向于城建题材还是年轻女性偏向于教育题材……用户在平台上的每一次行为，都会将用户模型更加精准化，也让属于“最江阴”App的动态用户画像逐渐清晰。2024年，“最江阴”App的注册量已超过江阴常住人口，已成为各县市融媒矩阵中，用户体量最大、客户端注册量超过微信公众号粉丝数的融媒产品之一。

二、数据驱动，实现媒体深度融合

信息技术是数字时代最重要的基础设施之一，它以海量的数据和丰富的应用场景支撑起用户获取信息的方式。数据不仅可以用于分析、预测、规划，还可以利用数据来提高生产效率和产品质量，实现“内容+服务”。政务新媒体作为政务服务、公共资源和社会治理的载体，要发挥信息传播主体、引导公众的作用，就必须将数据与政务服务紧密结合起来。数据能够帮助政务新媒体进行内容生产，政府工作人员通过对各部门及行业的数据进行采集、分析以及汇总，可以为公众提供更好的公共服务。“十四五”规划建议中指出：“要完善政府网站功能，推动政务新媒体、政务公开平台与其他形态办事渠道有机融合，提供一站式便民服务。提升国家应急管理能力水平。”其次，数据能够帮助实现信息传播。政务新媒体的内容生产主要包括内容和形式两个方面，在内容中使用数据分析技术可以得到公众关注的问题、公众对信息和事件关注的趋势、对热点问题的态度和观点等信息。这些数据不仅可以帮助受众进行信息传播，还能促进公众对政务活动和事件产生新认识，从而促进政府与民众之间更好地互动沟通。与此同时，数据能够提升用户体验。互联网信息技术已经能够帮助受众从传统媒体获取知识和资讯，但是在互联网上获取的并不是所有内容都可以被受众所理解和接受，因此需要进行数据挖掘和分析后将有用的信息加以利用来提高受众的体验。

政务服务与数据技术的融合有助于丰富政务新媒体内容形式和增强用户体验，从而提升用户黏性。以微博、微信为代表的移动端在技术上已实现与PC端内容生产的融合。移动端内容生产不仅有更大的自由度和更多个性化表现方式，而且也能够在较大程度上体现其内容特点。例如，在微博中可以使用标签、评论、转发等方式将与话题相关的内容进行展示；对于微信而言，用户通过搜索功能可以获取感兴趣的微信账号或文章。此外，还可以在移动端上利用数据分析技术进行内容挖掘和分析。同时，微博通过关键词推荐算法为受众提供了更多个性化阅读兴趣相关内容。微信中可以对用户感兴趣的话题进行智能推送，并在推送时加入评论、点赞等功能来增强消息的互动性。

在政务新媒体中使用数据分析技术可以将用户画像更加精准地呈现给公众，从而增强了信息传播的针对性和有效性。例如，在微信平台上，我们将公众分为六大群体：青年、老年、女性、农村人口、城市人口和外籍人士。其中青年主要关注于政治话题；女性主要关注于经济话题；农村人口主要涉及农村的农业生产；外来人口则关注城市居民的衣食住行等方面的问题。在此基础上根据不同用户使用习惯对公众进行分类，比如年轻人会更加关注新闻和热点话题；中老年人比较关注一些养生知识；老年人则偏向于传统文化以及传统节日和纪念日相关内容，例如重阳节等节日和纪念日。此外在对不同用户使用情况的分析中发现，城市与农村人口用户的偏好存在明显不同。如在基于数据分析的用户转化方面，就有一个比较成功的例子。2022 年 3 月起，“最江阴”App 依靠动态用户画像分析，针对年轻群体的消费习惯，选取“咖啡”为小切口，联合江阴本地十余家独立咖啡店，推出“江阴城市联名咖啡卡”，每张卡设置固定可使用杯数，用户持卡可前往任意合作咖啡店核销咖啡，平台与商户之间以到店核销咖啡杯数折算收取服务费。“联名咖啡卡”的推广，始终紧扣用户对于推送的点开、复购、分享等行为数据，细化动态用户画像，利用数据加运营策略，反复激发老用户，带动新用户，刺激消费转化。

数据分析技术还可以为政府决策提供支持，使政府决策更加科学正确，减少失误发生。技术能够为政务信息传播提供数据支撑。在互联网平台上构建政务数据模型并进行分析可以得到更多有价值的信息和洞察，进而对政府的工作产生一定指导意义。通过对相关数据进行挖掘和分析可以获得有价值的信息，为进一步完善决策提供依据，进而达到“十四五”规划建议中所提到的“增强政务公开实效”以及“完善公共服务体系”等目标。

在互联网技术基础上构建政务数据模型可以提高数据分析及利用的效率。在信息技术中可以对大量数据进行分类和筛选，这些分类和筛选的数据不仅能够反映出事物的发展趋势、不同类型的内容，还可以反映出人们对于不同主题、不同内容的偏好程度；同时也能帮助政府工作人员进一步了解民众需求，进而改进政务服务手段。因此，政务新媒体可以根据政务服务需求进行分类管理，为受众提供更多、更精准的公共服务。例如，可以利用人工智能识别技术进行内容自动分类。在微信搜索“学习强国”中有关党史学习教育内容的文章时会出现红色革命人物、历史事件等关键词。工作人员就可以根据受众在搜索相关内容时对关键词设置、搜索次数、评论字数等信息进行分析，并以此来了解潜在受众对红色革命主题类文章的偏好程度是否达到预期标准。同时也能够进一步挖掘出用户对于红色革命题材类文章更加感兴趣的原因是什么，并且进一步梳理出受众对于此类型文章更多需要关注哪些方面，以及在阅读过程中如何进行针对性阅读。通过分析数据得出结论后，使用人工智能识别技术对推送内容进行精准分类，从而更好地为读者提供服务。

另外，政务新媒体还可以在大数据平台上实现数据共享。根据数据分析结果与相关部门沟通了解公众对于当前信息传播中存在的问题，进而提出相关建议，以完善政务新媒体内容生产机制；还可以根据数据分析结果，为政府部门提供针对性服务以及政策建议。例如：针对某一事件或某一类话题进行相关数据分析，可以为其精准推送政策或服务信息给用户，从而进一步加大和改进这一主题的宣传力度。

数据分析还能为受众提供个性化服务。以“今日头条”和“抖音”为例，用户在关注“今日头条”时会将其加入个人收藏夹中，以便日后浏览时可以获得更为便捷、丰富的内容选择与推送，同时也可以通过点击按钮自动进入其他用户感兴趣的内容。这两个 App 都可以对用户进行个性化服务，从而提升用户黏性。通过数据分析，政府工作人员可以更加深入地了解民众需求以及掌握相关信息和数据；同时也可以将新的服务内容更好地展现给受众，从而获得更大收益。技术与媒体的深度融合为政务新媒体的内容生产提供了强大的支撑。政务新媒体要想实现深度融合并获得长远发展，就必须在技术上进行突破及创新。此外，通过数据分析挖掘用户需求可以了解潜在受众对于服务内容、服务功能的偏好程度与使用习惯；进而可以进行有针对性地推送；在一定程度上还可以促进优质内容生产与传播。

大数据技术可以实现对用户兴趣爱好、需求进行统计分析，形成数据库，并以此作为文化产品设计、宣传、推广的主要依据。通过新媒体与生俱来的互动特性，平台能够精准把握用户需求，并为用户推送精准化文化产品。例如在河西走廊历史文化传播当中，甘肃省与支付宝数据服务中心进行合作，以用户需求为导向发行的《城市之光》系列文旅数字纪念票，不仅具有珍藏价值，还具有艺术审美价值。此外，甘肃将新技术与文物结合，全力打造数字藏品互动服务体系，联动平凉市博物馆和天水市博物馆发行“东汉博山盖神兽纹铜樽”等数字化藏品，极大满足了文旅爱好者的个性化、多元化、趣味化需求。

政务新媒体利用数据分析技术来丰富政务内容形式，增强用户体验，并提高信息传播的针对性和有效性。政务新媒体作为政务服务、公共资源和社会治理的载体，需要将数据与政务服务紧密结合起来，以便为公众提供更好的公共服务。政务工作人员可以通过采集、分析和汇总各部门及行业的数据，为公众提供更好的服务。此外，数据可以帮助政务新媒体进行内容生产，包括使用数据分析技术获取公众关注的问题、趋势和观点等信息，并促进公众对政务活动和事件产生新认识，从而促进政府与民众之间更好地互动沟通。

三、AI 技术应用，丰富新闻传播形式

AI 技术的应用使政务新媒体传播形式变得更加丰富。“AI”是人工智能的缩写，包括自然语言处理、机器学习、深度学习、计算机视觉等分支，随着大数据、云计算、计算能力和算法的提升，AI 技术的应用范围不断扩大，其在新闻传播中也有广泛的应用。

AI 技术的发展可以追溯到 20 世纪 50 年代，但在近年来得到快速发展和应用，主要源于三个方面：一是算法和计算能力的提升。随着硬件技术的不断进步，计算能力越来越强大，算法也不断地得到改进和优化。特别是近年来，深度学习技术的引入和发展，使得 AI 技术在图像识别、语音识别、自然语言处理等方面的表现大幅提升。此外，对于海量数据的处理，也需要高效的算法支持。因此，算法和计算能力的提升是 AI 技术发展的重要原因之一。二是得益于数据的丰富和开放。AI 技术需要大量的数据进行训练和学习，而近年来，随着互联网的发展和数据采集技术的提升，数据的规模和种类都得到了极大地扩展和丰富，这为 AI 技术的发展提供了良好的条件。此外，许多机构和企业也开始将自己所拥有的数据对外开放，这进一步促进了 AI 技术的发展。最后是应用场景的不断

拓展。AI技术的应用场景越来越广泛，不仅在科研领域和工业领域得到了广泛应用，而且在日常生活中也逐渐渗透。例如，智能音箱、智能家居、自动驾驶等产品的出现，都离不开AI技术的支持。此外，在金融、医疗、新闻传播等领域，AI技术的应用也越来越广泛。这些应用场景的不断拓展，使得AI技术得到了更多的关注和投入，也为AI技术的发展提供了更多的机遇和挑战。比如：路透社采用自然语言处理技术，开发了“新闻自动化”系统，该系统可以通过分析大量数据，生成新闻报道，并将其发送到新闻机构。该系统可处理的新闻类型包括股市新闻、天气预报、财经报道等。路透社“新闻自动化”项目使得新闻报道的速度更快，同时也提高了新闻报道的准确性和客观性。《华盛顿邮报》采用人工智能技术，开发了Heliograf自动化新闻系统，该系统可以根据数据和模板生成新闻报道，主要应用于美国大选和奥运会等大型事件的报道。该项目使得《华盛顿邮报》可以更快地发布新闻报道，同时也为读者提供了更多个性化的内容。以下是一些AI技术的应用：

1. 智能语音助手

首先，语音识别和语音合成技术的发展使政务类媒体在传播内容上实现了一次“人机合一”。通过对内容进行多轮“人机对谈”，政务类媒体可以将文本转化为可视化的对话。其次，大数据和人工智能使得智能语音助手在政务类媒体平台上快速崛起。AI系统在对用户进行行为分析，并积累其数据后发现，智能语音助手能在用户与新媒体之间建立直接的联系，可以根据用户的需要提供相应服务。语音技术不仅使政务类传媒机构具备了更多个性化选择项，还使政务新媒体传播内容变得更加便捷、生动、有趣。智能语音助手的出现有效地将传统政务新媒体平台的“对话”场景进行了拓展，并通过对内容加工和发布的智能化改造实现了“人机合一”。智能语音技术的发展不仅拓宽了政务新媒体对新闻报道类型进行扩展的空间，还提升了政务新媒体与受众之间沟通互动的效率，为“政媒合一、人机结合”创造了条件。

未来，智能语音助手在新闻领域将发挥越来越重要的作用。比如个性化新闻推荐：智能语音助手可以通过分析用户的兴趣爱好、阅读历史和搜索记录等信息，为用户推荐个性化的新闻内容；实时新闻播报：智能语音助手可以通过集成新闻内容来源的API，实现实时新闻播报，让用户随时随地了解最新的新闻；自然语言处理：智能语音助手可以通过自然语言处理技术，将新闻内容转化为人们易于理解的语言，提高用户的阅读体验；智能问答：智能语音助手可以通过对新闻内容的分析，回答用户的问题，解决用户的疑问；新闻事件跟踪：智能语音助手可以通过对新闻事件的分析和跟踪，为用户提供更深入的报道和分析。

2. 语言自然化处理

语言自然化处理(Natural Language Processing，简称 NLP)是一种人工智能技术，可以帮助计算机理解、解析、生成和操纵人类语言。在新闻传播领域，NLP 技术可以帮助新闻工作者更好地处理和分析大量的非结构化数据，如新闻报道、社交媒体信息、评论、用户反馈等。通过使用 NLP 技术，这些非结构化数据可以被转换为结构化数据，从而更容易进行分析和利用。

政务新媒体需要处理大量的政务信息，包括政策法规、公共服务、政府工作报告等。这些信息通常都是非结构化的，需要通过语言自然化处理技术转换为可读的文本，以便更好地传递给公众。语言自然化处理技术可以帮助政务新媒体更好地进行信息分类和分析，通过对大量政务信息的自动分类和分析，政务新媒体可以更准确地了解公众的关注点和需求，从而有针对性地发布相关信息，提高信息传递的效率和精准度。同时，语言自然化处理还可以帮助政务新媒体进行舆情监测和分析，政务新媒体可以通过自然语言处理技术对社交媒体和互联网上的舆情进行监测和分析，及时了解公众对政府工作的反馈和意见，从而及时作出应对措施。

语言自然化处理技术在政务新媒体中的应用，可以帮助政府更好地了解公众需求和舆情，提高信息传递效率和精准度，加强政府与公众之间的互动和沟通，进一步提高政府的透明度和公信力。以下是一些语言自然化处理技术在政务新媒体领域的应用：

智能客服：政务新媒体经常会接收到大量的用户咨询，这些咨询往往涉及政策、法规、办事流程等方面的问题，需要对咨询进行分类、提取关键信息并进行回复。语言自然化处理可以对这些咨询进行智能分类和更加自然的回复，提高工作效率。

情感分析：政务新媒体在发布政策信息或回复用户咨询时，往往需要了解用户的情感倾向，以便更好地进行信息传播和服务。自然语言处理技术可以对用户留言、评论等文本进行情感分析，帮助政务机构了解用户的需求和态度。

文本自动摘要：政务新媒体发布的信息往往比较长，用户需要花费较长时间才能理解全部内容。自然语言处理技术可以对长文本进行自动摘要，提取出文章的核心内容，帮助用户快速获取信息。

智能推荐：政务新媒体可以利用自然语言处理技术对用户的历史访问记录和兴趣进行分析，从而向用户推荐符合其兴趣的信息。这种个性化推荐可以提高用户满意度和使用效率。

实时翻译：政务新媒体往往需要发布多语言信息，自然语言处理技术可以实现实时翻译，将信息快速翻译成多种语言，便于跨国传播和理解。NLP 技术可以帮助新闻机构更好地处理和分析大量的非结构化数据，从而更好地了解公众的态度和看法，更快地传达新闻信息，并且减少人工阅读的时间和工作量。

媒体深度融合需要新的传播形式。随着信息传播方式的变革，新闻传播方式也在发生着变化。这种变化涉及从传统媒体到新媒体，从纸质媒体再到新媒体技术驱动下的新媒介形式。在这样一个转变过程中，“政务+”的新闻报道形式和报道效果越来越受关注。在当前的政务新媒体平台中，“政务+”融合越来越受到重视。这一趋势既反映了政务服务对“技术驱动”的强烈需求，也反映了政府和媒体机构不断提高内容质量和传播效果的要求。

四、媒介融合的趋势要求更高的融合度

媒介融合是以互联网为载体，传统媒体和新兴媒体相互融合、相互作用的过程。传统媒体与新兴媒体的融合，就是要打破传统的信息传播方式，实现生产和传播渠道、手段、平台、经营方式等方面的全面融合。媒介融合后，内容生产环节会更加注重用户需求导向。传统媒体不仅要满足自身生存发展的需要，还要承担起推动社会进步与国家发展的重任。

政务新媒体既要满足公众对信息需求，也要满足政务服务对象对政务信息的需求；既要满足政府和公众之间的信息沟通，也要满足社会和公众之间以及与不同群体交往、互动、交流等方面的需求；既要提供优质高效服务，又要为政府和民众提供良好沟通渠道及社会治理。在此基础上推进政府与社会、公民间建立良性互动关系、形成良性循环，从而实现政府与社会和群众之间形成良好互动。从

媒介形态看，政务新媒体内容生产更注重技术创新。通过数字化升级内容生产手段，将内容传播、互动等方面的流程进行优化、简化，在确保信息时效性的同时降低政务新媒体内容生产成本。从组织形态看，通过对传统组织结构进行重构，增强服务功能，提升政务新媒体内容生产效率和传播效果。从运营方式看，通过对平台运营、用户体验进行优化升级，从而提升内容传播效果。如腾讯微信公众号推出的"微视"栏目，其目的是提升政务新媒体平台的用户体验、增强信息推送的时效性和精准性。

媒介融合是新闻传播从单一走向多元的过程，其关键在于如何处理好信息与服务、传播者与受众、管理与服务之间的关系。在媒介融合的背景下，不同载体之间的资源整合，打破了信息传播的垄断地位。媒体融合不是简单地把几个媒体放在一起，而是要打破信息的垄断和封闭状态，在不同平台之间实现"互联互通"，从而形成新的传播生态系统。如甘肃省文旅厅持续深耕"微游甘肃"微信公众号、微博、抖音、快手等新媒体平台，聚焦河西走廊丰富的文化旅游资源，通过文字、图片、视频，多角度、全方位、全媒体立体宣传河西走廊历史文化，展示河西走廊文旅新形象，扩大了"交响丝路 · 如意甘肃"品牌知名度和影响力。国家文旅产业指数实验室公布的数据显示，2022 年甘肃省政务新媒体综合传播力在全国排名第五，"微游甘肃"微信公众号，"微游甘肃"头条号、"如意甘肃"抖音号成为甘肃河西走廊历史文化传播的主流阵地。由此，媒体间从"信息孤岛"到"跨界协作"，从竞争关系走向合作关系，信息传播的垄断地位被打破，意味着传播过程中的信息交换和互动更频繁。媒体间的互动成为传统媒体与新兴媒体之间的一种交流模式，也是传统媒体在融合发展中寻求突破、转型升级的重要途径。对于政务新媒体而言，这种交流合作更为广泛，既包括政府内部不同部门、系统间的沟通合作，也包括公众与新媒体平台之间、政府与公众之间的沟通交流。不同受众之间的关系是一种相互信任和合作关系。这种相互信任、合作关系可以是良性的、建设性的，也可以是有害于双方利益和价值的，这取决于他们对对方的需求和服务要求是否了解。同时，由于受众需求多元化和信息获取的不对称性，公众更希望能在一个平台上获得多个渠道来获取信息。因此，新媒体平台需要提供多样化、差异化的服务，才能满足受众不断变化的个性化需求。同时，在新媒体时代，政府治理理念和能力的提升要求公共服务平台既要做好信息发布渠道、传播方式改革，也需要强化自身在媒体治理中的地位。

媒介融合是传统媒体和新兴媒体相互借力、共同发展的过程，二者相辅相成。媒介融合的过程是传统媒体和新兴媒体相互借力、共同发展的过程，同时也是推动传统主流媒体转型升级的关键一步。在新旧媒体相互借力共同发展的过程中推进信息传播的深度融合，其中，比较成功的就是传统渠道与新媒体平台双端获增长的案例，如在抖音平台上，广东省广播电视台旗下的南方卫视、《南方都市报》、南方+等账号，累计粉丝数超过 1.2 亿，累计点赞数超过 30 亿，累计播放量超过 500 亿。其中，南方卫视是国内最具影响力的卫视之一，拥有《奇遇人生》《非常静距离》《南方周末》等知名节目，通过抖音平台进行内容分发、话题引爆、互动营销等，实现了线上线下的双向流量转化。在媒介融合的过程中，需要注意的还有“媒介”和“用户”两个关键要素。新媒体时代，用户需要更便捷、高效的服务，传统媒体也需要适应时代需求优化内容生产和传播。二者之间是相互依存、互相促进的关系。

媒介融合带来了新旧传播模式的差异化，在新媒体时代，信息传播呈现碎片化、多样化特征，用户的需求也呈现碎片化趋势。传统媒体需要通过技术手段提升自身的传播效率，通过内容生产模式的优化提升传播效果。对此，传统媒体需要不断提高自身的内容生产、传播力，更好地适应信息传播需求。同时，“用户”也是媒介融合后新媒体的重要内容。在媒介融合过程中，“用户”成为一种全新的存在。对于传统媒体来说，受众不再只是一个单纯的信息接收者，而是成了信息生态中重要一环。

媒介融合不仅是内容生产方式的改变和优化，还包括用户使用习惯、用户群体属性等方面因素的变化。一方面，传统媒体与新兴媒体需要共同应对发展中的挑战。在信息时代，传播的主体已经由传统媒体转变为新兴媒体，受众可以通过多种渠道获得自己所需要的信息。传统媒体如何利用新技术推动信息传播渠道的拓展是新旧媒体共同面临的问题。如近年来随着“万物互联”“5G 网络”等新兴技术在生活中应用，人们对互联网的依赖程度越来越高；移动终端、平板电脑、智能手机等移动设备和社交媒体在个人生活中发挥着越来越重要作用；用户可以通过智能电视、手机或其他智能设备接收到更多的信息。这些新技术推动着受众对网络信息获取需求的变化。面对这些变化，传统媒体和新兴媒体需要共同提升对信息传播渠道的拓展能力。

在信息海量化、个性化的传播环境下，受众需要通过多种渠道获取信息服务，对此传统媒体需要进一步加强与新兴媒体之间的协同合作。另一方面，技术驱动下的新内容生产模式要求传统媒体转型升级新发展。在互联网时代，网络成为最重要的信息平台。对于政府部门来说，如何有效地利用新技术开展宣传工作是一项重要任务。同时也要关注传统媒体如何利用新兴信息平台进行转型升级、融合发展等问题。例如中国经济网、新华网在新时代背景下积极推进内容生产改革和运营机制改革创新，着力打造“政务+”“政民互动”“政务+电商”等新产品新业态；中央广播电视总台积极探索融媒体生产运营机制创新，重点扩展在社交媒体上的影响力，通过在微博、微信等平台上发布内容，CCTV与观众建立了更紧密的联系，这一沟通渠道不仅增强了观众的参与感，还为节目内容的改进提供了宝贵意见。可见媒介融合背景下传统媒体与新兴媒体在融合发展中不断寻求共赢。

同时数智技术赋能政务新媒体在媒介融合进程中起到重要作用：一是提供数据支撑，为政务工作开展注入新鲜活力；二是通过大数据分析形成对群众需求的精准洞察；三是运用大数据对舆情进行分析研判并提供专业咨询服务；四是通过大数据为公众提供更为便捷高效的服务。

新媒体技术发展日新月异，新闻从业者需要不断更新理念和技能，紧跟时代浪潮。习近平总书记指出，“要善于运用新技术新手段开展工作”。从媒介融合发展的趋势来看，传统媒体需要进行数字化转型，并与移动互联网深度结合。因此，在政务新媒体内容生产与融合传播过程中，也要积极拥抱现代通信技术和大数据。

在传播手段方面，要注重融合全平台。目前政务新媒体内容生产的主要渠道是政府微博、微信公众号以及网站。通过这些不同的渠道发布政务内容、提供政务服务是比较普遍的做法，也可以为广大用户提供更加全面、优质和便捷的一站式政务服务。随着新媒体技术的不断发展，政务部门的传播手段也在不断变化和升级。新闻从业者应该注重融合全平台，通过多种不同的渠道进行内容生产和传播，从而更好地满足广大用户的需求。政府微博、微信公众号和网站等平台都是政务新媒体比较常用的渠道，可以通过这些渠道来发布政务内容和提供政务服务，为广大用户提供更加全面、优质和便捷的一站式政务服务。同时，政务部门也可以根据自身情况，选择其他新兴媒体平台，比如短视频、直播、小程序等，来扩大传播范围，提升传播效果。

在新闻理念方面，需要重视以用户需求为导向进行信息生产发布和传播模式革新。例如通过运用人工智能等数智技术来提升内容生产效率和效果，通过社交化的用户体验来增强用户黏性等。在传统媒体和新媒体融合发展过程中，新闻从业者应该主动转变观念，积极探索更加有效的传播方式。传统媒体需要抓住数字化时代的机遇，加强与新媒体的融合，通过多元化、多媒体化的内容呈现方式来满足用户需求。同时，新媒体的发展也需要借助传统媒体的资源和经验，进行更加深入和全面的报道。

在理念上实现突破式创新是新时代对传统媒体要求最重要的方面之一，即不断创新新闻内容生产、传播方式以及服务方式来实现融合发展趋势。

从当前政务部门在新媒体时代所采取的一些举措来看，不少政务新媒体已经在观念上进行了创新：一是政务部门与数智技术结合打造全平台传播矩阵，二是通过全平台技术进行内容生产及传播，三是运用大数据、人工智能等先进技术手段进行内容营销宣传。在新闻理念上实现突破式创新需要具备跨界融合、平台协同能力，以及数字专业技能与媒体专业技能的高度融合。在内容生产方面，需要掌握更多新技术，并结合新媒体传播特点来进行内容生产。例如通过大数据分析来进行信息内容生产，利用人工智能等技术实现自动化生产。还可以利用大数据处理系统对新闻数据进行关联挖掘，根据用户的搜索行为、社交行为和习惯，实现个性化推送。此外，为了实现突破式创新，传统媒体还需要加强与互联网企业、科技公司等的合作，共同开发和运用数智技术，提升传媒产品的技术含量和创新性，同时增强媒体的品牌价值和竞争力。同时，传统媒体需要从传播方式和服务方式上进行创新，探索更加便捷、个性化、定制化的新闻服务模式，满足不同用户的需求。这些都需要新闻从业者具备跨界融合、平台协同能力，以及数字专业技能与媒体专业技能的高度融合，不断探索新的发展方向和方式。

新闻从业人员要通过不断学习，增强对主流媒体、新兴媒体和数智技术的了解。一方面，新闻从业人员要掌握新媒体制作技术，提升采编能力，掌握新媒体的生产运营方式，增强自身采编和制作的能力，才能更好地服务于政务工作。例如《浙江日报》通过微信公众号平台，对政务新媒体中的热点话题进行深度报道，并积极利用大数据、人工智能等技术对热点事件进行深入分析，让广大群众更好地参与其中。在新时代新形势下，新闻从业者要积极探索技术创新。通过数字化生产模式、全平台矩阵和内容生产机制的建设来推动媒体深度融合和高质量发展。另一方面，要增强学习能力和创新意识，善于将专业技能与技术创新相结合。新时代的新闻传播需要融合多种媒介，并结合专业知识与技术手段来生产内容。随着新媒体传播模式和技术的发展，用户信息获取渠道也更加多元化。新闻从业人员在进行媒介融合时不仅要掌握多种媒体生产形式，还要积极利用人工智能、大数据处理技术以及 AR、VR 等新技术手段进行内容生产。新闻从业者要充分发挥自身优势，主动将专业知识与新技术相结合来制作出更多优质内容。在工作中要善于总结经验，通过实践不断学习新技术、新方法。

近年来移动互联网在技术、内容和形式上都发生了很大的变化。政务新媒体要积极顺应时代发展，紧跟主流媒体脚步，需要掌握更多的前沿新闻媒体理念和内容生产技能，才能更好地服务于政务工作。在政务新媒体发展过程中，既要注重自身内容生产流程的优化与创新，也要加强对新技术应用的学习和研究。

第二节　技术赋能媒体平台，应用生产流程

一、选题与策划：基于大数据的“中央厨房”生产

政务新媒体的选题与策划是“中央厨房”式内容生产中的重要环节。在选题和策划上，政务新媒体依托大数据技术为用户提供更多个性化内容，满足用户的需求，同时也是对内容生产的再次“加工”。大数据技术可以通过分析海量的用户数据，了解用户的需求和兴趣，为内容生产者提供更加精准的选题方向建议及竞品情况汇总。例如，政务新媒体可以利用大数据技术分析用户在社交媒体上的关注点、搜索行为、阅读习惯等，结合社会热点和政府工作重点，精准地定位选题和策划内容。在 2023 年年末掀起的文旅热潮中，一批政务新媒体打造适合于新媒体传播的文化符号——“流行语”和网络“梗”，出现模因传播的效果。在这次的政务新媒体大战中，频出的流行语、网络梗，喊麦宣传都是模因传播的典型

表现。比如，“尔滨”“小土豆”“小砂糖橘”等称谓，在网络上制造了巨大的话题和热度。山东文旅发布的喊麦式音乐视频《都是东，同根生》，音乐节奏感强，文本上通过倒装梗、通俗语获得了广泛的关注。据称发布第一天就上了热搜 TOP 榜，24 小时内在官方各平台播放量达到 4000 万人次。大数据技术还可以为政务新媒体提供实时的舆情监测和分析，及时掌握公众对政府工作的反应和意见，帮助政务新媒体调整选题和策划，更好地满足公众需求。

政务新媒体还可以利用大数据技术分析用户在不同平台上的行为和兴趣，跨平台进行内容生产和推广。例如，政务新媒体可以通过分析用户在微博和微信等平台上的搜索行为和关注点，为用户提供更加符合其需求的内容，并利用不同平台的优势和特点进行内容推广，实现跨平台传播和覆盖。如广西新闻网就推出了“广西新闻网民记者”平台，以微信、微博、手机等多种渠道，招募、培训、管理网民记者，让他们参与新闻的采集、报道、监督中，实现了新闻的共生、共荣、共赢。此外，政务新媒体还可以借助大数据技术进行竞品分析，了解同行业其他媒体的优劣势和用户需求，提高选题和策划的精准度和针对性。

在政务新媒体选题和策划方面，还需要注意保持与政府工作的紧密联系，及时把握政策法规和社会热点，为公众提供权威、及时、精准的信息和服务。就拿文博机构来说，在传统的公众认知中，博物馆的日常工作充满了未知与神秘，如今在新媒体时代，文博机构巧妙利用互联网新媒体主动向公众揭开博物馆日常工作的神秘面纱。从日常布展到田野考古，从传统的文物修复手艺到科技赋能考古，诸多文博机构通过发布考古队工作人员的考古 vlog、与主流媒体制作文物修复纪录片、由考古研究人员出镜讲解其日常研究所采用的科技手段和智能工具等形式，主动向公众传播考古知识、考古技能、考古文化。例如，由故宫博物院独立出品的纪录片《故宫新事》讲述了博物院启动“养心殿研究性保护项目”闭门谢客期间修缮文物的故事，该片在哔哩哔哩上线后广受好评，截至 2023 年 10 月，播放量高达 127.7 万次。政务新媒体需要深入了解政府工作和社会热点问题，紧密结合工作实际和公众需求，积极开展选题和策划工作，提供更加有针对性和实用性的内容和服务。

总之，基于大数据的“中央厨房”生产模式是政务新媒体内容生产的重要创新之一，利用大数据技术可以更好地满足公众需求，提高内容生产的精准度和针对性。政务新媒体需要不断加强技术创新和人才培养，提高数字化和媒体化素养，加强跨界融合和平台协同，不断探索新的内容生产和传播方式，为公众提供更加优质、丰富、便捷的政务信息和服务。

二、信息采集：技术的加持，为内容生产提供强大保障

(一)人脸识别技术

人脸识别技术的应用极大地提升了政务新媒体的信息采集能力。人脸识别技术是指通过捕捉、分析用户的面部特征，进而达到身份确认的目的。政务服务通过与人脸识别技术进行结合，可以有效提高身份验证效率。首先，人脸识别可以进行身份确认。例如："高学历"是一个重要的信息采集标准。在"高学历"数据采集过程中，大数据、云计算等技术手段不仅能为其提供个人背景信息，而且还能为身份验证奠定基础。对于一些与本人长相相似的人来说，可以用身份证信息验证个人身份，最后一步是认证完成后对数据进行保存。例如，公安部门在办理出入境业务时也会使用该应用工具中的人脸识别功能。其次，人脸识别功能可以在移动端应用场景中使用；比如在一些场景中需要用户不离开办公地点进行工作，这时该功能就能派上用场了。一些场景中涉及移动端App对用户的人脸采集后通过数据分析对其进行"画像"：首先是年龄阶段与性别数据；其次是位置数据分析、年龄段信息等；最后是人脸特征属性信息(五官形状、唇形、脸型等)分析结果(左右脸型比例)。根据这些信息对用户进行分类，进而为其提供针对性服务：比如针对不同年龄阶段与性别的用户提供了不同程度、性质的个性化服务；针对老年人群体提供了"养生服务"；针对年轻用户群体提供了"娱乐服务"等等。

以上种种场景在移动端应用场景下都能派上用场：对于一些需要了解个人情况的群众来说，其对人脸识别系统所具有的便捷性是显而易见的；对于部分无法完成人脸识别操作的人群来说，这一功能则有效地降低了他们获取信息资源和信息服务的成本；对于一些不能进行人脸识别操作或者无法直接进行人脸识别操作的人群来说，移动端应用"智能人脸"技术还能帮助他们解决这些问题。

（二）大数据

大数据技术是一种能够处理大规模、高维度、多样化、快速变化数据的技术和方法。它不仅仅包含大数据的存储和管理，还包括数据的处理、分析和应用等环节。大数据技术可以处理各种类型的数据，包括结构化、半结构化和非结构化数据，例如传感器数据、社交媒体数据、网络日志等。它可以通过各种分布式计算技术和算法来快速地分析和挖掘海量数据，发现数据中的规律、趋势和模式，为决策提供支持。

在政务新媒体的信息采集工作中，大数据技术具有重要的意义。政务新媒体需要从各种渠道收集、整理和处理海量的数据，如政府公告、新闻报道、社交媒体信息等等。传统的信息采集方法需要耗费大量的人力、时间和资金，并且难以处理海量的非结构化数据。而大数据技术可以通过自动化的方式来快速地收集和处理数据，降低了采集成本和提高了效率。同时，大数据技术可以对数据进行分析和挖掘，发现数据中的规律和趋势，为政务新媒体提供更多有价值的信息。例如，政务新媒体可以通过分析用户在社交媒体上的关注点、搜索行为、阅读习惯等，结合社会热点和政府工作重点，精准地定位选题和策划内容。通过大数据技术的支持，政务新媒体可以更加高效地完成信息采集和内容生产的工作。具体而言，大数据技术在信息采集中可以实现以下功能：

数据的自动采集和处理：通过使用大数据技术，政务新媒体可以自动地采集和处理来自不同数据源的信息。例如，政务新媒体可以通过自动爬虫程序采集公众在社交媒体上的观点和反馈，实现对公众舆情的及时了解和反馈。

数据的快速分析和挖掘：大数据技术可以帮助政务新媒体快速分析和挖掘收集的数据，从而发现公众的需求和关注点，为新闻选题和内容策划提供有力支持。例如，政务新媒体可以通过大数据技术分析用户在社交媒体上的关注点、搜索行为、阅读习惯等，了解用户的需求和兴趣，为选题和策划提供参考。

数据的可视化展示：大数据技术可以将收集和处理的数据通过可视化的方式呈现出来，从而帮助政务新媒体更直观地了解公众需求和行为。例如，政务新媒体可以使用数据可视化工具将公众的反馈和意见转化为图表或热力图，帮助新闻编辑更好地了解公众态度和看法。

数据的实时监测和反馈：大数据技术可以帮助政务新媒体实时监测公众的反馈和意见，从而及时调整选题和内容策划。例如，政务新媒体可以通过实时监测和分析公众在社交媒体上的反馈和评论，了解公众对政府工作的反应和意见，及时调整选题和策划，更好地满足公众需求。

因此，在如今智能媒体时代，政务新媒体可依托海量数据和智能算法，进一步洞察用户需求，实现精准画像，进而开展更加细致化、精准化的政民互动。如共青团中央打造的政务新媒体矩阵，特别是其建设的“青年之声”系统借助智能分类技术，能够同时对全国各级“青年之声”的热词云图、热点分布、数据对比和网民情绪进行分析处理，在内容审核、信息抓取、分类、推荐与问答等功能上均实现智能化，使其与青年群体之间的关系更和谐、友善、互信，互动传播效果良好。

（三）机器翻译

机器翻译技术是指将人工翻译结果通过机器转化为人类可识别的文字。基于大数据技术和深度学习算法，机器翻译能够将语义层面的理解转换成更加自然、流畅的表达。

随着我国综合国力和国际影响力的提升，中国与世界各地之间的交流日益频繁，国际影响力不断增强。作为中国政府对外宣传的重要窗口，政务新媒体平台不仅需要在内容上做好“对外输出”工作，更要将国内民众所关注的热点话题通过新媒体平台进行发布、宣传，以满足公众对国家外交政策、文化知识等方面的需求。但值得注意的是，我国各政务平台在使用机器翻译时并没有形成统一的规范机制。一些地方政务信息发布存在不规范现象：语言表达、翻译工具等均不一致。各政务平台在使用机器翻译时要根据具体要求来规范使用翻译标准。另外，在使用机器翻译时要注意翻译质量问题，应将文本中带有错误提示符号的句子删除；对某些语句进行模糊处理；不应出现歧义语句，如错别字、多字和病句；不可在标题中出现“政府新闻”等带有倾向性表述。换言之，由于机器翻译技术的局限性，它往往无法捕捉上下文语境、词汇多义性、语法复杂性等问题，翻译质量不稳定。所以，机器翻译结果需要人工校对和修正，以保证翻译的准确性和流畅性，这会增加翻译的时间和成本，也会涉及隐私和安全问题，需要采取相应的数据保护措施。

机器翻译可以自动化地完成大量翻译任务，从而提高翻译效率、缩短翻译周期、提高翻译的实时性和准确性。机器翻译可以在一定程度上降低翻译成本，因为它可以代替人力完成一些简单、重复性和低价值的翻译任务。机器翻译可以支持多种语言的翻译，从而满足政务新媒体在多语种信息处理和传播方面的需求。

机器翻译在技术赋能政务新媒体方面具有一定的优势和劣势，政府机构可以根据实际需求和情况，合理地应用机器翻译技术，以提高政务服务的效率和质量，促进政务数字化转型和创新。

（四）爬虫技术

网络爬虫技术是一种自动化的程序，通过模拟人的浏览行为，访问网站并获取网站上的信息。网络爬虫通过网络协议访问网站的页面，提取网页中的内容、链接、图片等信息，并将这些信息整合起来，形成结构化的数据集。这种技术可以大幅度提高数据的采集速度和准确性，避免了人工采集过程中的疏漏和错误。

在政务新媒体的信息采集工作中，网络爬虫技术可以帮助政务新媒体获取各类政策法规、新闻资讯、公开信息等大量公共数据。政务新媒体可以根据需要，利用网络爬虫技术定向爬取指定的网站或者网页，获取相关数据。例如，政务新媒体可以利用网络爬虫技术定期爬取政府官网、新闻网站，获取政府工作报告、新闻资讯等信息，用于后续的分析和内容生产。同时，政务新媒体也可以利用网络爬虫技术监测舆情动态，及时掌握公众对政府工作的反应和意见，有针对性地进行内容生产。爬虫技术在政务新媒体信息采集中可以实现以下几个功能：

自动采集数据：利用爬虫技术可以自动化地采集政务新媒体的数据，包括新闻、政策、法规、公告等各类信息。自动采集数据可以提高数据采集的效率，减少人工采集的成本和误差。

实现信息监测：利用爬虫技术可以实现对政务新媒体的信息监测，监测政府工作的进展和公众反应，为政府决策提供数据支持。通过对政务新媒体的实时监测，政府可以更加准确地了解公众对政府工作的态度和需求，及时调整政策和舆论引导。

数据清洗和处理：利用爬虫技术可以对采集到的数据进行清洗和处理，去除重复、无用、错误的数据，提取有用信息，对数据进行分类、标记和归档，为后续的数据分析和利用提供清晰、准确的数据基础。

自动化推送：利用爬虫技术可以实现对政务新媒体的内容自动化推送，将有价值的信息自动推送到相关的平台和用户，增强政务新媒体的传播力和影响力。例如，政府可以将重要政策和法规通过爬虫技术自动推送到社交媒体上，让更多的公众了解和关注。

网络爬虫技术可以帮助政务新媒体快速、准确地获取各类公共数据，为后续的信息处理和内容生产提供基础。同时，网络爬虫技术还可以实现自动化的信息监测和分析，提高信息采集的效率和准确性。

(五)语音合成与播报

政务新媒体在播报信息时，除了采用文字、语音等方式，还可以采用视频等多种形式。近年来，随着5G技术的成熟，以及视频制作的日益普及，语音合成和播报也开始应用于政务新媒体中。在政务新媒体的语音播报中，有两个关键的技术要点。

一是通过音频算法获取到声音数据信息。在使用音频采集工具时，可以在数据集上添加或减少声音文本标签(如姓名、性别等)。二是利用语音合成技术将生成的声音与真人发出的声音进行混音与合成。该功能可以实现声画完全同步化，也能够实现对视频素材进行语音实时合成、转写和播报。该功能对于文字、图片和音频均可实现同步化。在政务新媒体的视频播报中，有两种方式可以使用到此技术：一是利用人脸识别技术获取到人脸信息之后进行实时图像采集工作；二是通过人脸识别技术获取到图像后进行实时合成工作。在当前视频监控中运用比较广泛，在公安、消防、交警等部门开展视频巡逻时可以通过AI+VR视频监控实时查看工作情况；利用人像采集技术结合人脸识别和图像识别技术，对民警工作时的状态进行实时监控与采集；通过AI+MR混合现实技术可以实现“看到什么”“你有没有觉得很无聊”等信息的播报。

语音合成不仅可用于政务新媒体报道中的音频播报和语音播报，还能在日常生活中用于聊天、通话等场景。比如：用户可以通过语音对讲功能和亲朋好友沟通；也可通过拨打语音电话等方式与家人朋友沟通；还可通过语音对讲功能与同事交流工作内容和心得体会。

三、加工与编辑：数字化加工，提高内容生产的精准性

（一）内容生产："中央厨房"为内容生产提供有力支持

首先，对采集到的信息进行加工。政务新媒体在发布政务信息时，要做好发布前的数据处理工作，保证信息内容准确、全面与权威。在加工时，要注意选择适宜的方式方法进行加工，并对加工后的内容及时进行发布前的检查校对。例如，通过大数据分析与可视化工具，对相关信息进行分析研判，并为用户推送个性化、精准化的信息。通过智能推荐技术对重要新闻进行筛选与排序，提供权威、客观信息，引导用户主动获取有效信息。针对不同层级的用户需求设计个性化的智能推送内容。如2022年北京冬奥会期间，各地区政务新媒体通过大数据技术，实现了奥运场馆及周边重点区域的精准定位与推送，提升了各地区新闻报道的精准度、有效性。在新冠疫情期间，各地政务新媒体利用大数据分析技术对疫情动态监测预警和分析研判，及时发出相关信息提示与权威信息提示，引导广大群众有序开展疫情防控各项工作。

再次，对发布前的材料进行编辑和整理。政务新媒体在发布信息时要注意避免因发布前大量准备材料、数据收集而导致内容杂乱无章的情况发生。例如，2018年12月20日的《河北雄安新区："2018年度工作总结"出炉！》一文中，对雄安新区成立两年来的主要工作进行了全面回顾，并总结了2018年重点工作，其中包括交通、教育、医疗等民生保障。但在正式发布前，相关部门却需要提前准备大量的材料。材料不仅包括文字材料，还包括图片资料；既有表格，也有照片、视频资料；既有纸质材料，也有电子档案。这些材料在发布前需要进行简单编辑整理后才能正式发布。2022年3月1日，中国国家卫生健康委员会政府微博发布了一篇名为《2021年全国药品不良反应监测工作情况》的文章，利用数据分析技术对全国药品不良反应监测工作进行了全面回顾和总结，详细介绍了监测工作的进展和成果，并对2022年的工作提出了计划和建议。该文章使用了数据可视化工具，通过图表和图像的方式生动直观地呈现了药品不良反应监测的各项指标和数据分布情况，提高了文章的可读性和说服力。此外，该文章还通过引用权

威数据和科学研究成果，增强了文章的权威性和可信度。

最后，制作专题、扩大影响力和传播效果。政务新媒体在制作专题时，可利用“中央厨房”对相关信息进行编辑、整理与组合生成专题文章，通过对专题中所包含内容做进一步加工和处理可以使信息更加具有吸引力与感染力。政务新媒体内容生产在“中央厨房”中完成，并将成品发送到各个“厨房”。这就需要对政务新媒体相关人员进行专业培训与指导，培养专业型政务新媒体人员对网络技术的应用能力，以提高政务新媒体人员的整体素养与水平。在生产过程中通过“中央厨房”实现专业化生产也能提高内容生产效率与质量。这就需要借助数字化技术与设备来提高制作能力，如利用人工智能、大数据等技术对采集到的数据信息进行分类加工处理、制作各种视频及动画。通过优化数据加工处理方式能使政务新媒体人对所采集到的信息有更加深刻全面的认识，并能进一步实现在平台中传播相关知识，如视频中出现某些敏感字眼需要及时修改或删除。

（二）内容加工：提升内容的呈现效果和传播效率

政务新媒体平台不仅是一个信息传播的平台，也是一个互动交流的平台。通过“中央厨房”式的内容加工，可以提升政务信息传播的效率，同时还可以通过用户评论、点赞等互动形式，提高内容本身的质量。首先，在政务信息的传播中，政务新媒体账号在发布内容时应当遵循一定的“时间轴”。通常来说新发布的消息应于次日上午8时前抵达用户，以便用户及时获取政务信息。其次，在发布内容前需要对信息进行一定程度的加工、提炼。通常来说，在发布信息时，政务新媒体账号应首先进行文字和图片的加工，对文字稿件中所涉及的关键信息和背景进行标注，使其更易被用户接收。然后，根据所需内容对文章进行排版设计，在保证内容简洁的前提下尽可能地增加细节、丰富元素。最后，在文章的呈现形式上应尽量做到图文并茂。政务新媒体账号发布信息时可以采用图片、音频、视频等方式进行呈现，但这并不意味着只有图文才能传递信息。政务新媒体应尽可能地运用更多生动形象的表达方式及图片等形式进行内容呈现。一般来说，在政务新闻报道中有一种常见形式是由某一话题引起的“大事件”。

在传统重大主题报道中，近年来，伴随着ChatGPT和Sora等生成式人工智能的迅速发展，部分政务新媒体突破了“规定动作”，开始尝试基于算法、模型、规则等，自动生成文本、图片、声音、视频等内容。如国务院办公厅中国政府网运行中心运营的政务新媒体“中国政府网”在2024年全国两会期间推出的海报作品《我问AI：2024年的中国长啥样?》，以及工业和信息化部政务新媒体“工信微报”2024年7月推出的视频作品《我国新能源汽车市场占有率达32.5%》，均为采用生成式人工智能技术创作的融媒体作品。

不同平台会有不同类型、不同风格等内容特征。政务新媒体可以根据发布形式、发布渠道等方面将自身分类为新媒体平台和传统媒体平台。传统媒体平台发布内容时一般会采用图片、视频等方式进行呈现；新媒体平台则注重文字表达、图表演示等表现形式。在政务新闻报道中，传统媒体平台具有一定的权威性和公信力，因此其内容的质量也会更高。但是传统媒体平台往往是单一形式呈现，且缺乏互动。因此，新媒体平台发布内容时需在保证专业性、权威性的前提下使内容更加丰富、多元化。此外，新媒体平台在设计上也应更加人性化。与此相对，对于政务新媒体而言传统形式所展现的是较为客观、全面的内容及形象，且时效性较强。

（三）数据处理：助力平台功能开发

数据处理主要包括数据整理、图表生成和信息录入等工作。原始数据的收集主要是对文章、视频等内容素材进行拍摄收集，并对所拍摄的素材进行整理、生成原始素材目录。通过使用图片处理软件对收集的素材进行编辑，生成符合要求的图表、文字等形式的内容。这些素材经过整理后，就可以成为数据来源。数据整理包括对数据进行处理和分类。在发布过程中，为了保证信息的准确性和完整性，对于素材需要进行相应分类。在对素材归类时可根据用户需求、信息内容等进行分类，也可以按照时间、地点、人物等不同维度对素材进行归类。在文章制作过程中，可根据需要对原始素材进行分类和提取数据，从而为后期平台功能开发提供重要支持。图表生成是指利用图形处理软件制作并发布图表等内容。图表生成可分为三个步骤：一是将图片按照要求裁剪、旋转后形成新的图片，然后在原图基础上添加文字说明；二是根据表格格式在Excel中设置好数据模板并调整好格式；三是将生成的图片和相应的表格导入到Excel软件中，进行数据录入。这方面澎湃新闻旗下“澎湃美数课”公众号就做得比较好，如2022年至2023年5

月“美数课”栏目共发布的48篇时政类新闻报道中，有15篇报道采用了创意图表的形式，通过颜色深浅和色块大小来体现事件频率。而偏向政策类的时政新闻，更倾向于使用表格和思维导图进行报道，如《至少四地取消生育结婚限制，非婚生育不等于放宽落户》一文中，利用表格对全国各地有关放宽生育登记的要求和政策进行了明确梳理和总结。

信息录入主要包括两个步骤：一是按照要求输入相关文字；二是对表格和图片中的内容进行修改(调整、编辑、删除、替换等)。信息录入不仅包括文字内容，还可以包括图像及声音内容。图像即为文字内容的一种表现形式，它通过像素大小、颜色等对图像信息进行处理，从而形成一幅画面。在发布文章时可根据需要选择不同方式添加图像并对其进行编辑。除图文信息外，文字信息的编辑还包括对标题、正文等部分内容进行设置以及插入音频、视频等效果功能的设定。音频是指利用耳机、音箱等设备播放并保存声音的形式。音频信息可对文章标题、正文开头、结尾等部分内容进行设置，以便于读者更好地阅读。视频即为音频信息的一种表现形式，可以用来播放视频内容，如对图片中的内容进行添加，也可以将视频插入文章中。

在文章的制作过程中，由于时间紧迫或者任务繁重等原因，可将一些简单而重复的数据进行删除。在数据整理过程中应遵循一定规律，对所需信息进行分类和整理。平台功能开发可以结合平台自身情况和功能需求合理设定。

第三节　技术赋能内容呈现，沉浸用户新体验

一、数智技术对内容生产的影响

(一)数据的收集、分析

数智技术对内容生产的影响之一是数据收集和分析。数智技术可以帮助政务新媒体收集和分析海量数据，从而更好地了解用户需求和兴趣，制定更加精准的内容策略，提高内容的质量和效果。数智技术提供了强大的工具和技术来收集和分析海量数据，包括但不限于自然语言处理技术、爬虫技术、人工智能等。政务

新媒体可以利用这些技术来收集和分析用户在社交媒体、搜索引擎、政务网站等渠道上留下的各种数据，如搜索关键词、浏览历史、评论、点赞、转发等，从而了解用户的需求、兴趣、态度和反馈。政务新媒体还可以通过数据分析找到用户的痛点和需求，以便更好地满足用户需求。数据收集和分析不仅可以帮助政务新媒体制定更加精准的内容策略，也可以帮助其提高内容的质量和效果。通过数据收集和分析，政务新媒体不仅可以获取各种数据，包括用户访问量、用户来源、用户行为等等，政务新媒体还可以了解用户的阅读习惯、偏好和喜好，从而设计更加吸引用户的内容，提高用户留存率和转化率。政务新媒体还可以通过数据分析来监测自己的内容质量和效果，从而及时调整内容策略和优化内容生产流程。

除此之外，数智技术还可以帮助政务新媒体进行数据挖掘和预测分析，数据收集和分析不仅能够帮助政务新媒体了解用户的兴趣和需求，更能够通过对数据的深度分析，得出更加准确的用户画像，从而更好地把握受众群体的心理和特征，提供更贴近用户需求的内容，以便政务新媒体在内容创作和宣传推广方面更具针对性和前瞻性，从而提高用户黏性和忠诚度。以“最江阴”App上人才服务的政务功能为例，人社局的此类奖金一直处于少人申请的状态，很多符合标准的人才也不知道自己是否可以申领。明明是大福利，“最江阴”App上的申领入口却一直遇冷。针对此问题，运营团队主动对接用户需求，以“人才服务”为主题，设置人才“全生命周期”管理，根据优选人才名单，匹配平台后台数据，做好人群分析，完善人群建模，并在对应的时段给对应人群推送奖补申请、人才公寓申请、对口企业招聘等信息，让用户从登录客户端开始，便进入了由“最江阴”App为之提供的全流程服务体验。数智技术还可以帮助政务新媒体进行趋势分析和预测，预测未来可能出现的热点话题和政策方向，从而提前做好相关的内容准备和宣传推广，更好地满足用户需求和提高内容的关注度和传播效果。

（二）内容生产与用户体验

数智技术的发展让政务新媒体在内容生产和用户体验方面有了更多的创新和提升的可能性。通过数智技术，政务新媒体可以采用更多元化的媒体形式，例如视频、动画、VR等，来展示政策、宣传、服务等内容。这些新的媒体形式可以为用户提供更加生动、直观、互动的体验，增强用户参与感和满意度。数智技术还可以帮助政务新媒体提高内容的质量和效率。政务新媒体可以利用数智技术的工具和平台来进行内容的制作、编辑和发布，从而缩短了内容制作的周期和成本。同时，数智技术也可以帮助政务新媒体更好地了解用户需求和反馈，及时调整和改进内容。例如在河西走廊历史文化推广当中，甘肃省利用云技术打造了“云旅游”服务平台，并推出“甘快出发”“宅家游丝路”等主题活动，平台累计发布10.5万个与河西走廊历史文化关联的旅游短视频，播放量超22亿次。同时，利用云平台为文旅爱好者提供产品介绍、景点讲解、路线规划等服务，极大提高了文化传播受众主体的满意度。数智技术还可以帮助政务新媒体提高内容的质量和效率。政务新媒体可以利用数智技术的工具和平台来进行内容的制作、编辑和发布，从而缩短了内容制作的周期和成本。同时，数智技术也可以帮助政务新媒体更好地了解用户需求和反馈，及时调整内容、优化用户体验、提高用户满意度。

内容生产方面，数智技术为政务新媒体提供了更加多样化和灵活的内容生产方式。通过数智技术，政务新媒体可以采用各种创作手段，如视频、动画、VR、AR等，将信息以更加生动、直观、互动的形式呈现给用户。同时，数智技术还可以为政务新媒体提供各种创意表现方式，如数据可视化、互动式内容等，使政务信息更具有吸引力、趣味性和实用性。这些创作手段和创意表现方式不仅可以满足不同用户的需求和喜好，同时也可以提高用户对政务信息的关注度和信任感，从而提升内容的传播效果和影响力。例如，在推广城市旅游方面，政务新媒体可以借助虚拟现实技术，让用户通过VR眼镜或者智能手机，在虚拟的城市中自由漫游，感受不同景点的美丽和历史文化。另外，数智技术也可以让政务新媒体灵活地运用图片、视频、音频等多媒体技术，提高内容的趣味性和生动性，从而更好地满足用户的需求和兴趣。如长沙市杜甫江阁景区小程序中，就有录制好的湖南广电主持人汪涵、省金牌导游的英文版讲解语音，为游客提供内容各异的语音导览。此外，在内容生产方面，数智技术还可以让政务新媒体更加高效地进行协同创作。例如，利用云存储、远程协作等技术，政务新媒体可以轻松地进行跨地区、跨部门的合作，提高工作效率和内容质量。

在用户体验方面，数智技术可以让政务新媒体提供更加个性化、智能化和交互化的服务。数智技术的发展带来了更加智能化和交互化的内容生产方式，同时也为政务新媒体提供了更多的机会来提升用户体验。政务新媒体可以利用人工智能技术对用户进行个性化推荐，根据用户的兴趣和行为习惯推送相应的内容，从而提高用户满意度和留存率。此外，数智技术还可以为政务新媒体提供更加便捷的交互方式，例如智能语音交互、虚拟现实技术等，让用户更加方便地获取所需的信息和服务。这些技术的应用可以帮助政务新媒体提高用户体验和用户黏性，从而提高品牌知名度和影响力。

个性化服务：通过数据收集和分析，政务新媒体可以了解用户的个性化需求和兴趣爱好，为用户提供更加符合其需求的内容和服务。例如，政务新媒体可以根据用户的历史浏览记录和搜索行为，推荐相似的文章、政策解读等内容。

智能化服务：政务新媒体可以利用人工智能和机器学习技术，对用户的访问行为、搜索记录等数据进行分析，从而提高信息的准确性和可信度，为用户提供更加智能化的精准服务。例如政务新媒体可以使用自然语言处理技术，实现智能问答服务，解答用户提出的问题。

交互化服务：政务新媒体可以通过数智技术，为用户提供更加丰富、生动、有趣的交互体验。例如，政务新媒体可以开发互动式应用程序或游戏，让用户在游戏或应用中了解政策、政务等信息。此外，政务新媒体还可以利用虚拟现实和增强现实技术，为用户创造更加沉浸式的体验，提高用户对政务信息的参与度和理解度。

二、视觉化呈现

视觉化呈现是新媒体时代政务新媒体内容生产的主要方式，在图片、文字、动画、视频等元素中，文字与图片是最为常用的呈现方式。随着互联网的发展，图片、文字、动画等呈现方式日渐成熟，进一步拓展了新媒体时代的信息传播方式。随着视频技术的不断发展，视频与图文相结合的内容呈现方式更加多样。

文字是人们阅读新闻最直接的方式，在视觉化呈现中被广泛应用。在数智技术赋能下，动画可以更加直观地表达信息、表达情感，让人们感受到与传统阅读完全不同的感受和体验。在图片中加入文字或视频，可以使传播更加生动、形象，也更具趣味性。如中央电视台的 2022 年北京冬奥会倒计时 100 天宣传片。该宣传片通过文字、图片、动画和视频相结合的方式，生动地展现了北京冬奥会的场馆、赛事和文化特色。其中，动画元素占据了很大比例，通过简洁、流畅的动画形式，将场馆、奖牌、冰雪等元素表现得十分生动。同时，视频元素也很突出，通过航拍等方式展现了北京冬奥会的壮丽景象，给观众带来了更加震撼的视觉效果。这个宣传片的视觉化呈现让观众更加直观地了解北京冬奥会的举办情况，也让观众对这个盛大的赛事充满期待。

数智技术还推动了动画与视频等形式向视觉化呈现发展。传统媒体中受到一定限制的动画、视频等形式往往会更受欢迎，而其优势在于画面感强、视觉冲击力大。相对于静态图片、文字信息来讲，动画和视频更具有生动性，能够更加形象地向人们展现复杂而宏大的内容信息及情感态度倾向。数智技术赋能下的视觉化呈现具有以下优势：一是可视化程度高；二是可反复观看；三是表现形式多样化；四是能够有效避免用户流失。例如在短视频异军突起的 2018 年，5 月 18 日“世界博物馆日”当天，国家博物馆等七家博物馆与抖音合作推出的 H5 作品“第一届文物戏精大会”，潮州窑白釉观音立像、三星堆的青铜人头像、三彩陶三色马、陶武士俑等文物化身“戏精”刷屏朋友圈，达成了破圈传播效应，为新时期的文博传播注入全新动力。

数智技术的发展为视觉化呈现提供了更多的创新可能和技术支持。在政务新媒体中，视觉化呈现的形式越来越多样化，如动画、视频、虚拟现实等。这些形式可以更加直观地呈现信息，使得信息更加生动、形象、具有感染力，从而更容易引起读者的关注和共鸣。例如，政务新闻发布会上，通过播放动画、视频等形式，可以将政策解读、新闻发布等内容更直观地展现给公众，增强公众对政策的理解和接受度。此外，在政务新媒体的宣传推广中，视觉化呈现也可以起到很好的效果。例如，政府部门在宣传旅游资源时，可以通过视频、VR 等形式，将旅游景点、文化特色等生动地呈现给游客，吸引更多的游客前来旅游。如：2022 年北京冬奥会和冬残奥会的开幕式采用了数智技术赋能下的视觉化呈现。开幕式使用了大量的数智技术元素，包括高科技 LED 互动地板、数字投影、全息投影等，通过多种形式呈现了中国的文化和科技。其中，数字投影将国画和数智技术融合，展示了四季的景色和春夏秋冬不同的气象。全息投影呈现了神秘的天坛，配合着精美的音乐，让观众仿佛身临其境。这些数智技术元素不仅让开幕式更加壮观震撼，也向世界展示了中国数智技术的创新能力和水平。因此，数智技术赋能下的视觉化呈现在政务新媒体的信息传播中起到了越来越重要的作用。

同时政务新媒体在运用图文、视频等呈现方式进行内容生产时要注意以下几点：一是使用合适的视觉化呈现方式，二是利用合适的文字表达形式，三是充分发挥不同表现形式之间相互结合与补充的优势。政务新媒体要想更好地满足用户需求就必须充分利用数智技术所带来的优势，使其更好地满足用户体验，增强信息传播效果。在此基础上，政务新媒体还要积极创新内容生产方式与表达方式，从而更好地实现信息传播效果。一方面，要充分利用好数智技术所带来的优势，对传播方式进行创新，从而使用户获得更加高效、便捷、优质的信息内容和服务；另一方面，要不断更新政务新媒体的内容生产方式与表达方式，从而使其能够更好地满足用户需求。

三、功能升级

（一）根据用户个性化需求提供定制服务

由于政务新媒体受众主要是本地的居民，在一定程度上存在地域限制，这就要求政务新媒体需要根据用户个性化需求提供定制服务，如开发“个性化界面”、推送当地新闻等功能。再例如，上海市黄浦区推出“黄浦区个性化定制新闻服务”，根据不同人群的需求定制新闻内容，使服务更具个性化和针对性；成都市在新媒体平台推出了“今日成都”频道，用户可以在微信上查看成都近期发生的大小事，还可以根据自己的喜好调整内容；江苏省南京市基于 App 开发了“小布互动”功能模块，为用户提供附近商户查询、查公积金等服务；而甘肃省政务新媒体则是将政务服务与电商结合，面向个人用户推出“甘肃电商直通车”小程序，根据不同地区用户的购物偏好和消费能力提供个性化服务。这些个性化定制服务不仅可以提高传播效果还能为用户带来更好的体验。目前，许多政务新媒体都提供了“定制”服务，如广东省的“粤省事”小程序，就是一款为群众提供定制服务的移动应用程序，包括公安、交通、医疗、社保、就业等 15 大类上百项便民服务，并提供办事指南和办事进度查询。

(二)实现平台功能共享

新技术为政务新媒体带来了用户和信息资源，如何实现平台间的互联互通是政务新媒体面临的重要问题之一。比如，各部门发布的内容都会存储在平台中，但各部门所使用的服务器不一致；在数据量较小时，各部门会相互共享数据；而当数据量较大时，可能会造成系统拥堵或者“数据孤岛”现象。在此背景下，政府需要建立统一平台进行信息共享和服务调用。目前，许多政务新媒体已经实现了政务信息公开和平台功能共享。比如，我国于 2022 年推出了全球首个数字人民币试点项目。该项目涉及多个政府部门和金融机构合作，实现了数字货币的发行和使用。政府通过建立统一的数字人民币平台，实现了信息共享和服务调用，同时也为公众提供了更加方便和安全的支付方式。

数字人民币是中国央行发行的一种数字货币，其试点项目覆盖多个城市和地区。政府通过与多个金融机构合作，建立了数字人民币的发行和使用平台，实现了信息共享和服务调用。在数字人民币平台上，政府部门和金融机构可以共享数据和服务，使得数字货币的发行和使用更加高效和安全。

数字人民币试点项目的实施，不仅提升了中国支付领域的数字化水平，而且还为全球数字货币的发展提供了借鉴和参考。通过数智技术的应用，政府部门和金融机构可以实现更加智能化和高效的数据管理和服务提供，从而提高政务效率和公众服务水平。这说明数智技术在政府领域中实现平台功能共享的重要性和实践意义。

又如，湖北省建设的“长江云”移动政务新媒体平台，是将舆论引导与意识形态管理、政务信息公开、智慧民生三者融为一体的综合性新媒体信息服务枢纽。“长江云”移动政务新媒体平台联通“智慧湖北”建设，建立起全省舆情应急管理系统，并将网络问政的“回复速度”“满意度”等数据作为研判舆情、考核部门工作效率的重要指标。这就需要政府内部和民生事务有关联的各部门打通数据壁垒，提高沟通效率，做到信息同步、事务联办，方能让“数据流动”代替“群众跑腿”。

（三）利用区块链等技术提升互动性

区块链技术可以确保政务信息、商业信息等在传播过程中不被篡改、丢失或破坏，同时保证其可追溯性；通过多节点的分布式账本技术可以保证参与节点数量与记账成本同步，因此可有效提升互动性。但政务新媒体的参与性仍存在一些不足，如政务新媒体平台上部分文章无法阅读，这就极大影响了用户参与互动。以上海“问政平台”为例，它通过大数据技术采集并分析各部门发布的政务信息，然后根据用户的实际情况匹配对应部门。但由于各部门发布的信息较为分散，并且受到时间和空间等因素影响，很多信息无法得到有效利用。因此，政务新媒体要尽可能地设计出更多的交互功能，让用户充分地参与进来。对此，上海“问政平台”采用基于区块链的智能合约技术和电子签章技术，当用户进入“问政平台”后会被自动匹配至对应部门。例如上海市交通委员会在“问政平台”中开设了“电子合同网上签”功能，将原本由窗口提供的纸质合同数字化并上传到区块链平台，即可在线签约。由于政务新媒体运营过程中涉及部门众多且不稳定因素较多，这就需要政务新媒体及时地获取相关信息以提高服务水平。

（四）利用5G技术提升传播效果

5G具有大带宽、低延时的特点，未来政务新媒体可能会利用5G技术进行数据传输和信息交互；同时伴随着云计算技术的发展以及物联网等相关设备和系统的部署，政务新媒体的内容生产也将迎来智能化升级。例如，基于5G技术的区块链技术可以确保政务信息、商业信息等在传输过程中不被篡改，并且其可追溯性和不可篡改性还可帮助政府提高信息管理的效率。此外，5G技术可以实现3D场景再现，将虚拟现实、增强现实等技术融合在一起，增强了用户体验；5G网络还能为VR、AR等提供基础的网络支撑。另外，人工智能正在向各个行业渗透发展；随着物联网等相关设备和系统的部署，物联网技术也将为政务新媒体提供智能化服务。例如，广东省在新媒体平台中推出了“粤政易”小程序，其通过基于深度学习的智能机器人帮助政务新媒体完成相关工作。该系统可以根据用户的查询和需求，为用户推荐相关领域的新闻或知识，还可以在相关领域进行知识问答；而对于用户在查询过程中需要提供的信息，智能机器人将会通过自然语言处理技术为其提供相应的信息。

(五)实现多模态交互与自动理解

随着数智技术的发展，以自然语言处理、计算机视觉为代表的人工智能已在众多领域发挥出重要作用；在智能机器人等新技术赋能下，以语音和文本为主的传统交互方式逐渐被替代，多模态交互方式正在兴起。例如，百度、阿里巴巴等公司在智能机器人领域的技术水平已经达到了甚至超越了人类的水平；而在智能机器人发展过程中，最具代表性的是图灵测试。图灵测试是指通过人类向电脑提问，如果电脑超过30%的回答让测试者无法判断是人类所答还是电脑所答，则电脑通过测试。而在未来，我们也可以借助机器对用户进行感知和理解并主动作出相应反应。人工智能等新技术赋能政务新媒体后，将会使用户对其内容产生更高层次的理解，用户在使用过程中也会主动反馈使用感受。因此，未来政务新媒体对技术应进行更广泛和深入的应用，为用户提供更好的体验。比如：微软在2022年推出了新一代语言 AI 模型 Turing NLG，该模型可以自动生成自然语言文本，并具有超过人类的语言理解能力。该模型可以在多种应用场景下使用，例如机器翻译、语音识别、自然语言生成等。此外，谷歌也在 2022 年推出了新一代语音识别模型 Transcribe，该模型可以实现更准确的语音识别和语义理解，使得用户可以通过语音来与政务新媒体进行多模态交互，进一步提升用户体验。这些最新的人工智能技术的应用，将有助于政务新媒体实现更加智能化、多模态化的交互方式，提高用户对其内容的理解和接受度。

四、优化用户体验

目前，在移动端和社交平台的新媒体用户体验中，用户在页面设计、操作便利性、交互界面、信息发布形式等方面都有了更高的要求。

从页面设计来看，政务新媒体移动端在应用场景上更加强调简洁易用，强调功能性和实用性。政务新媒体平台的移动端页面多采用扁平化设计风格，采取简洁的色彩搭配和简单的元素设计，在视觉上给用户带来了清爽整洁的感觉。从交互操作来看，政务新媒体移动端在操作便利性方面得到了提升，诸如目前主流政务新媒体已经普遍提供了图文直播、图文 H5、在线互动等功能模块。这些功能可以帮助用户解决一些基础性问题，但也存在不少改进空间。如目前很多政务新媒体 App 还无法支持使用语音播报、视频直播等功能；许多功能还没有实现数据可视化和自动化；部分平台和功能仍然需要通过人工审核才能使用。从交互界面来看，政务新媒体移动端界面设计简洁而美观，具有很高的辨识度。但是在交互过程中，存在一些不友好的界面设计，如以点选菜单代替点击或按钮、没有弹出反馈或者无法联系客服等。另外，部分新媒体平台在信息发布中没有明确的标准和规范，如常见的“转自”“原创”等字样出现在哪些情况下就属于违规操作。此外，对于一些语言和文字错误需要及时修改，如不能在文章开头和结尾标注“转自”等字样；对于一些明显错别字应该给予更多的提示；对于一些敏感词汇需要进行标注，以避免造成麻烦。

从信息发布形式来看，传统的纸质文件受到一定限制，所以很多政府机构选择通过微博、微信公众号等社交媒体平台来发布信息。而以微博和微信公众号为代表的新媒体平台已经成为新闻舆论工作的主要阵地之一，可以通过微博微信及时发布权威信息；同时新媒体平台具有更强的交互性和用户体验性，能够与用户进行更多形式上的沟通交流。例如政务微信公众号中有很多原创内容和深度报道都是由用户对新闻事件进行评论和参与讨论产生的。另外在与用户进行互动方面，社交平台上也可以与受众展开实时交流、即时反馈来加强舆论引导能力。此外，微信公众号、微博、抖音等平台上也能够及时发布政府信息，各平台的内容发布都是实时的，能够快速引导舆论。

总体来看，目前我国政府机构已经基本建立了以微博、微信和新媒体平台为代表的政务新媒体矩阵。在各新媒体平台上，政府机构主要通过发布各类权威信息来加强舆论引导能力。当然，新媒体平台上的内容并不仅限于政务信息或政务活动的报道，还有许多原创文章和深度报道由用户来生产和传播。因此，对于有较强影响力的新媒体账号来说，可以通过粉丝经济来进一步强化其影响力；而对于很多普通用户而言，也可以通过社交媒体来参与公众话题讨论中来。

第四节　数智迭代新模式，缔造生产新未来

一、技术赋权：从用户思维到数据思维

在“人人皆媒”的时代，用户思维已经成为政务新媒体内容生产的必要思维。未来政务新媒体要继续在大数据、人工智能等数智技术加持下，从用户思维转变为数据思维，成为连接政府、社会和用户的智慧桥梁，在互联网平台上“问政于民、问计于民”，打造更加智能化、精准化和人性化的政务服务。一方面，要将大数据、人工智能等新技术作为新的生产力，创新政务新媒体运营方式。结合大数据、人工智能等技术手段，开发个性化服务功能，为不同用户提供精准的信息服务和个性化服务。同时，通过智能计算进行信息分发、数据收集分析等活动，不断改进政务新媒体的运营和管理。另一方面，要利用大数据提升政府治理能力。借助大数据构建分析模型，挖掘有价值的社会信息数据，为政府科学决策提供参考依据。同时利用人工智能技术辅助智能推荐政务信息和服务内容，不断提升政府决策的精准性、科学性和可预见性。

同时要将用户思维与数据思维有机结合。充分运用大数据对用户进行画像，做到“知彼知己”“对症下药”；重视在网上民意调查中收集的网络舆情大数据、政策效果监测平台收集的反馈数据，为政务新媒体内容生产提供决策参考。另外，要把数据思维贯穿于政务新媒体运营各个环节。在信息发布环节，运用大数据挖掘用户画像，借助智能算法向用户精准推送信息；在信息传播环节，运用大数据、人工智能等技术让用户自主完成信息接收操作；在用户反馈环节，运用大数据收集用户意见和建议，对反馈结果进行分析并及时采取优化措施。如此形成良性循环，将真正实现“信息找人”和“人找信息”。尤其是对互联网热点事件、舆情的分析研判，更加有助于引导舆论、疏导情绪、化解矛盾。最后，要把大数据思维贯穿于多平台推送的每一个环节中。政务新媒体推送要充分利用大数据对用户行为进行分析并对其喜好进行预测，从而实现多平台推送和精准营销。

目前主流政务新媒体大多集中于基于社交平台建立的微信公众号和微博账号等，用户通过这些渠道发布信息后若要向其他平台进行推送则需要登录特定页

面。在这种情况下，用户对政务新媒体内容发布后如何向其他平台推送很难自主完成操作。因此，要充分运用大数据让用户自主完成多平台推送的工作。从政务新媒体发布到用户接收，再到推送，每一环节都运用大数据思维让用户自主完成，真正实现“数据多跑路、群众少跑腿”。

从社交媒体时代到政务新媒体时代，传播媒介技术日新月异。当下数智技术已成为生产力，而且对其他任何技术而言，它都是一个强大的驱动力。从这一视角看，政务新媒体作为一种重要的社交手段和传播载体而存在并发展至今，已不是“内容生产者”的概念了。随着社会发展的需要和科学技术的不断进步，未来政务新媒体将会更加智能化、个性化和人性化。

未来政务新媒体要从单一的“内容传播”向“内容生产”与“内容服务”并重转变；从单一的“政府单向信息公开”向以受众为中心的“双向互动交流”转变；从单一的政务信息发布向多层级综合服务转变。政务新媒体作为政府的喉舌，一方面要保障公民参与权、知情权、表达权和监督权，另一方面也要关注网民的精神文化需求和文化心理感受，以更人性化的方式吸引公众关注，增强社会凝聚力。因此未来政务新媒体在内容生产上应更加注重对互联网用户思维模式的培养，注重其个性化需求、情感交流及社会化互动，以“服务”为本，让公众通过新媒体平台“看新闻、查政策、问民意”。此外要借助数智技术来推动政务新媒体建设，不仅要实现政务新媒体在内容生产方面由用户思维向数据思维转变，而且还要实现政务新媒体在运营管理和服务方面由内容生产向数据赋权转变。大数据、云计算、人工智能等数智技术正在迅速发展，从以前的互联网时代到现在的数字时代，已经形成了一个全新的时代。互联网成为推动人类社会发展的重要动力，而大数据是以海量数据为基础、以信息技术为支撑、以创新应用为特征、以知识管理为方法，对经济社会发展具有广泛而深远影响的颠覆性技术。

政务新媒体作为政府的喉舌和信息交流平台，在全面深化改革过程中，要通过大数据等技术手段推动政府内部组织结构创新和运行机制变革传统的政府管理模式具有管理主体单一、信息不对称等缺陷，这些缺陷会导致政府效能低下。而大数据的应用对改进政府运作方式、提高管理效能具有重大作用。大数据作为新的生产要素，使政府职能转变到提供公共服务和创造良好发展环境上来，为推进政府职能转变带来了新机遇。通过整合各部门信息系统，建立信息共享机制，可有效地打破部门界限和行政壁垒，提高决策水平和办事效率。如工业和信息化部2023年8月上线的“工业和信息化部政务服务平台”小程序，优先将企业群众使用频次高、适宜在移动端办理的事项“实现掌上办”，包括96项服务指南和结果信息的查询、12项大厅办理事项的预约，以及5项调查自测类事项的办理。同时，通过大数据技术手段提高政府精细化管理能力；通过大数据手段促进行政审批制度改革；以大数据等技术手段促进社会治理结构创新；以大数据等技术手段推进国家治理体系和治理能力现代化。

二、内容转型：从受众定位到精准定位

随着数智技术的发展，受众群体和信息来源也发生了巨大变化，用户选择信息的标准也随之发生变化，这意味着传统政务新媒体内容生产理念和方式也必须进行相应的调整。

政务新媒体通过整合媒体资源、平台资源和服务资源，为用户提供更加精准、专业的服务。对于受众定位的转变，主要体现在对用户需求的满足和对用户数据的利用上。对于政务新媒体而言，要想获得更多的关注、获得更多的信息，需要更加精准地把握用户群体及其需求。而基于数据的精准定位，可以帮助政务新媒体提高传播效果。在数智技术支持下，政务新媒体可以针对用户行为特征和内容偏好等进行信息挖掘和分析，进而为用户提供更加精准的服务。如微信公众平台根据微信号、好友、标签等属性对账号进行细分之后，可以更加准确地了解到受众群体的兴趣爱好和关注重点等信息。现已有研究发现，微信公众平台上的粉丝具有一定特征：粉丝中女性占60%左右；从年龄层来看，25—34岁是粉丝中较集中的年龄段；从学历来看，硕士研究生学历人群占到了近7成；从职业分布来看，公务员、国企职工及事业单位人员在微信公众平台上居多。

基于此，政务新媒体可以针对不同年龄阶段、职业群体、教育背景、性别等用户需求进行精准化传播服务。具体而言，对用户进行细分和画像的过程，就是精准定位的过程。然而，精准定位的实现离不开用户数据的有效利用。政务新媒体作为政府和公众之间信息沟通交流的桥梁，对数据处理要求较高，如果数据不能有效利用，则将会给政务新媒体带来严重损失。用户是新媒体内容生产和服务的根本出发点，也是目标导向。在新媒体环境下，用户信息传播、行为习惯等都

具有很强的个性化特征。

随着数据技术应用范围的扩大，通过分析用户数据得出合理、有价值的信息是重要的研究课题。政务新媒体在这方面拥有较多经验和优势，可以结合自身特点，有效利用用户数据，实现精准定位和高效传播的方式方法。如政务新媒体可以通过针对不同受众群体需求进行精准推送，来获得更好的传播效果。在研究的案例中，数据分析技术可以为政务新媒体提供很大帮助。因为用户数据是用来分析的，而分析就是为了优化，即通过对用户的数据分析可以得到用户最基本的特征，如年龄、性别，以及更深层次的属性。通过这些信息可以进一步了解用户的消费偏好、消费习惯等。通过对用户进行进一步细分，可以得到更有针对性的服务信息，从而提升政务新媒体的传播效果。而基于上述对用户数据进行利用所形成的不同细分群体，就是受众画像。

基于新梳理的受众画像，一批政务新媒体开始突出“人”的因素，使账号具有个性化、亲民性特征，打破了政务媒体的刻板印象。首先，各地文旅局的官员从幕后走到台前，出现在宣传当地美食美景的视频中，展现了不一样的官员形象。他们不再仅仅是文旅事业发展的政策制定者和规划者，而是直接走上前台，成为当地文旅事业的代言人和宣传者。这种走向前台的媒体实践行为打破了关于政府、政府官员、政府媒体的刻板印象，其表现出的亲民性收获了众多网友的支持。其次，各地的文旅政务新媒体纷纷对自己采用拟人化的昵称。这种拟人化使政务新媒体更具人性化色彩，既带有地域特色，也更加亲切，增强了传播力。

从技术层面来讲，数据分析技术可以帮助政务新媒体实现精准定位和高效传播，从而以受众为中心提供更好的服务。通过将数据分析技术与传统信息服务相结合，政务新媒体可以更好地为受众服务。具体而言，数据分析技术通过对用户画像分析可实现以下两个方面的应用：一方面是为受众群制定相关分类标签和类别库以方便相关信息推送；另一方面是基于受众需求对后台用户进行推送优化。这两方面的应用都需要在分析用户数据的基础上进行。如通过对受众群体的分析，为其制定类别标签、了解受众群体特征、确定与之相匹配的推送内容。当然，在实际工作中也有不少政务新媒体以传统方式开展工作，如与当地媒体合作进行推送信息。但这种合作仅是一种简单的复制粘贴，或转载其他媒体平台内容的做法，这种简单操作很难满足受众需求。政务新媒体想要真正实现精准定位和高效传播，则必须要学会“借力”发展，充分利用既有的资源优势获得更多关注或更好内容。通过数据分析技术，不仅可以扩大政务新媒体受众范围，以提高其影响力和传播效果，还可以让政务新媒体有能力提供更精准的服务。比如，截至2022年12月，黑龙江省已经建成省级电子政务云平台、政务云监管平台，加快推进了电子政务外网升级，数字政府建设基础支撑体系初具规模；建成省市两级政务数据共享平台，累计汇聚政务数据3.2亿条，政务数据共享有序推进；建成全省政务服务一张网和评价系统，实现与多地“跨省通办”，政务服务体系不断完善；业务领域网络化、数字化、智能化支撑能力逐步提升，体制机制逐步理顺。

三、场景拓展：从本地服务到全域服务

数智技术的进步不仅提升了用户体验，也重塑了用户习惯。通过拓展功能场景，实现“从本地服务到全域服务”的理念转变，能够增强公众对政务新媒体的黏性。

一是平台融合拓展功能场景。当前政务新媒体平台繁多，各有侧重，功能边界不清，新媒体平台之间的功能相似，处于同质化竞争状态。各地政务新媒体对各自平台上的政务服务进行了简单整合，但这种“整合”并没有解决各平台间功能不协同、不互补的问题。在“互联网+”时代，跨界融合是发展趋势。只有打破数据壁垒，才能实现功能场景拓展，提高服务水平。在信息传播中缺乏有效的整合和衔接。通过平台融合拓展功能场景，可打破不同政务新媒体之间的壁垒，实现平台之间的数据共享和资源整合，有助于更好地为公众提供服务。同时整合多个平台和工具，形成生态体系。当前，在我国的政府管理中，政府部门和企业等机构都有不同的应用软件。这些软件之间缺乏数据共享和整合，彼此互不兼容。这会导致政府机构难以实现精准决策，企业无法精准营销，民众则无法精准获得服务。而跨界融合可以打破这一困境，实现各平台之间的资源整合、数据共享和相互协同。政务新媒体可以在此基础上构建一个融合平台生态体系，为政府和企业提供多样化的服务场景。

政务新媒体平台生态体系既包括自媒体账号、政务App、公众号等平台系统以及云计算、大数据等基础设施系统，还包括用户个人信息安全体系等标准规范

和制度保障体系。政务新媒体多属于政府部门所属机构或事业单位，而一些企业和个人开设的自媒体账号具有较强的商业属性。对这类账号而言，要想打通数据壁垒就需要将政务信息与企业信用等数据对接起来。通过构建政务新媒体平台融合生态体系，可将政务新媒体打造成一个可以汇聚多维度数据信息的综合性平台。比如在疫情防控期间，浙江省台州市建立了“健康码”和“一码通”两个平台以方便人员跨省流动，促成建立健康码互认机制；北京市朝阳区推出了“防疫通”手机 App 和朝阳区政务服务网站的“健康云”小程序，实现了疫情防控和居民日常工作生活一体化管理；江苏省连云港市建立了“健康连云港”微信公众号、市卫健委官网等多个应用系统及电子病历系统等基础设施资源库等平台。

在生态体系中，各种功能具有关联关系，单个平台无法解决全部问题。比如在疫情防控期间，需要居民外出做好防护和减少接触以有效阻止病毒传播，这就需要政府提供各种服务信息；再比如个人的工作和生活涉及多个部门或单位，各部门和单位也会发布一些信息作为回应。通过一个平台难以解决所有问题。同时不同平台之间存在数据壁垒问题。

二是移动化场景拓展。移动互联时代下用户习惯于使用移动终端获取信息和服务，以“5G+AI+大数据”为代表的新一代数智技术加速渗透到社会生活各个领域，为政务新媒体拓展应用场景提供了技术基础和机遇。相较于传统政务服务，移动化场景具有时效性强、覆盖面广、互动性好等特点。在疫情防控期间，针对复工复产人员流动性大的特点，不少地方政府建立了“健康码”系统，有效加强了对外来人员的管理，推动了人员流动。当然，这种移动化场景不仅局限于疫情防控期间，随着 5G 时代的到来，5G 将成为政务新媒体拓展场景的重要载体。有研究发现在 5G 时代下，将会有越来越多的移动化场景出现。如远程医疗、智能政务、远程教育等业务形态都会不断产生新的需求。基于此，可以从教育、医疗和政务等三个领域切入场景拓展，通过数智技术与政务服务相结合进一步提高服务效率和服务水平。

三是融合多元平台，打造全域服务。目前，很多地方政府部门在政务新媒体的建设中都会将当地媒体平台作为主要资源支撑。但在实际工作中，除了政务新媒体自身的平台，一些地方政府还会依托其他政务新媒体平台来推广政务信息。如在疫情防控期间，湖北省襄阳市政府微信公众号“襄阳发布”推出了新冠防治咨询平台，免费为公众提供权威的防护知识、疫情防控政策、疑似病例上报流程等信息。湖北省宜昌市政府微信“宜昌发布”在 2 月 11 日开通了“微政务”平台，联合卫健委，提供包括疫情咨询、政策法规、健康科普等在内的 5 大类 80 多项便民服务功能。除“微政务”平台外，还有如湖北省荆门市的政府微信“荆门发布”、湖北省咸宁市的政府微信“咸宁发布”以及湖北省宜昌市卫健委官网等政务新媒体平台。在这些平台上提供的服务内容大同小异，主要是关于医疗卫生、健康科普等。这些不同的平台具有不同的定位和特点，形成了各自独特的传播生态和功能定位，但相互之间缺乏融合。在融合过程中，需要统筹整合不同政务新媒体资源，充分发挥各平台的独特优势。首先，要加强资源整合，对功能相似的平台进行合并同类项处理；其次，要依托多元平台提供服务，依托政务新媒体本身拥有的数据资源优势实现政务信息共享和业务协同；再次，要发挥不同平台功能互补效应，从各自擅长的领域入手为用户提供服务。

四、用户体验：从技术支持到体验提升

“数字时代的新政务”是传播实践的发展趋势，也是未来政务新媒体建设和运营中亟待思考与解决的重要问题。在数智技术支持下，“政府+政务新媒体”成为政务传播新模式，不但从内容、形式上适应了数字化时代发展的需求，也从整体上提升了政务传播的质量和水平。我国政务新媒体借助数智技术的发展不断实现内容创新和表达方式创新。一方面，我国政府积极运用微博、微信等新媒体平台发布公共政策，提升政府公共治理能力；另一方面，各类政务新媒体在互联网中发挥着舆论引导和群众联系的作用，推动了“两微一端”等平台建设与发展。基于数智技术在内容、平台和用户三个层面的应用，提升用户体验成为未来政务新媒体运营中一个重要发展方向。

在技术层面，数智技术使得政务新媒体应用更易操作和创新。如随着智能手机的普及，微信公众号、微博等政务新媒体平台已成为人们获取信息和参与公共生活的重要途径，政务新媒体平台也通过社交化和个性化的信息传播为公众提供更便捷的服务。以微博为例，其通过“微博话题”“关注”等功能实现与粉丝之间的沟通互动；以微信为例，通过“朋友圈”等功能实现了朋友圈社交功能，提高了人们在使用政务新媒体平台中的黏性。

在用户层面，通过社交化和个性化的数据分析与用户洞察，构建精准化、精准化和人性化的服务模式，促进信息精准推送。数智技术使得政务新媒体在内容方面的创新更加便捷，从文本形式到多媒体形式，政务新媒体向多样化发展。一方面，通过图片、声音、视频等多种形式，借助人工智能等手段，为用户提供个性化和人性化的服务；另一方面，借助移动社交媒体平台进行用户洞察、沟通互动、关系营销等活动将提升政务新媒体在用户心中的形象与地位。数智技术推进了政务新媒体在信息传播中以服务为主的形式向以数据为主的形式转变；同时促进了政务新媒体之间的联动合作，形成强大而广泛的传播合力。

与数智技术发展相适应，“未来的政务新媒体不仅仅是一个平台，而是要为政府、企业和公众提供完善的服务”。当前阶段下，提升用户体验是政务新媒体运营的目标导向之一。在数字时代背景下，企业不仅需要了解政府和公众需求动向及偏好特点等信息，向其提供个性化服务能力以满足其发展诉求；政府也需要利用数智技术来创新信息传播方式提升用户体验、精准对接用户需求。在此过程中，政务新媒体除了在形式上要创新外，更需要通过技术创新来实现。在数字时代背景下，公众对于政务新媒体的需求也已由基础的信息服务向多元、优质、高效的个性化服务转变。随着数智技术的快速发展和应用，“互联网+政务服务”也成为推动政务新媒体发展的一个重要方向。通过对信息进行智能化处理，将信息主动推送到用户手中，让政府与用户之间的联系更加紧密，实现由“线下”向“线上”的转变。同时利用数据技术对信息进行科学分析与处理将为用户提供更加精准化、定制化的个性化服务，实现由“人找服务”向“服务找人”转变。

目前我国在“互联网+政务服务”领域已有一系列政策出台，如《关于加快推进“互联网+政务服务”工作的指导意见》《“互联网+政务服务”技术规范》《关于全面推进网上办事大厅建设与应用工作有关事项的通知》等。2019 年 10 月 24 日，国务院办公厅发布了《2019 年全国政务公开工作要点》；2020 年 4 月 19 日，国务院发布了《关于加快推进“互联网+公共数据”应用实施方案》。“互联网+政务服务”是“互联网+政务公开”的延续，是推进政府治理能力现代化的重要举措。“互联网+政务服务”与“两微一端”(微博、微信、客户端)形成了移动终端上的综合性服务平台，也是提升用户体验的重要途径。2020 年 8 月国务院办公厅发布了《关于进一步加强政府网站信息内容建设的若干意见》，提出“把政务新媒体作为政府信息公开、政策发布、向公众提供服务的重要渠道”。据此，《亳州晚报》着力增强主流媒体的市场竞争意识和能力，探索建立“新闻+政务服务商务”的运营模式。早在2013年，《亳州晚报》与亳州市人大常委会合作，运营管理“亳州市人大常委会网站”，从网站架构到页面设计，从栏目设置到内容编发，提供“一站式服务”。此后，亳州晚报又先后与亳州市政府、亳州市政协开展合作，为亳州市政府网、亳州市政协网提供内容监测和运维服务。如今，《亳州晚报》抽调骨干采编人员组成“发布团队”，围绕市委、市政府中心工作，将“亳州发布”内容运维纳入报社“一次采集、多元发布”的全媒体采编发体系中，坚持“绝对准、相对快”的编发原则，确保发布信息内容的权威性、准确性、时效性。“亳州发布”新媒体平台充分运用多媒体技术手段，编发了数百条阅读量超10万的作品，拥有粉丝近百万。新时期我国政务新媒体运营的发展需要不断探索基于数智技术的应用创新，通过建立更加开放、动态、透明、便民的政府网站体系，整合政务新媒体资源，推动“两微一端”等政务信息公开平台与基层便民服务平台整合建设，打造线上线下功能互补、同步运转的政务新媒体矩阵和政务公开平台，提升在线服务能力，扩大政策传播覆盖范围和受众群体，用数智技术优化用户体验。

五、技术赋能，展望未来

数智技术在我国政务新媒体的应用还处在起步阶段，如何将数智技术更好地融入政务新媒体的建设与运营，是需要解决的问题。我们认为，一方面，要立足国情，运用好数智技术；另一方面，要把数智技术融入政务新媒体的建设与运营。通过推动不同类型的政务新媒体之间的互通互融、相互联动和资源共享，扩大政务新媒体的服务范围，提升用户体验。而随着新闻出版单位与互联网企业、技术公司合作不断深化发展，我国建设了一批具有一定影响力的新闻出版单位和网络公司。以今日头条、一点资讯和微博为例，三者均是由传统媒体转型而来的网络平台公司，在内容生产环节都具备很强的数智技术能力。因此，我们认为未来可以从以下几个方面，扩展我国政务新媒体技术赋能模式：

一是以大数据技术为支撑，构建政务新媒体大数据平台，提供一站式的解决方案，为政府进行科学决策、精准治理提供参考。大数据是新时代的信息革命的重要成果，已成为推动经济社会发展的基础性战略资源。随着数据价值越来越凸显，数据资源已成为社会生产、生活、治理重要的要素之一。政务新媒体平台以大数据技术为支撑，不仅能整合其他部门、单位和个人共享的政务信息资源，还能将政务信息、社会公共服务等应用进行聚合，并提供个性化智能推荐和精准服务。

二是以区块链技术为核心进行内容管理模式创新。目前仍有不少区块链应用存在着技术缺陷和应用空白，未来应进一步加强对区块链技术的研究和应用，实现由单一中心向多方中心转变；在设计上要避免“一刀切”；加强对区块链技术相关法律法规的制定和完善。一方面，可以以区块链技术为核心，运用区块链技术建立统一的政务新媒体平台，实现跨部门、跨地区的信息资源共享。另一方面，可以将区块链技术运用到电子政务平台建设中去，为政务新媒体平台构建统一的区块链技术服务基础设施。要提高社会对区块链技术的认知程度和接受程度，尤其是要做好宣传引导工作。以目前已经建成并运营的“全国政务新媒体监管平台”为例，它基于区块链技术构建了一套监管体系和平台服务体系，同时这也是我国第一个“区块链+”模式建设的监管平台。未来应逐步建立统一标准，规范制度和行为准则，规范政府网站建设和管理。

三是通过大数据平台为政务新媒体提供移动终端信息服务与监管工作支撑。政务新媒体平台的移动终端已经成为民众获取政务信息的主要渠道，以今日头条为例，其用户数量已经超过6亿。未来，可以考虑建立一套手机终端信息服务与监管体系。通过将政务新媒体移动客户端统一接入全国政府网站普查系统，形成一套全面、及时、准确的政府数据统计分析机制。同时，通过将相关技术手段和信息共享机制应用到移动终端，实现对民众移动终端的内容检索、信息发布、在线办事、互动交流等功能，推动移动服务向基层延伸。另外，还可以通过建立数据分析系统和智能辅助决策系统来支持相关工作人员对民众舆论进行科学管理。目前我国一些部门或地方政府正在尝试将微博、微信等社交平台引入政务新媒体平台；未来可以考虑通过建立数据分析系统帮助政府部门更好地掌握民众需求以及舆论导向。再就是建立全国统一的政务新媒体平台，实现区域间信息互通共享。我国政务新媒体平台之间的互联互通问题，以及地区间经济发展不平衡和资源分配不均等问题，阻碍了不同类型政务新媒体的高效对接与合作。未来，可以考虑通过建立全国统一的政务新媒体平台来推动地区间资源共享，并加强对地方特色政务新媒体平台的建设和运营。

四是建立集新闻采编、评论撰写、编辑加工、审核发布于一体的全流程融媒体生产平台，通过整合各类型媒体资源实现新闻信息跨媒体传播。未来，可以通过整合新闻媒体资源和行政资源，利用大数据技术对政务信息进行科学分析，推动政务新媒体平台与传统媒体的融合。例如通过搭建集新闻采编、评论撰写、编辑加工、审核发布于一体的全流程融媒体生产平台，整合各类型媒体的采编力量和人才资源，进行技术支持和内容审查；借助大数据分析技术实现对民众诉求的科学管理与分析。从传统单一渠道向"全平台""立体化"转变，打造一个全国范围内融合共享的一体化平台。可以考虑从全国范围内挑选一批具备丰富经验、业务能力和媒体资源的融媒体人才，建立一个融媒体人才培训基地。同时，在全国范围内建立一批符合全流程生产需求的融媒体工作坊，在各平台、各部门之间推广应用，并定期组织培训，不断提高相关工作人员的业务能力。

五是利用大数据分析和人工智能等技术手段对公众需求进行精准化定位，构建人性化服务平台。例如通过建立舆情监测系统对社交网络舆论热点进行分析并对可能产生的舆情进行研判；通过建立舆情监测系统，对网民的在线行为进行监测，判断舆情走向；通过建立新闻舆情预警系统和应急处理系统来加强对舆论的引导工作。未来还可以采用人工智能技术实现用户画像，实现以用户为中心的精准服务。通过搭建智能推荐平台，来实现个性化和精准化服务；通过搭建智能语音平台，根据不同用户的身份属性和实际需求提供针对性服务；通过搭建"智慧政务"平台，了解公众的行为特征，判断民众在获取政府信息方面的需求，为其提供更个性化的服务，从而进一步满足用户的需求；通过建立大数据监测系统，来了解公众在获取政务信息方面的需求。

六是在内容生产方面，政务新媒体可以探索机器学习和自然语言处理技术，提高内容生产效率，同时可以结合人工智能技术实现智能推荐、个性化定制等功能，更好地满足用户需求。政务新媒体可以应用机器学习和自然语言处理技术来辅助人类编辑和审核，从而提高内容生产效率和质量。机器学习可以让计算机自动学习并识别出数据中的规律和模式，例如在政务新媒体的内容审核中，机器学习可以用来自动识别非法、有害或不恰当的内容。自然语言处理技术可以帮助政务新媒体进行语义分析和理解，从而更好地理解用户需求和对信息的搜索，有助于提高信息匹配和推荐的精度。

七是政务新媒体可以加强与社交媒体的融合，利用社交媒体平台实现更广泛的信息传播和用户参与。例如，利用微博、微信等社交媒体平台开展政务问答、在线咨询等活动，提高政务信息的互动性和参与度。除了社交媒体平台，政务新媒体还可以与其他数字化平台进行融合。同时，政务新媒体也可以探索利用大数据和人工智能技术实现舆情监测和分析，及时掌握公众的反馈和意见，从而更好地为公众提供服务和解决问题。此外，政务新媒体还可以探索利用区块链等技术，保障信息的安全性和可信度，提高信息发布的透明度和可靠性。总之，技术赋能政务新媒体的发展，将为政府与公众之间的沟通和互动提供更加便捷、高效、贴心的解决方案。

八是政务新媒体可以结合 5G、物联网等技术，推出更多的智慧城市解决方案，为城市治理和公共服务提供更加高效、便捷的解决方案。例如，利用 5G 技术实现智能交通管理，提高城市交通流畅度；利用物联网技术实现智能环保监测，提高城市环境质量。此外，政务新媒体还可以借助人工智能技术推出智能城市管理解决方案，涉及智慧公共安全、智慧教育、智慧医疗等方面，为城市提供更加全面的公共服务。同时，政务新媒体还可以通过可视化技术和大数据分析，为城市治理提供更加科学、精准的决策支持，实现城市治理的智能化和数据化。

从以上内容来看，目前我国政务新媒体仍处于发展阶段，同时在内容生产环节中还存在着诸多问题。但是，不可否认的是，随着数智技术的快速发展和对电子政务建设的不断推进，我国政务新媒体的发展前景广阔。政务新媒体通过不断进行技术创新和技术赋能，不仅可以推动我国政府管理体制改革创新，提高政府治理能力和公信力；同时对传播效果、社会效益、经济效益也有很大影响。政务新媒体前景广阔，其快速发展离不开数智技术的支持和推动。目前我国政府已经加强数智技术在政务新媒体建设中的研究与应用工作，通过技术赋能和创新，政务新媒体可以在提高政府治理能力和公信力方面发挥重要作用。

政务新媒体可以探索“互联网+政务”服务模式，为公众提供更高效、便捷的政务服务，提高政府的服务水平和满意度。政务新媒体还可以加强信息公开，通过数据分析技术实现精准定位和高效传播，提高传播效果、提高政府公信力和透明度。政务新媒体还可以促进社会治理，通过开展网上舆情分析、社区互动等活动，搭建政府与民众之间的沟通桥梁，提高社会治理的效能和透明度。政务新媒体在信息服务方面也有很大的潜力，通过对数据分析技术的应用，政务新媒体可以更好地理解受众需求，提供个性化服务。政务新媒体可以根据用户画像，为不同群体提供不同的服务，如年轻人更加关注便捷性、速度等特点，而老年人则更加注重可靠性和专业性等特点，政务新媒体可以针对不同受众提供不同的服务内容，提高用户体验。另外，政务新媒体还可以通过技术手段进行精细化运营和管理，如数据分析技术可以帮助政务新媒体了解受众行为和偏好，根据用户数据进行精准营销和推送，提高用户黏性和忠诚度。再就是，政务新媒体可以通过数据分析技术对内容进行优化，实现高质量的信息推送。政务新媒体也可以利用社交媒体等新媒体平台，扩大受众范围，提高传播效果。政务新媒体应该通过技术创新和技术赋能，不断提高服务质量和公众满意度，推动我国政府管理体制改革创新。政务新媒体还应积极发挥数智技术在促进信息公开、在线服务、社会治理等方面的作用，为公众提供更加高效、便捷、优质的服务，提高政府治理能力和公信力。

因此，未来政务新媒体应加强数智技术的研究与应用，积极推进"互联网+政务"服务模式，提高政务服务水平和满意度，加强信息公开，提高政府公信力和透明度，促进社会治理，为我国政府管理体制改革创新提供支撑。为了加强政务新媒体的数字化建设，需要加强技术创新和技术应用，尤其是在人工智能、大数据、云计算、区块链等领域，加强技术创新和研究，使政务新媒体具有更高的智能化、高效性和安全性。同时，政务新媒体还需要建立健全的管理制度和标准规范，推动政务新媒体的规范化、制度化和标准化建设，提高政务新媒体的运营效率和质量，保障政务新媒体的信息安全和网络安全。而且，政务新媒体也需要加强自身建设，提高内容质量和服务水平，推动政务新媒体向更高层次发展。这需要从政务新媒体的内容生产、传播和服务等方面进行全面提升，提高政务新媒体的公信力、专业性和可信度，进一步提升政务新媒体的影响力和公众认可度。最后，政务新媒体还需要加强与民间组织、企业、媒体等各方的合作，构建互利共赢的合作关系，推动政务新媒体向更高层次发展。

第五章　突发公共事件中政务新媒体传播力的评估

重大突发公共事件中政务新媒体传播效果和常态下政务新媒体传播效果有着明显差异，这不仅与重大突发公共事件中特殊的信息环境有关，还与政府社会治理的响应能力有关。因此，对突发公共事件中政务新媒体传播力进行评估，知悉具有重要性的传播方向，能有力促进政务新媒体应对突发公共事件。

第一节　突发公共事件中政务新媒体传播力评估的原则

在构建突发公共事件中政务新媒体传播力评估体系之前，需要明晰评估的原则和方法，本章节主要阐述构建评估体系的原则和方法。

在突发公共事件发生后，政府信息公开、舆论引导、积极调查和事件处理一样重要，在这个过程中，政务新媒体的角色不可或缺。因此，在建立重大突发公共事件中政务新媒体传播效果评价体系时，应体现以下几点原则：

一、导向性原则

前文提到，面对重大突发公共事件，对问题、影响原因等各类数据进行定量与定性的评估，可以促使政务新媒体发挥更大的作用，传播效果评价体系是基于政务新媒体传播水平来完成建构的。从实践出发，通过深度的观察与走访了解，在评估其传播效果的时候，明确评估的意义，并通过评估为各级尤其是地方政务新媒体在重大突发公共事件中有效传播、服务和沟通提供指南性的意见。所以，本书建构的评估体系要能够体现出这种导向，也要使得评价体系的各维度和指标具有这种导向价值，而不是简单地借鉴一般新媒体传播效果的评价体系与方法，或者为了去做评估而制定评估体系。实际上，这种导向性也是评价体系的目的性和指向性的表现。

二、系统性与全面性原则

重大突发公共事件中政务新媒体的信息传播，是一个复杂的、系统性的过程。其影响因素很多，既有静态的也有动态的、突发的，既有外源性的环境问题也有内源性的自身观念认识与能力等层面的掣肘。因此，在评价重大突发公共事件中政务新媒体传播的效果时，需要将这些复杂的因素考虑进去，确保评价指标接地气。同时在评价中要考虑到政府、公众、专业人士等角色与影响情况，要尽可能地全面思考政务信息传播所产生的影响。这样就要求，在选择评估维度和制定评价指标时，要有一种系统性和全面性的思维，力求得出的评价结论更符合实际情况。

三、可测性和易用性原则

指标的选择上还应该兼顾到可测性。从目前众多涉及网站、微信、微博等传播力指标体系来看，尽管指标内容不一样、指标权重有差异，但是都相对简单，也就是简化了各项评价内容，其原因之一就在于方便在后期评价过程中，对各项指标涉及的数据进行采集整理。因此，在设计指标的过程中，应尽可能地以反映客观存在的数据为主要目标，不宜将那些获取难度大、具有个性化且有很强主观性色彩的指标纳入评价体系，对数据范畴、评价结果的精确程度和实践的难度等维度进行综合考量，既达到全面考察地方政务新媒体集群传播力发展水平的目的，又符合评价指标简化的趋势，有很好的易用性和可测性。

四、动态性与模糊性原则

尽管重大突发公共事件具有很强的突发性，但是其依然存在一个变化发展的周期。事件发展处于不同阶段，身处其中的公众所表现出的心理期待、信息诉求与舆论生态各有不同。为了遵循动态性原则，选取和设计评价指标需要考虑传播效果在不同网络环境和技术变化下的变化情况。因此，评价指标的设计应该能够根据政务新媒体的内外部环境状态进行适时调整，确保指标的可持续性，应选择一些具有较长生存期的指标，这些指标可以反映传统水平、现实情况和未来发展趋势。通过这种方式，可以确保指标在应用过程中具有可持续性。同时，应该使指标在内容上具有可拓展性，才能对指标进行相应的增改和修补。此外，模糊性原则是选择评价指标过程中必须遵从的一大条件，因为从用户角度出发会使得部分指标仅能以经验作为评判参考。因此，在评价体系中允许难以凭借直观数据采集测量的模糊性指标存在，可以补充用户视角的政务新媒体传播效果的评价更加具体和全面。

第二节　突发公共事件中政务新媒体传播力评估的方法

评价重大突发公共事件中的政务新媒体传播效果时，需要考虑研究的科学性和适用性，从而选择正确的研究方法。合适的研究方法既可以简化操作又能提升评价体系和评价结果的科学性。通过深入分析过程，在借鉴已有文献中的评估方法的同时，还创造性地将现代大数据分析技术融入研究过程，为政务新媒体传播效果的评价提供更加科学、精准的结论和依据。本研究和清博大数据公司合作，在使用其数据分析与政务新媒体数据的基础上，运用量化研究方法，对内容进行评价。内容分析法是一种研究方法，用于客观、系统和定量地描述明显的传播内容。它是大众传播学中的重要方法之一，也是与议程设置和框架理论结合应用最广泛的方法之一。美国知名的媒介内容分析研究学者阿瑟·阿萨·伯杰列举了内容分析法的优势，这些优势包括：经济性，即通常容易找到资料；非介入性，即不会干扰他人，因此不需要研究者实地参与研究，并且不会对研究对象产生影响；可以产生量化数据，可以处理当前或过去的事件，或两者兼而有之。本研究利用网络收集和分析数据的便利性，对重大突发公共事件中政务新媒体的传播力进行讨论，包括对政府、公众、媒体报道内容、政务微博、论坛等明显内容进行数理统计，开展内容分析。

一、层次分析

本书采用的是定量研究和定性研究相结合的研究方法，在定量研究的基础上，采用数学计算的方法来处理各项指标，通过数学公式计算筛选各项指标。常用的定量分析方法就是层次分析法，该方法主要有这样几个步骤：

(1)建立问题层次结构模型。基于实际调研和问题分析，按照相关逻辑将问题按不同因素自上而下地分解成多个层次。在分层过程中，考虑不同层次因素的隶属关系和它们之间的相互影响。最顶层是目标层，通常只包含一个因素，最底层是对象层，中间可以有一个或多个层次，多数是指标层。本研究模型分为两个层次，第一层是目标层，第二层是具体指标层。

(2)构建判断矩阵。自层次结构模型的第二级始，每一个与前一级各因子相关的同级要素，我们将运用成对比较法以及1至9的比较尺度，构建对应的比较矩阵，此过程直至最底层方告终止。继而，根据对这些矩阵的评估结果，对计算各层级的单一排序。

(3)计算权重。根据比较矩阵的计算结果，计算各个层次元素的最终组合权重。

二、专家评价

定性评价与基于数学计算方式的定量研究不同，定性评价实际上是一种在分析过程和分析结果上相对模糊的分析方法。它强调依赖于专家的知识、经验、被评价对象的文字记录以及通过访谈调查来获得的一手资料，是一种基于研究者的感性认识。“德尔菲法”就是典型的定性分析方法，即专家打分。其具体实施有这样几个过程：

(1)成立专家小组。围绕重大突发公共事件中政务新媒体传播、公共传播等议题，从实际研究需要出发，遴选专家成员，经过协商沟通最终确定专家数量。从本课题实际研究出发，确定了来自政府、高校、新媒体行业等方面的10名专家。

(2)提出问题。专家成员组成之后，以信函、开会座谈等形式，向所有专家提出问题及有关要求。在提交问题的同时，提供相关背景资料来说明解释这些问题。针对提出问题，请专家根据实际情况，提出相关补充问题与资料。

(3)专家根据材料进行判断、评价或预测，并详细说明原因。

(4)专家反馈。专家反馈作为评估过程中的关键环节，通过多轮的讨论与修正，旨在实现科学打分。通常而言，三至四轮专家反馈即可收集全面的意见，并确保每位专家都对评估结果保持一致。该过程致力于确保评估结果的客观性和准确性。在这一过程中，专家需对评估对象进行深入研究，依据专业知识与经验提供评估意见。同时，评估组织者需确保专家意见得到充分记录与整理，以便于后续的总结分析。重复这一过程直至每位专家不再更改自己的意见，最终确定评估结果。

在每一轮的反馈过程中，需要将各位专家的判断意见汇总，列成图表进行对比，然后再次随机发给各位专家，让专家比较自己与他人的不同意见，修改自己的意见和判断。

(5)处理意见。经过多轮反馈最终确定了10位专家的意见，并对专家意见进行综合整理。

第三节　突发公共事件中政务新媒体传播力评价维度构建

构建清晰的评价体系不仅能够给政务新媒体传播力评估提供可遵循的路径，同时也可以明确政务新媒体在提升自我传播力时的重要方向。

一、评价指标选择

本书研究的重大突发公共事件中政务新媒体涉及政务微博、政务微信、政务抖音、政务小程序等政务信息传播新平台，因此在评价指标的选取中要充分将这些平台的要素考虑在内。在文献检索和翻阅文献的基础上，本书根据重大突发公共事件政务新媒体功能、定位与角色，制定了内容质量、价值引导、公共服务、健康传播、风险沟通、情感态度、技术使用七个维度。这七个维度，很好地兼顾了重大公共卫生事件中政府运用政务新媒体进行信息发布、辟谣释疑、沟通反应、提供公共服务、健康信息输出与引导等行为。通过这七个维度的考察和评估，摆脱了政务新媒体单一维度的信息发布功能，用治理的思维，重新审视重大公共事件中政务新媒体的转向，即从信息发布到内容提质进而发展到嵌入式治理与整体性整合，也从威权的管理型政府向协商多元参与、尊重公共诉求的公共服务型政府发展。

二、评价指标解释

(1)传播广度。政务新媒体的传播效果广度，主要衡量其信息在网络环境中的覆盖面积，以及其在多大程度上能够吸引公众的关注，这构成了政务新媒体在应对重大突发公共事件中的传播在受众层面产生影响的关键前提，同时也是决定其后续影响深度的核心步骤。粉丝数多说明地方政务新媒体集群覆盖人数广泛，从而更易产生深层次的传播效果。因此，在传播广度层面，政务新媒体的粉丝数量、发布信息的阅读数量、发布频率等都能具象地体现传播广度。

(2)认同深度。受众认同深度的测量是受众在信息接触的第二阶段，政务新媒体的信息触达到用户还不够，要使政务新媒体的传播效果发挥到最佳还需要受众认同并产生互动行为，政务新媒体在这个过程中及时获取前馈与反馈信息，调整自己的传播策略，从而进一步扩大政务新媒体传播效果，认同深度的测量包括点赞数量、评论数量、转发数量和收藏数量。

(3)内容质量。媒介传播效果的实现途径之一就是基于传播内容，符合新媒体传播规律的内容是传播效果好的重要因素。传播力强不强，首先就取决于传播主体生产和发布信息的质量、数量、速度和效率。① 因此，政务新媒体作为政府传播的工具，内容发布的质量关乎政府的权威和公信力，也是对公众产生影响力的前提。政务新媒体作为新媒体的一种形式，具有新媒体娱乐性和碎片化的特征，这与传统媒体有很大的差别，导致政务新媒体在信息的传播过程中，缺乏严格的把关和内容创作。如果内容过于严肃或充满宣教色彩，则容易招致网友反感。正如有媒体报道，当前一些政务新媒体在发展过程中，只有新媒体的壳子，没有采取网络网民习惯的表达方式，最终既缺乏娱乐色彩也没有承担应有的社会责任。对于重大公共卫生事件中政务新媒体传播的内容质量维度，主要包含这样几方面：一是信息发布频率，信息发布频率主要集中体现在首发速度、时间跨度与发文数量；二是表达能力，它包含技术运用、原创程度、话语策略、表达形式；三是介入程度，它包含政务新媒体在重大事件中的问题发现、内容关切、主动投入等。

---

① 韦路．传播力的概念与测量[J]．网络传播，2016(08)：50-52.

(4)价值引导。政务新媒体在政府信息发布、突发公共事件处理、舆论引导、政策解读和政民沟通等方面发挥着关键作用，体现了政府的信息公开程度和舆论引导能力。政务新媒体的崛起，不仅带动了政府信息公开透明度的提高和处理效率的增强，也以高效的桥梁作用，拉近了公众与政府间的互动与沟通，对政府更精准地把握民众需求，提供优质高效的服务产生了深远影响。为进一步实现这一需求，各地政府积极落实政务新媒体的发展策略，建立了常态化、专业化的信息发布机制，提高了信息解读的专业性。政务新媒体内容与传统媒体存在显著差异，成为吸引公众关注和阅读的关键驱动力。面对重大社会舆情事件，政府需积极运用政务新媒体发声，确保在第一时间发布准确信息。政务微博作为政府与公众间的互动平台，具有强大的信息传播和舆论引导能力，已成为社会舆论的重要参与者和引领者。政务微博彻底颠覆了传统的信息传播模式，为创新社会管理方式、推动国家民主进程的进步提供了新的思路和途径。

多元化的政务微博，通过在社会热点事件中发布丰富的信息，传递主流价值观和正能量，提升政府的公信力。这种方式可以增加政府与公众之间的互动，促进政府决策的公众参与，并增强公众对政府的信任感。总而言之，政府信息公开程度和舆论引导力在政务新媒体的发展中得到体现。政府通过主动发布信息和有效利用政务微博等渠道，加强信息公开、引导舆论，与公众进行有效沟通，增进彼此的理解和信任，同时推动社会管理创新和民主发展进程。

另外，重大公共卫生事件中政务新媒体还是主流意识形态、辟谣的窗口。一直到 2022 年，政务新媒体在新冠疫情防控中持续发挥着重要作用。各地政务新媒体通过发布疫情最新数据、防疫知识、政策解读、防疫措施等信息，加强了政府与公众的沟通和信任，促进了社会稳定。政务新媒体在防疫工作中扮演着至关重要的角色，各地政府通过政务新媒体发布最新的疫情数据和防疫政策，提醒民众做好个人防护，同时开展线上宣传教育活动，加强对群众的疫情宣传和教育。

(5)公共服务。重大公共卫生事件中，各级政府在风险应对中首先要以公众的切身利益为出发点和落脚点，而不是更多地考虑部门利益、机构利益、本地自身利益，进而出现“好的事情大肆宣扬，坏的事情欺上瞒下”现象。而提出政务新媒体的公共服务维度主要是考察政府是否把民众放在对立面，如何把群众利益放在首位，以及如何去化解矛盾等。在具体的评价指标中它包含信息服务、政务服务、服务实用性等。

(6)健康传播。猴痘疫情在全球肆虐，在我国引起广泛关注，这表明疫情的传播不仅包括病毒的传播，还包含疫情信息和健康信息的传播。在以人为媒的新型传播模式下，人际传播成为信息传播的起点，那么个体对疾病信息的解读就成了人际圈层中重要信息来源。在此情况下，各机构政务新媒体不能作为旁观者和失语者，而应积极组织各种力量，投身到健康传播中来。政府面临的不仅是要对抗疾病，也包括传播健康文化、培育卫生健康观念、科学传播疾病知识等义务。因此，在具体的评价指标上，政务新媒体健康传播维度包含稿件数量、通俗易懂、公众知晓、认同接受。

(7)风险沟通。评估政务新媒体集群的沟通价值和能力，主要是看传受关系，从这一独特视角进行详尽且具有量化特性的分析，产生了一项可操作且有效的指标。国家行政学院电子政务研究中心发布的《2012 中国政务微博评估报告》中，研究者们对此进行了深入且系统性的研究，他们主要是从微博传播特性的维度进行了严谨的考量，并且采用了一系列具有科学性的指标。主要包括总被转发次数、总被评论次数、总转发次数以及总评论次数这四个指标，通过这些指标的综合评估，全面地衡量了政务微博的“沟通力”，从而为政务微博的发展提供了科学的参考。学者陈然则从政务微博的沟通规模、沟通关系与沟通效果三个方面来评价其沟通力，并做了详细的各级指标权重。① 强大的沟通互动性是微博和微信的特点之一，在重大公共卫生事件中，政务新媒体是政府应对风险、与群众沟通的重要渠道。新冠肺炎疫情期间，公众既可以通过直接回复消息的方式与政务新媒体平台展开互动，也可以通过在朋友圈转发的方式与微信好友就特定信息进行讨论。该互动过程既包括参与者与平台间的交互，也涵盖了参与者之间的交互。微信，一款具备强大功能的社交应用，其私密特性增强了这种交互的深度，使他人难以察觉，与微博的互动开放性特征形成鲜明对比。

政务新媒体的核心目标是与公众保持有效沟通与交流，因此，政府部门应对

① 陈然，王井．政务微博沟通力评估指标体系建构初探[J]．电子政务，2015(07)：78-82.

公众在社交媒体平台上提出的问题和建议给予充分关注，并及时进行处理。这涵盖了对用户的疑问和建议做出回应、进行实证调查以解决实际问题，并为用户提供具有实用价值的反馈。政府部门需要注重回应的效率和实用性，以确保满足公众的实际需求。

三、重大突发公共事件中政务新媒体传播效果评价指标体系

本书按照维度选择、指标设计、标签构建和角色评估的逻辑思路，提出了用于评估突发公共卫生事件情境下政务新媒体传播效果的模型。在该模型中，特别考虑了政务新媒体发布者这一研究对象与普通用户的区别，同时针对突发公共事件这一特定情境进行了效果评估。这些特点在维度选择、指标设计和标签构建的过程中得到了体现。

在维度选择阶段，本书选择了与突发公共卫生事件相关的关键维度，以充分考虑政务新媒体传播效果的特定情境。这些维度可能包括信息可靠性、传播速度、用户参与度等，以更好地评估政务新媒体在突发公共事件中的传播效果。

在指标设计阶段，笔者根据所选维度，设计了相应的评估指标。这些指标可以是定量的，例如信息转发量、回应时间等，也可以是定性的，例如用户参与质量、信息可信度等。指标的设计需要考虑突发公共事件情境下政务新媒体传播的特殊需求和特点。

在标签构建阶段，笔者为不同指标设定了相应的评估标签，用于对政务新媒体传播效果进行分类和评价。这些标签可以包括优秀、良好、一般、较差等，以便对传播效果进行综合评估和比较分析。

最后，在角色评估阶段，笔者根据所选模型和数据，对政务新媒体发布者在突发公共卫生事件中的传播效果进行评估。这涉及对政务新媒体发布者在突发公共事件中扮演的角色、所起的作用及其传播效果的具体表现进行分析和评价。

总之，本书根据维度选择、指标设计、标签构建和角色评估的逻辑思路，提出了突发公共卫生事件情境下政务新媒体传播效果评估模型，并在模型的各个阶段充分考虑了政务新媒体发布者的特殊性和突发公共事件的特定情境。根据上述层面的评价维度，我们做了一个评价指标体系框架图，如图 5-1 所示。

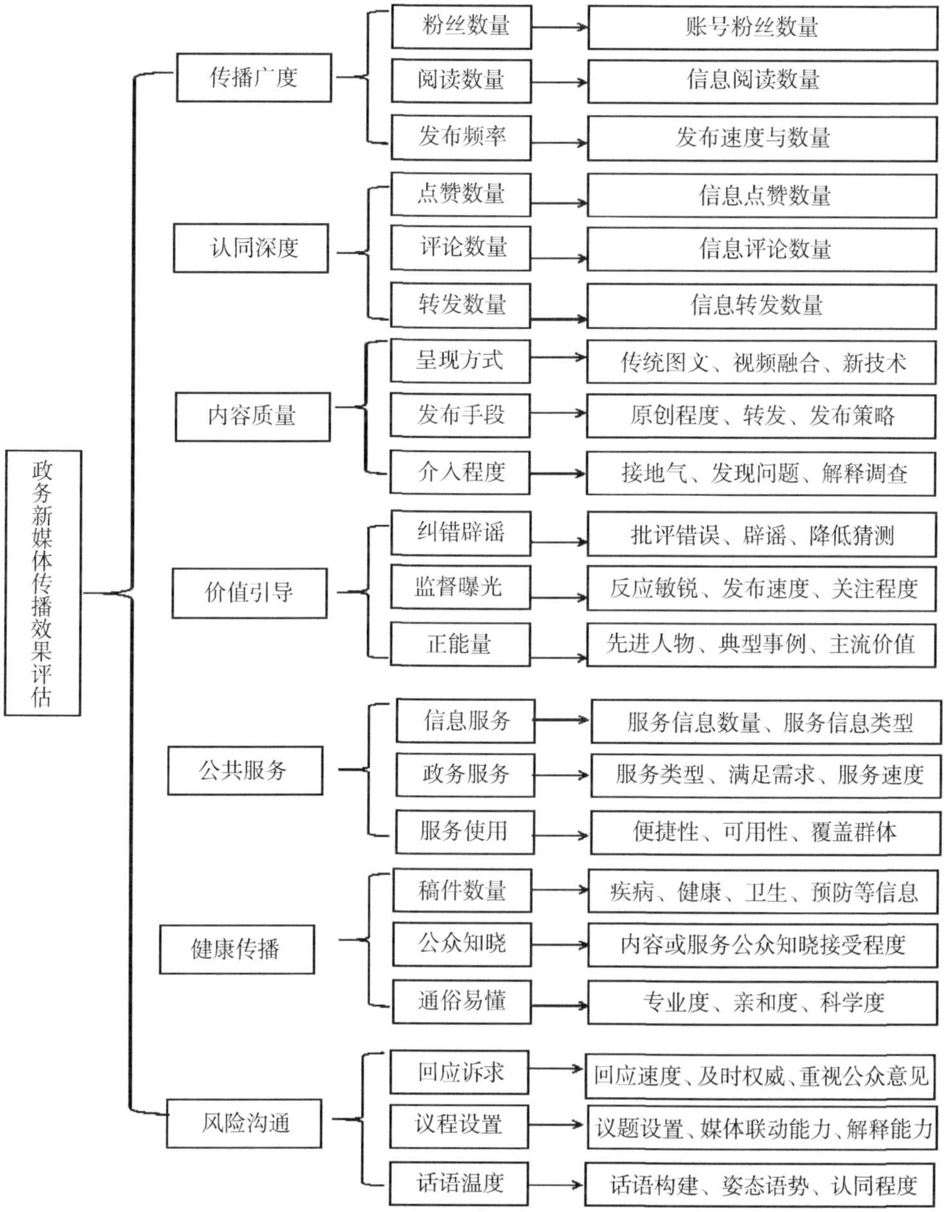

图 5-1　重大公共卫生事件中政务新媒体传播效果评价体系框架

在这个框架基础上，本书设计了一个重大公共卫生事件中政务新媒体传播效果评价的指标体系。

表 5-1 重大公共卫生事件中政务新媒体传播效果评价指标与说明

一级指标	二级指标	指 标 说 明
传播广度 A1	粉丝数量 B1	粉丝数量及活跃粉丝数
	阅读量 B2	一定时期内文章总阅读量
	发布频率 B3	一定时期内文章的发布速度与数量
认同深度 A2	点赞数量 B4	一定时期内文章总点赞量
	评论数量 B5	一定时期内文章总评论量
	转发数量 B6	一定时期内文章总转发量
内容质量 A3	呈现方式 B7	账号信息发布表现方式的新颖程度
	发布手段 B8	综合运用新媒体传播的能力与手段
	介入程度 B9	事件发生后政务新媒体发现问题、参与问题程度
价值引导 A4	纠错辟谣 B10	错误问题的披露、坦诚态度以及及时辟谣
	监督曝光 B11	监督曝光涉及重大卫生事件的不当、违规违法等
	正能量 B12	正面性和积极性的人物、行动以及呼吁性的内容
公共服务 A5	信息服务 B13	提供相关的信息服务，如防疫指南、交通出行等
	政务服务 B14	提供在线服务的质量、数量与渠道
	服务实用性 B15	政务新媒体提供服务的实用、易用与覆盖程度
健康传播 A6	稿件数量 B16	突发公共事件期间与公共健康、卫生，预防与诊疗相关的文章数量
	公众知晓 B17	相关文章的阅读量、评论量、转发量等
	通俗易懂 B18	文章的通俗化程度
风险沟通 A7	回应速度 B19	面对公众疑问与诉求，政务新媒体回应速度
	议题设置 B20	多设置元话题和策划互动的策略与效果
	话语温度 B21	表达语言的接地气、平实，以及姿态与立场

四、层次分析法与德尔菲专家咨询法

（一）层次分析法

1. 构建层次结构模型，建立模型判断矩阵

从上面表格可以看出本书将政务新媒体传播效果评价指标体系细化为 2 个层

次、18个指标的复合体系，在涉及其各级变量时往往需要设置权重。在评价时，按照层次，逐层向上一一评价。具体评价体系模型构建步骤如下：

首先必须清晰定义预期目标，并确立相关评估标准和构架。第一要务是对研究的问题进行详细审视，并明确研究的目标。在这个基础上，需要恰当地划定研究的范畴，同时将内外各种影响因素纳入评估体系，如此便能最终形成一个递进层次的结构。

从表5-1可以看出该指标体系是一种递阶层次结构，共分为两层：

第一层：目标层(A1-A7)；

第二层：准则层(B1-B3；B4-B6；B7-B9；B10-B12；B13-B15；B16-B18；B19-B21)；

上述各层间有着密切的依存关系：前一层是后一层的目标，后一层是前一层的保证。

二是构建判断矩阵模型。在层级结构模型构建完成后，确认了各层级间的关系。接着，需要构建判断矩阵。构建判断矩阵的过程可以通过咨询相关专家等方式逐一比较各指标，以确定各相关因素间的相对重要性。判断矩阵元素标度的方法详见表5-1。基于此，可以采用T. L. Saaty提出的1-9比率标度法来评估判断矩阵中元素的重要性，以度量各指标间的相对重要性差异。同时，结合专家咨询法，对各指标的重要性进行评估。通过整理统计数据和判断矩阵的一致性检验，利用专家评分法对层级结构中的指标进行逐一比较，并根据评分判断构建判断矩阵，从而确定每个指标的权重。具体的判断矩阵如表5-2所示：

表5-2　**判断矩阵标度取值**

Saaty标度取3	0. 25<d≤0. 5
Saaty标度取5	0. 75<d≤1
Saaty标度取7	1. 25<d≤1. 5
Saaty标度取9	d≥1. 75

在实际计算过程中，若存在两个尺度间的差异，T. L. Saaty标度为2、4、6、8，则可借此规则构建判断矩阵，其中包括中间要素判断矩阵、决策目标判断矩

阵以及备选方案判断矩阵。构建判断矩阵详细的做法是这样的：首先，通过信函和开会座谈的形式，邀请来自政府、新媒体行业、政务新媒体研究领域的 10 位专家发放问题，通过对这些问题的判断反馈，确定矩阵中的元素进行打分排序，构造判断矩阵；其次，依据这些代表政务新媒体研究与实践领域的专家达成一致的判断矩阵以及一致性原则，具体如表 5-3 所示。

表 5-3　　两两判断矩阵等级划分

两两比较判断因素	同等重要	较重要	重要	很重要	非常重要
传播广度					
认同深度					
内容质量					
价值引导					
公共服务					
健康传播					
风险沟通					

判断矩阵构建中要计算每个方案层的几何平均值，计算公式如下：

$$H_{mm}=(H_{mn}^{1}H_{mn}^{2},\ \cdots,\ H_{mn}^{s})^{\frac{1}{5}}$$

在本研究中，我们以专家评估法为依托，对各类要素的影响力进行了研究。设有 n 个评级指标与 m 个评估对象，经由这些评估对象与指标的融合，我们构建出了表 5-4 所示的矩阵结构。根据该矩阵，我们可以计算得出包含的判断矩阵如下：

表 5-4　　判断矩阵的构建

μ_j	μ_j	μ_j	…	μ_j
W_j	W_j	W_j	…	W_j
A_1	X_{11}	X_{12}	…	X_{1n}

续表

A_2	X_{21}	X_{21}	…	X_{2n}
…	…	…	…	…
A_m	X_{m1}	X_{m2}	…	X_{mn}

2. 特征向量的计算与一致性检验

实际求解中，要计算上述判断矩阵的最大特征根，满足条件 $AW=\lambda_{max}W$，其中 $W=[w_1, w_2, \cdots w_n]^T$ 为特征向量，具体计算如下：

$$\overline{w_j} = n\sqrt{\prod_{i=1}^{n} a_{ij}}，(j = 1, 2, 3, \cdots, n)$$

$$w_j = \frac{\overline{w_j}}{\sum_{i=1}^{n} \overline{w_j}}$$

同样可以得到 w_j 是元素 A_j 的权重，按照 $\lambda_{max} = \sum_{i=1}^{n} \frac{(AW)_j}{nw_j}$，可以得到矩阵的特征根，比较结果后，得到最大特征根与最大特征向量。

对于相对权重的确定，以下是一种计算方法：针对 27 个矩阵进行计算，找出它们的最大特征向量和最大特征根，其具体的准则层、目标层指标相对权重的确定方法与其他矩阵的确定方法保持一致。其中 1 代表内容质量，2 代表认同深度，3 代表价值引导，4 代表公共服务，5 代表健康传播，6 代表风险沟通，7 代表情感态度。经过计算后得到表 5-5 所示矩阵。

表 5-5 **判断矩阵计算**

N	1	2	3	4	5	6	7
1	1	6.234	5.876	6.876	5.987	5.432	5.431
2	0.16	1	4.998	5.861	5.172	6.143	5.351
3	0.17	0.16	1	5.271	5.431	6.098	6.352
4	0.145	0.17	0.189	1	5.251	6.052	6.098
5	0.17	0.19	0.184	0.19	1	6.542	6.542

续表

N	1	2	3	4	5	6	7
6	0.18	0.162	0.16	0.165	0.152	1	4.798
7	0.15	0.19	0.162	0.164	0.187	0.16	1

如上矩阵经过归一化处理后，得到新的列向量，其对应的值分别为：

$$W=[0.667, 0.891, 0.352, 0.564, 0.432, 0.511]^{T}$$

这就是判断矩阵中最大特征值对应的特征向量。根据概率乘法原理，可以对指标组合权重进行有效的分析。在具体实践中，则需要运用从顶层到底层的逐级连乘策略进行分析。

（二）德尔菲专家咨询法

1. 专家组情况

研究中主要针对专家展开了两次调查，其中第一次发放问卷 10 份，回收 10 份，问卷回收率达到 100%，专家的基本情况如表 5-6 所示：

表 5-6　　专家基本情况

主要从事工作	高校研究	5	50%
	政府宣传	3	30%
	新媒体从业者	2	20%
工作年限	<3 年	2	20%
	3—7 年	2	20%
	7 年以上	6	60%
学历	本科	4	40%
	硕士	1	10%
	博士	5	50%
职称	中级	5	50%
	副高	2	20%
	正高	3	30%

2. 指标评分

本书中，已初步创建出针对重大公共卫生事件中政务新媒体传播效果的指标评价体系，此体系涵盖了7个目标层指标及21个二级指标。在此评价模型的构建过程中，利用“德尔菲专家咨询法”确认了各指标的重要性，并根据专家的评分来确定各指标的基准值。具体来说，一级指标的满分比率超过82%，平均值大于4.5，这充分体现了专家意见的一致性。具体内容如表5-7所示：

表5-7　**一级指标评分情况**

一级指标		均数	标准差	满分比(%)
1	传播广度	7.00	0.00	98
2	认同深度	4.11	0.31	92
3	内容质量	5.21	0.23	91
4	价值引导	4.43	0.41	86
5	公共服务	4.15	0.22	87
6	健康传播	5.31	0.32	94
7	风险沟通	4.72	0.31	88

二级指标满分比超过60%，指标均值大于4.5，这表明指标代表的专家一致性较好。结合专家意见，分析当前有所缺失的指标部分，本研究调整了二级指标内容。具体第一次二级指标调查情况如表5-8所示：

表5-8　**二级指标评分情况**

二级指标	均数	标准差	满分比(%)
1.1 粉丝数量	7.00	0.00	100
1.2 阅读数量	5.21	0.76	95
1.3 发布频率	4.22	0.56	89

续表

二级指标	均数	标准差	满分比(%)
2.1 点赞数量	5.32	0.88	91
2.2 评论数量	3.21	0.46	82
2.3 转发数量	4.01	0.62	86
3.1 发布频率	4.32	0.52	92
3.2 表达能力	3.26	0.50	94
3.3 介入程度	4.36	0.47	87
4.1 纠错辟谣	5.51	0.61	90
4.2 监督曝光	4.31	0.78	91
4.3 正能量	5.89	0.63	89
5.1 信息服务	4.21	0.52	82
5.2 政务服务	4.25	0.46	80
5.3 服务实用性	4.33	0.74	86
6.1 稿件数量	4.16	0.44	77
6.2 公众知晓	5.17	0.78	65
6.3 通俗易懂	4.59	0.70	78
7.1 回应诉求	4.51	0.78	83
7.2 议程设置	3.78	0.55	84
7.3 话语温度	4.02	0.63	86

(三)评价指标体系权重确定

经过专家咨询和调查以及对一级指标和二级指标变异系数的计算，最终确定了指标框架，并且构建了判断矩阵。本研究确定目标层权重为0.27，总目标权重为1.0000。因此，研究结果显示判断矩阵指标权重设置得当，一致性较好，具体展示在表5-9中。

表 5-9　　重大突发公共事件中政务微博传播效果评价指标权重分配

一级指标	指标权重	二级指标	指标权重
传播广度 A1	0. 31	粉丝数量 B1	0. 35
		阅读量 B2	0.4
		发布频率 B3	0.25
认同深度 A2	0. 31	点赞数量 B4	0.5
		评论数量 B5	0.45
		转发数量 B6	0.5
内容质量 A3	0. 31	呈现方式 B7	0.51
		发布手段 B8	0.15
		介入程度 B9	0.34
价值引导 A4	0. 25	纠错辟谣 B7	0.39
		监督曝光 B8	0.37
		正能量 B9	0.24
公共服务 A5	0. 28	信息服务 B10	0.57
		政务服务 B11	0.23
		服务实用性 B12	0.2
健康传播 A6	0. 11	稿件数量 B13	0.47
		公众知晓 B14	0.29
		通俗易懂 B15	0.24
风险沟通 A7	0. 23	回应速度 B16	0.51
		议题设置 B17	0.21
		话语温度 B18	0.28

从表 5-9 中，依据二级指标权重可见，从专家角度来看，地方政务微博集群传播力的关键指标包括文章推送数量、数据开放程度、舆论引导、集群内各单位账号数、粉丝数量以及阅读量指标。这些指标对于评估地方政务微博集群在传播方面的效果和影响力非常重要。作为结果，这种指标体系在权重上的差异显示地方政府在建设与发展政务新媒体集群的过程中应该注重在以上指标维度上开展相关工作。

第四节　突发公共事件中政务新媒体传播力实践案例分析

本节将基于上节的效果评价指标，采用“德尔菲专家咨询法”评估突发公共卫生事件——全球猴痘疫情中作为政务新媒体的“河南疾控”微信公众号的传播效果。截至2023年1月4日，“河南疾控”在传播猴痘疫情相关信息的时候，一共发布了16篇公众号推文，总阅读量超109万，平均每篇阅读量为6.8万。在“河南疾控”的推文中，既有解读猴痘疫情情况，又有健康提示以及回应诉求，较好地向公众传递了猴痘相关信息。

一、专家组情况

研究中主要针对20名专家展开了两次调查，其中第一次发放问卷10份，回收10份，第二次发放10份，回收10份，问卷回收率达到100%，专家的基本情况如表5-10所示。

表5-10　　专家基本情况

主要从事工作	高校研究	10	50%
	政府宣传	4	20%
	新媒体从业者	6	30%
工作年限	<3年	2	10%
	3—7年	8	40%
	7年以上	10	50%
学历	本科	4	20%
	硕士	2	10%
	博士	10	50%
职称	中级	10	50%
	副高	4	20%
	正高	6	30%

二、猴痘事件期间"河南疾控"政务公众号指标评分

本节也是研究重大突发公共卫生事件，因此将沿用上节的评价维度建构，并使用上述的德尔菲专家咨询法，按照评分得到各指标均值，表明专家意见一致性。具体内容如表 5-11 所示，其中一级指标满分比超过 85%，均值大于 5，这表明一级指标专家意见集中程度较好。

表 5-11　　一级指标评分情况

一级指标		均数	标准差	满分比(%)
1	传播广度	6. 89	0. 10	94
2	认同深度	5. 11	0. 16	88
3	内容质量	5. 27	0. 28	92
4	价值引导	4. 21	0. 31	89
5	公共服务	5. 75	0. 23	88
6	健康传播	5. 12	0. 32	83
7	风险沟通	5. 31	0. 33	90

二级指标满分比超过 60%，指标均值大于 5，这表明指标代表的专家一致性较好。结合专家意见，分析当前有所缺失的指标部分，笔者调整了二级指标内容，具体第一次二级指标调查情况如表 5-12 所示。

表 5-12　　一级指标评分情况

二级指标	均数	标准差	满分比(%)
1. 1 粉丝数量	6. 11	0. 00	100
1. 2 阅读数量	6. 21	0. 66	92
1. 3 发布频率	4. 50	0. 46	89
2. 1 点赞数量	5. 02	0. 88	86
2. 2 评论数量	4. 21	0. 46	82
2. 3 转发数量	4. 01	0. 62	86

续表

二级指标	均数	标准差	满分比(%)
3.1 发布频率	4.32	0.52	92
3.2 表达能力	4.86	0.50	94
3.3 介入程度	4.36	0.47	87
4.1 纠错辟谣	4.22	0.63	88
4.2 监督曝光	4.83	0.74	86
4.3 正能量	4.27	0.56	70
5.1 信息服务	5.32	0.55	88
5.2 政务服务	4.98	0.77	82
5.3 服务实用性	4.89	0.63	81
6.1 稿件数量	4.32	0.53	88
6.2 公众知晓	4.25	0.56	70
6.3 通俗易懂	5.83	0.74	86
7.1 回应诉求	5.16	0.44	77
7.2 议程设置	4.27	0.88	71
7.3 话语温度	5.17	0.70	78

三、猴痘事件期间“河南疾控”政务公众号评价指标体系权重确定

经过专家咨询和调查以及对一级指标和二级指标变异系数的计算，最终确定了指标框架，也建立了判断矩阵。然后本节研究确定了目标层权重为0.30，总目标权重为1.0000，结果表明判断矩阵指标权重合理，一致性较好，具体如表5-13所示。

表5-13　**猴痘事件中“河南疾控”公众号传播效果评价指标权重分配**

一级指标	指标权重	二级指标	指标权重
传播广度 A1	0.31	粉丝数量 B1	0.35
		阅读量 B2	0.40
		发布频率 B3	0.25

续表

一级指标	指标权重	二级指标	指标权重
认同深度 A2	0. 31	点赞数量 B4	0. 50
		评论数量 B5	0. 45
		转发数量 B6	0. 50
内容质量 A3	0. 31	呈现方式 B7	0. 51
		发布手段 B8	0. 15
		介入程度 B9	0. 34
价值引导 A4	0. 26	纠错辟谣 B10	0. 26
		监督曝光 B11	0. 34
		正能量 B12	0. 24
公共服务 A5	0. 28	信息服务 B13	0. 47
		政务服务 B14	0. 23
		服务实用性 B15	0. 42
健康传播 A6	0. 22	稿件数量 B16	0. 40
		公众知晓 B17	0. 29
		通俗易懂 B18	0. 24
风险沟通 A7	0. 25	回应速度 B19	0. 53
		议题设置 B20	0. 22
		话语温度 B21	0. 27

从表 5-13 中，依据二级指标权重可见，从专家角度来看，在本次全球猴痘事件中，粉丝数量、文章阅读量、点赞数量、信息服务和通俗易懂是衡量“河南疾控”公众号传播力的关键指标。“河南疾控”微信公众号发布的十几条文章阅读量均超过 5 万，发布频率集中在我国出现首例猴痘疫情期间，及时地传递了猴痘全球传播情况和防范要点，虽然发布数量并不多，但作为地方政务新媒体，“河南疾控”在此次猴痘事件中表现良好，不过在话语温度、纠错必要以及通俗易懂上还需更加用心。

第六章　突发公共事件中政务新媒体传播力的制约因素

重大突发公共事件的突发性，不仅是对政府治理能力的考验，也是对处于宣传一线的传媒领域的应急、舆论引导、信息过滤、上传下达、沟通以及内容生产和传播的能力的考验。例如2022年突发的“猴痘事件”，由于危害重、传播范围广，在国内出现首例案例之前已经在全球肆虐，民众对其担忧颇多。因此，政务新媒体既作为政府发声平台，又作为当下重要的媒介形式，在猴痘疫情期间的表现就成了公众关注的主要问题。习近平主席曾经强调，“过不了互联网这一关，就过不了长期执政这一关”。网络新媒体时代，新媒体、社交媒体深刻影响着政府行为，甚至改变了中国的舆论生态。“民为邦本，本固邦宁”，作为立足政府的宣传平台，政务新媒体要坚持以人民为中心的政治立场，向社会发布正面消息，引导正确的舆论导向，从而促进国家治理能力的提升和现代化转型。

政务新媒体突破了传统媒体以信息传播为主导的首要功能，还包括重要信息的正面宣传、重大事件的舆情回应、网络便民的政务服务以及移动互联网时代的网络问政等多个功能。实质上，政务新媒体在今天已经演变为多功能的政务信息服务平台和介质。如重大事件的处理问题、民众安全问题、舆情旋涡中的公众诉求问题等，这些不仅牵涉群体广泛，触及社会利益巨大，而且公众的参与和诉求也极高，因此政府需要在这个特殊时期通过政务新媒体及时有效地实现关切回应、信息公开、提供网络服务、缓解舆论压力、有效舆情引导、正确扮演角色等。面对席卷全国的猴痘疫情，政务新媒体作为权威信息发布、党政公开、虚假信息和谣言的过滤，以及疫情期间网络政务服务的重要窗口，在抗击疫情的防控与宣传中发挥着重要作用。面对每一次重大突发公共事件，对于政务新媒体而言，无疑都是一次大考，考验着政务新媒体的信息发布能力、舆论引导能力、政务服务能力等。

虽然政务新媒体取得了一些成绩和进步，但是在这两年的重大突发公共事件中，政务新媒体也暴露出很多问题，可以清晰地发现政务新媒体在舆论引导、政府形象塑造、权威信息发布的政治传播的视角中存在不少问题，同时政务新媒体在政府风险沟通和危机传播中的角色问题也值得深入分析。因此，在分析重大突发公共事件中的政务新媒体传播的问题时，应清楚地认识到，政务新媒体暴露出的更多是新问题，更具有指向性和代表性。透过这些公共事件，也可以看出政务新媒体在运营、角色塑造、话语表达、内容生产的专业程度、舆论引导、舆情监测、社会治理的参与以及政务新媒体中新闻和政治两个场域融合等方面存在一定的困境。

2021 年 7 月 17 日以来，河南省普降暴雨、大暴雨，局部特大暴雨，在 7 月 19 日至 20 日，河南省的强降雨达到近期顶峰，造成全省 150 个县 1664 个乡镇 1481. 4 万人受灾，直接经济损失达到 1337. 15 亿元，造成了供电中断、通讯中断、工厂爆炸、航班延误、列车停运等，而其中受灾最严重和关注度最高的是郑州。据中央气象台 20 日报道，郑州在 7 月 20 日 16—17 时每平方米一小时降雨量达到 201. 9 毫米，突破了中国气象台建站以来每小时降雨量的峰值。如此罕见的雨情导致郑州市内出现了内涝、洪水倒灌至停车场和地铁站等危险情况，也出现了民众高度关注的“郑州地铁 5 号线”事件。

政务新媒体作为网络理政的新举措，是政府加强社会治理、提高应急能力和引导能力的新模式，在治理公共危机的过程中，政务新媒体起着传递信息、沟通主客体、增强反馈效能的作用。政务新媒体作为信息和服务工具贯穿于危机演变的全过程，可以将准确、权威、公共和客观的政府信息和事情进程的有关信息提供给网民。但在“郑州暴雨事件”中，河南以及郑州当地许多知名政务新媒体并没有完全承担起自身的职责。无论是作为信息工具，还是作为服务工具，政务新媒体并没有很好地整合社会资源，助力民众和政府渡过危机。因此本章将以“郑州暴雨事件”为例，分析重大突发公共事件中政务新媒体存在的问题和困境，将从政治传播、风险沟通、危机传播三个宏观角度具体深入分析，并具体论述制约政务新媒体传播力的因素。

第一节　信息传播失灵与介入舆论场的滞后

在重大突发公共事件中，可以从政治传播的理论视角对政务新媒体存在的问题进行分析。首先在重大突发公共事件中对所实现的社会治理功能存在的问题进行分析，其次在重大突发公共事件期间提升政府公信力方面的问题也随着事件发展逐渐暴露出来。从传统媒体时代到现在的网络媒体时代再到移动社交媒体时代，公众一直处于政府信息发布和宣传的影响中，但是由于政务新媒体横跨新闻和政府两个场域的特殊身份，在重大突发公共事件中以权威的政策信息发布、广泛的信息来源、互动的传播模式以及大量的信息渗透，打通了政府与公众的间隙，拉近了距离。政务新媒体的社会治理在重大突发公共事件期间表现出多元治理、舆论引导、双向治理和促进社会稳定四重功能。

随着移动互联网的进一步发展，政务新媒体参与社会治理的作用更加明显，同时通过政务新媒体，社会和公众对政府的监督以及政府与公众之间的沟通更加成熟有效，服务型政府的转型日渐成形，但是随着社会治理重心向基层迁移，政务新媒体功能缺失，政府治理能力还处于一刀切的管理模式。在新冠疫情暴发以后，多个地方政府的政务新媒体在疫情暴发初期不能第一时间作出反映，如信息发布不及时、内容生产不专业、舆论引导不通畅等问题很容易被信息过载的公众聚焦并放大形成新的社会热点，对政府的公信力和抗击疫情产生负面影响。在重大突发公共卫生事件中，政务新媒体由于其特殊的身份和场域性质，在社会治理过程中，不仅扮演一定角色，还能发挥其特殊作用。

本章节主要选取 2021 年“郑州暴雨事件”为蓝本，以河南和郑州“知名政务微信”和“政务微博”为分析样本，其中包括：“郑州发布”的微信公众号和微博号、“郑州地铁”(政务微博排行榜交通榜第 13 名)、“平安郑州”(政务微博河南总榜第 39 名)、“河南消防”(政务微博河南总榜第 3 名)、“河南气象”(政务微博排行榜气象榜第 18 名)。通过收集以上政务新媒体在郑州暴雨期间(2021 年 7 月 19 日至 2021 年 7 月 23 日)所发布的信息，分析其促进“郑州暴雨事件”解决的举措。

通过调研量化统计，发现在郑州暴雨期间，无论推文和发布的数量以及内容质量都相比于以前变化很大。从相关微博内容发布数量来看，暴雨期间较平时增长十倍以上。就统计数量可以表明，郑州暴雨期间，政务新媒体保证了政府与公众互动的畅通渠道，有效地完成了倾听民意、解除民忧、凝聚民心、及时回应等任务。并有多家政务新媒体在疫情期间通过话题发布、微直播、政民联动等方式，有效地参与公共服务和公共管理。当然，暴雨期间政务新媒体由于经验不足、反应速度稍慢等，在发挥社会治理功能中出现了一些问题。

一、政务新媒体参与政府多元化治理功能失灵

本章节前面已经提到了政务新媒体的特殊性在于横跨并且有效融合了新闻和政务两个场域。政务新媒体构建了一个复杂的公共场域，该公共场域由于新媒体的特点和政务特殊性从而衍生了多个互相沟通和互相作用的子场域，从而与公众形成一个个相对独立的社会空间。这种独立空间形成的场域在遇到重大突发事件以后，表现特别明显，如微博中关于“郑州暴雨事件”的话题、热门话题、热搜以及微信中的点赞转发、留言互动、在线交流等。这些场域空间可以消除沟通障碍，公众只需要在互联网终端就可以在政务微博、微信、客户端中进行互动、表达以及参与公共讨论，这一过程形成了多元化的社会主体通过多元化的方式参与社会治理。

但在郑州暴雨期间，政务新媒体在发挥多元化功能参与社会治理中存在失位的情形，主要体现在多元化治理功能在郑州暴雨这一特殊社会事件中的失灵。首先主要是在郑州暴雨初期，面对郑州暴雨救援信息不足带来的恐慌和不安，在暴雨来临时还有多数民众困在回家路途中间，网络中弥漫着求救信息，公众急迫想知道被困民众救援进度，信息焦虑情绪非常严重，极容易归责于政府处理和预防不当；公众在公共的网络空间进行非理性和抗拒性的行为，很容易导致网络空间秩序混乱，让社会治理中的整合和控制的功能弱化。公众在网络空间中的行为不再遵守和执行现实中的道德和法律规范，言论的表述和话题的参与开始无所顾忌，如道德失范，非理性表述严重的甚至散布谣言和网络暴力等。

因此在这种情况下，社会迫切需要政务媒体的行动，既满足公众对权威信息的需求，实现引导、保护公众的目的，又可以避免信息过度传播导致社会恐慌和不安情绪的蔓延，这个议题在郑州暴雨期间显得尤为重要。因此，作为政务新媒

体，既满足了权威信息的发布，又可进行媒体的操作，可见政务新媒体多元化参与社会治理的功能凸显。但是，在失去道德和规范守护的公共空间中，政务新媒体很难正常发挥参与多元化社会治理的功能。政务新媒体针对日常发布有了很大的提升，这表明已经有了作为一个新媒体平台的意识，但是还有很多政务新媒体在郑州暴雨期间存在形式主义和脱离群众的现象。诚然，这是政务新媒体发展多年来一直难以克服的问题，从本身而言也失去了“政务新媒体实力圈粉”的最好机会。综上所述，政务新媒体在郑州暴雨期间参与社会治理存在多元化治理失灵的现象非常普遍，当然，政务新媒体出现尚不久，运行模式尚未成熟，未来还需要在协调社会治理中积极作为，沟通、引导、规范公众的社会行为，戒掉形式主义，最大力度地保障公众社会利益，及时、多样、准确、权威地进行郑州暴雨信息和政务信息的引导与发布，才能实现政务新媒体多元化参与社会治理的功能。

二、突发公共事件期间政务新媒体舆情引导滞后

移动互联网时代，新媒体技术快速发展，一切沟通障碍逐渐被消除，单向传播过程不复存在，传统媒体通过议程设置的方式左右舆情的能力被削弱。“郑州暴雨事件”是一场突如其来的天灾，自暴雨来临之时，相关舆论场域的发展一直呈现高位运行态势，暴雨预警、暴雨情况、救治情况、灾害影响等都成为公众关注的热点。在郑州暴雨期间，政务新媒体表现出的滞后体现在两个方面：一是政务新媒体在郑州暴雨期间议程设置欠佳甚至直接缺失，二是政务新媒体缺乏面对舆论的应对机制。上述两个问题也是在郑州暴雨爆发时期政务新媒体在摸索的过程中呈现的新问题，新媒体时代的议程设置问题在网络传播学的研究领域中早已不乏丰硕的成果，但是政务新媒体的议程设置研究中还没有取得显著成绩，由于政务新媒体的特殊性，新闻发布会是目前政府较为有效的议程设置方式，但是纵观这次暴雨，新闻发布会制度在疫情期间也出现了差距、争议等诸多不和谐的声音，新闻发布会视角的问题，本书会在政务新媒体风险沟通与传播部分再进行阐述。除此之外，政务新媒体受新媒体专业性的限制，在郑州暴雨期间并没有明显的通过议程设置进行舆论引导的意图。以“双微一端多平台”为格局的政务新媒体本就是提供开放公共空间的，在“人人手持麦克风、人人都是发言人”的时代，本就薄弱的政务新媒体的议程设置功能开始彻底失灵。

在突发危机事件处理中，传统媒体遵循“黄金一小时”原则，意为当事件发生时，越早发布相关的信息，对于政府而言，越能成功引导舆论。当突发公共事件发生时，政务新媒体应当将政府处理情况、真实信息以及民众主要关心事件的信息尽快发布，及早设置议题以引导舆论。但是在“郑州暴雨事件”中，“郑州发布”微信公众号未及时发布与暴雨产生原因、目前阶段造成的影响以及民众关心的“地铁5号线”事件相关的信息，未深入洞悉民众对关键信息的需求。“河南消防”也只是关注微观的、单个的救治事件，未及时迅速总结郑州受灾情况和救援情况。此外，作为重要舆情事件当事者——“郑州地铁”也未发布丝毫相关消息。

这种时间上的延迟和空缺，给网络谣言和流言的滋生和传播让渡了大量空间，面对信息不对称的情况，民众极有可能会相信在网络空间中传播的未经验证的信息，这会对民众心理造成一定冲击，也会进一步削减政府的公信力。面对暴雨期间各种突发情况，政务新媒体的主动发声不是最快最直接的，甚至在上述事件中，政务新媒体转载主流媒体的内容，这样很容易导致在特殊时期政务新媒体不能快速抢占舆论高地，政务新媒体的权威话语权被各种影响力巨大的自媒体夺取，从而在公众心中形成一种“政务新媒体在突发公共事件中不作为”的印象，进而引发政务新媒体的信任危机被扩大。在突发公共事件期间，舆论引导和舆情控制难度大，如果政府不能迅速建立系统化舆情应对机制，舆情就会迅速演变造成社会恐慌从而影响社会稳定，很多迅速持续发酵的舆情事件正是因政务新媒体缺乏系统灵活的回应机制而失去最佳引导的时间。

三、政务新媒体使政府与公众互动存在双向缺失

重大突发公共事件发生以后，一直被公众诟病的政务新媒体互动性不强的问题在其间由于多种原因更加明显。

作为郑州市公安局政府微博——“平安郑州”在整个郑州暴雨期间共发布66条微博，涉及内容有暴雨预警、暴雨情况、救治情况、灾害影响、灾害科普和灾害自救六个方面。其中，发布最多的是救治情况，一共25条，涉及的内容有暴雨中的河南公安的出警人数、救治情况与帮助民众数量，以及社会救援信息。除救治情况外，还有受灾影响信息多转自其他政务媒体，如“郑州发布”“郑州交警”“河南气象”等，自创的内容较少。而在郑州暴雨达到峰值时，也就是7月20

日下午5时，“平安郑州”还发布了一条无关微博，内容为“可爱又懂事！爷爷装睡，2岁半孙女帮盖被子还要牵着手”。这些数据表明政务新媒体在郑州暴雨期间与公众互动的意识还不够强，大多政务新媒体在郑州暴雨期间还是以单向发布为主。“少互动、缺联动”的现象广泛存在。前文提到政务新媒体实现多元化参与社会治理功能是以政府和公众实现双向无障碍互动沟通为基础的，如果发挥着政府互动渠道的政务新媒体活动功能缺失，那么针对政务新媒体从政治传播视角论述政务新媒体参与社会治理的功能根本无法展开。只有解决政府与公众之间的双向互动问题，政务新媒体才能在面对重大突发公共卫生事件时满足公众的合理需求，提升政府的服务能力。

第二节　信息发布不及时影响政府公信力

移动互联网时代，新媒体的兴起对政府公信力的建设是一个严峻的考验，新媒体对于政府公信力而言，是一把双刃剑。郑州暴雨发生以后，突发公共危机事件再次引起公众的关注和传播的参与，若政府反应迅速，处置得当，将有利于政府的权威形象塑造和公信力的提升；反之，若政府在灾害发生时信息公开不及时、反应不迅速、处置不得当等问题爆发，将对政府公信力造成极大的负面影响。如在“猴痘疫情”出现时，各政务微信和微博争先报道相关防控情况和预防知识，体现了政府在“猴痘疫情”中的执政能力和治理水平，提升了政府公信力。但郑州暴雨事件却暴露了政府在公信力建设中存在一些问题，如危机安全预警机制不健全、政务管理人员的行为失范、责任意识缺失、能力缺失、公共服务质量低下等。反观政务新媒体，本应该在郑州暴雨期间成为提升政府治理能力和政府公信力的有力工具，但凸显的问题并没有让政务新媒体在提升政府公信力中发挥明显作用。

一、突发公共事件信息发布流于形式

越是面临突发公共事件，信息的发布对于政务新媒体而言越发重要，但是很多政务新媒体在面对突发公共事件时，所发布的信息停留在形式层面。在“郑州暴雨”期间，就政务新媒体而言，最明显的现象就是公众在索求权威真实信息的

过程中，具有一定的分辨能力和主动选择意识，因此政务新媒体和主流媒体成了公众有效获取暴雨相关信息的重要渠道。如河南省气象服务中心的政府微博“河南气象”，发布信息的重点聚焦于暴雨预警和暴雨情况，分别为76条和316条，暴雨情况多是以雷达实况图和气温实况图为主。除此之外，“河南气象”还发布了少量灾害科普信息和灾害自救避险信息，成为公众了解当地气象的重要渠道。公众对于郑州暴雨信息的需求是多元化的，主流媒体却没有满足公众这一需求，这包括郑州暴雨最新动态、数据查询、抗洪行动、预防科普等内容。掌握权威信息和郑州暴雨最新动态的政务新媒体在郑州暴雨期间的内容发布可谓“流于形式”，以“完成基本发布任务”为目的的内容发布在郑州暴雨期间无法满足公众的心理需求和社会期待。从“河南消防”和“河南气象”在郑州暴雨期间发布的信息可以得知，两个政务微博的信息发布重点存在着“完成基本发布任务”的意向。例如作为抗灾救治主力军，“河南消防”发布了256条救治情况，但其中251条都是消防员的工作日志，且模板形式一致，大致模板为“事件+情况+消防员救援方式”，如7月24日早上7点发的微博内容为：“消防员两小时转移疏散40余人”；7月23日，河南鹤壁消防在浚县西皮村转移疏散被困群众，两小时内共转移疏散40余名被困人员。对于其他的情况的发布几乎没有提及。

但郑州暴雨期间也有积极履行自己职能的政务新媒体，如郑州市委宣传部政府微博在“郑州发布”上的信息时效处理相对得当，2021年7月20日至21日，一共发布了117条微博，涉及暴雨预警、暴雨情况、暴雨影响、救治情况、社会援助、信息聚合等，在短时间内尽量呈现出事件的原貌和进展。2021年7月19日至2021年7月24日，“郑州发布”共发布271条微博，其中暴雨预警20条、暴雨情况29条、救治情况88条、灾害影响14条、灾害科普1条、灾害重建27条以及信息聚合92条。在救治情况部分，多数报道是实在的救治人数以及民众互助情况，如“郑州消防成功救援转移150名幼儿园师生，很明显，“郑州发布”微博号尤其注重信息聚合和发布，特地创建话题“防灾信息服务台”，此话题下所发布的信息主要是雨情通报、交通状态和生活信息，例如：“郑州降雨量破历史极值”“郑州公交已恢复运营生产线路107条”，主要目的是及时通知民众相关重要信息，以便民众出行和生活。在此基础上，“郑州发布”微博号还转发河南暴雨互助链接，及时吸纳社会力量，为受灾人民争取社会援助，为政府缓解救灾压力。

通过上述案例分析我们不难发现，郑州暴雨期间政务新媒体在信息发布环节是“下功夫”还是“真应付”，公众的反应是最直接的，对政府的公信力的影响也是最明显的。如果政务新媒体从根本上改变了公众获取政务信息的基本方式，那么就会将传统媒体时代政民沟通的间接桥梁，变为由政务新媒体实现政民沟通的直接桥梁。针对政府在遭遇重大突发公共事件时的公开政策、行动和发声，公众可以直接通过政务新媒体进行自我表达、反馈和参与。这样政务新媒体才能代表政府真正成为公众参与的平台。但是一些政务新媒体由于体制、角色、运营等困境，公众参与观念淡薄、建设能力有限、话语体系转变困难，仍然存在“官本位”思想，与公众能接受的话语体系有很大的差距，造成在重大突发公共事件发生的时候政府公信力缺失的情形时有发生。

二、信息公开不及时政府公信力下降

随着移动互联网的快速发展和社会民主政治的不断推进，民众在政务新媒体中的参与度不断提升，公众与政府及媒体之间的关系也随之发生变化。在传统媒体时代，政府通过政府媒体进行信息发布和社会性舆论管控，公众在这种单向传播渠道中是处于被动状态的。随着新媒体的发展，政务新媒体不断发展成熟，民众在政务传播链条中，角色和地位发生变化的同时，政务新媒体代表的媒体角色也从政府的“喉舌”中脱离，逐渐成为一个独立的媒介平台，从而根据新媒体的开放性和互动参与的特点，政务新媒体不仅重塑了媒体和政府之间的关系，也重新定位了公众对于政务的角色。如在郑州暴雨发生之后，政府期望民众通过政务新媒体发声和反馈以及告知诉求，这使得政府更加容易通过政务新媒体知悉公众的诉求，以此形成良性的政府与公众互动，有利于政府在特殊时期通过政务新媒体提升公信力。

政务新媒体在信息公开过程中，不发声和“报喜不报忧”的情形依然存在。在新媒体目前的关系格局中，以政务微信、政务微博、政务短视频平台以及政务客户端等多个平台为代表的政务新媒体在社交媒体中更容易吸引公众。在郑州暴雨初期，信息传播力不足与公众大量需求之间处在矛盾中，很多公众只能通过留言、问答等形式与政府进行互动；但政府确实存在回应不及时的情况，最开始还是网友通过在线文档自发就近匹配救援信息，民众之间互相援助，发展到一定规模时，才有相关政务媒体开展信息匹配的救援行动。

在重大突发公共事件中，政务新媒体反应迟钝，民众就会对政府的公信力抱有质疑的态度。针对事件发生之后，民众需要在第一时间通过政府渠道获取事件发展的准确信息，也亟须了解事件进展、权威结论、有效解决办法等，一旦政府不能通过政务新媒体及时公开信息，势必会出现“虚假信息和谣言的井喷式爆发”。民众需要大量信息了解真相、缓和情绪、获得安慰，防止过度应激反应等，如果政务新媒体不同程度的“失语”，政府没有及时发挥相应的职责，甚至面对危机一筹莫展，对于公众迫切需要了解的问题语焉不详，无论是因为利益牵扯还是谨言慎行，信息公开不能满足民众的需求，必将带来舆论环境的恶化以及政府公信力的下降。

《中华人民共和国突发公共事件应对法》与《中华人民共和国政府信息公开条例》的发布在规定政府对危机信息公开义务的同时，也为媒介的知情权和监督权提供了法律保障，对我国的公共危机传播产生了不小的影响。但在真实的突发公共事件中，政府的信息公布完整度并不高，常规来说，并不能满足危机情况中民众对于信息的需求。

突发公共事件发生后，民众对于未知普遍存有恐慌心理，而信息就成了“舒缓剂”，全面的信息对于民众想要了解全貌来说是至关重要的。在郑州暴雨事件中，民众想要了解的包括灾害影响、救治情况、灾害自救、灾害科普和灾后重建等信息，但除了“郑州发布”信息完整度较高之外，其他政务新媒体发布的信息都有较大的欠缺。如“平安郑州”的暴雨相关信息多是转发，不仅信息有传递缺位现象，还出现了重点偏移，甚至在郑州暴雨达到峰值时，还发布了与暴雨无关的微博；“河南消防”在郑州暴雨期间发布的信息多是消防员的工作日志，对暴雨情况、灾害影响、自救指南等一笔带过。作为河南政务微博排行榜的第三名，其所发布的内容与民众寄予的期望远远不相符；“河南气象”也是大篇幅突出雨情相关的信息，对其他内容少有涉及。

几乎所有的政务新媒体都归属政府部门，这是其权威背书，也是其内容主要偏向和定位所在。但是，当突发公共事件发生、民众对信息的需求空前膨胀时，如果政务新媒体还是囿于自身职能范畴，仅传递与职能范畴相关的信息，甚至是职能范围内的信息都有所缺失，这无疑背离了《中华人民共和国突发公共事件应对法》，忽略了民众知情权，那么就会造成民众获知信息的意愿和实际出现不对称的情况，致使政府公信力下降。

第三节　风险沟通能力明显不足

在重大突发公共事件发生时，突发公共事件会为公众带来恐慌、未知以及事件发展的不确定性，此时媒体的危机沟通能力就显得尤为重要。重大突发公共事件爆发之后带来的敏感性非常明显，由于爆发突然，在短时间内对社会的正常运行会产生极大的负面影响。如在郑州暴雨期间，整个郑州交通系统瘫痪，民众无法正常生活，甚至还有许多民众被困在下班路上无法动弹，被困的民众急需救援，而家中的民众则急需信息。因此关键时刻通过媒体优化的风险传播将会起到决定性的作用。在重大突发公共事件发生时，媒体尤其是当地的政务新媒体，行之有效的危机传播是应对突发公共事件的一剂良方。政务新媒体对风险信息的生产和准确传播，对风险信息的有效发布，在很大程度上可以抑制突发公共事件之下公众的恐慌情绪和应激反应的蔓延，也能提升公众对事件的应对能力，减轻事件带来的负面影响。相反，如果公众不能第一时间通过媒体或者政府渠道获取科学、权威、真实、有效的风险信息，就会在信息过载的影响下，获取不实信息、虚假信息甚至谣言。因此，突发公共事件发生后政府通过政务新媒体进行风险传播在应对重大突发公共卫生事件中有着重大的意义。重大突发公共事件期间，政务新媒体在传播引导过程中，既要保持信息的及时与权威，也要保持信息的“真实和专业”，因此政务新媒体如何在事件发生期间建立有效的信息核实发布机制和风险沟通系统，是当下面临的一个新问题。

本节将研究视角确定于发生重大突发公共事件时，针对政务新媒体在风险沟通中的角色定位以及作用发挥存在的问题进行研究，将根据郑州暴雨期间大量风险信息的传播进行分析。同时，结合政务新媒体在郑州暴雨期间风险信息传播过程中的缺失或风险扩大引发的信任危机等层面，探究政务新媒体在郑州暴雨期间参与政府风险沟通过程中，结合风险报道能力低下、风险沟通意识薄弱、风险沟通策略不成熟、民众参与风险沟通“赋权”缺失、政府立场明显、谣言过滤机制缺失等问题进行分析，从而为政务新媒体发展过程中提升参与政府风险沟通的能力，成为继主流媒体、社会化媒体之后有效参与风险沟通的重要渠道之一。

一、风险沟通者角色失调

德国社会学家乌尔里希·贝克提出了“风险社会”的概念，如今普遍认为，风险沟通是一个双向甚至多向的沟通与参与过程。“风险沟通的目标是分享对挽救生命、维持健康、将对己对人的伤害降到最低的信息，改变信念和(或)改变行为。”风险沟通与传播相关研究由此产生。虽然公共突发事件中公众的恐慌并非完全源自媒体，但媒体在风险交流和扩散中是否履行了其自身的监管、检测和预警等职责，抑或是因沉默、失语等行为，某种程度上助长了公众的焦虑与不安。

在贝克提出“风险社会”的概念以后，目前学术界并没有明确提出风险社会中关于媒体的角色定位的系统理论。相关的时政研究以及学术研究考证了媒体在风险信息传播和风险沟通中扮演着特定的重要角色，如相关学者认为，风险沟通视角下，媒体在引导舆论良性发展、组织公众有效互动反馈、开辟特殊时期的对话渠道以及培养公众理性对待、谣言过滤等方面发挥着不可或缺的作用。理论上说，在遭遇突发公共事件的时候，媒体通过告知、教育、对话的方式可以降低公众在风险时期产生的焦虑和恐惧，对公众的风险应对行为产生积极的影响。但是也有研究发现，媒体对风险信息的议题设置和数量的不控制会导致风险扩大，加剧公众恐慌和焦虑。因此，媒体在风险沟通中的角色和作用一直是一个值得研究的问题。

新媒体时代政府在面临突发公共事件时，风险沟通面临着很多挑战，最常见的就是风险沟通者角色失调的情况。新媒体环境下信息传播速度快，导致风险应对时间变短，传播主体多元化和传播途径多样化导致风险信息把关难度加大，突发公共事件期间风险信息的过载导致政府主动议程设置被消解，同时公众的网络接触差异导致政府与公众风险沟通难度增加；此外，突发公共事件期间风险信息真伪难辨、媒体的大量报道让社会风险被放大，都是突发公共事件期间政府在风险沟通中出现的问题。郑州暴雨期间，相较过往，政府的风险沟通意识增强，利用新媒体作为风险沟通的重要渠道，但是作为发展日渐成熟的政务新媒体，具有权威信息发声的政府角色，又有信息及时发布、与公众互动反馈的新媒体特征，因此从特定角度讲，政务新媒体可以在风险沟通中发挥重要效能。在风险沟通中，政务新媒体具有权威发声的能力，又具有覆盖面宽、受众范围广和传播速度快的特点，因此政务新媒体成为政府和公众进行风险信息交流的最佳选择。政务新媒体代表政府发布权威信息，获取公众对风险信息的反馈，政务新媒体将公众的诉求以及风险沟通的建议反馈给政府，有效地实现政府和公众两者的风险沟通互动。但是，反观疫情期间政务新媒体在政府风险沟通中的作用和角色，呈现出很多问题。

政务新媒体在参与政府风险沟通过程中，从郑州暴雨初期对风险环境的检测以及风险预警、疫情暴发期的信息传播公开、疫情持续期间的风险沟通协调和舆论引导以及后疫情时代的风险沟通总结和风险教育这四个不同阶段，政务新媒体参与政府风险沟通表现出不够主动、无意识等现象。

在郑州暴雨事件期间，“郑州发布”微信公众号总共只发布了6条信息。对于郑州遭遇的极端天气没有细致的报道，也没有对灾害原因、影响以及救治情况进行报道。作为郑州市委、市政府政务新媒体权威发布平台，“郑州发布”微信公众号在信息发布时效层面存在明显缺位行为。针对7月20日引起大量民众关注的“地铁5号线”事件，“郑州发布”也只是在7月27日发布了一则名为《郑州地铁5号线“7·20事件”情况公布》信息，总篇幅百字左右，仅仅对伤亡情况做了描述，未涉及地铁洪水倒灌的原因以及为何地铁5号线在极端条件下还在运行等民众关切的问题。

突发公共事件往往能在短时间内就对社会造成剧烈的冲击，并成为网友讨论和猜忌的话题，而造成不实的流言在网络空间中却肆意流窜。因此，政务新媒体需要以最快的速度联系政府各部门，发布相关资讯，尽快消除民众信息的不对称，把握舆论发展方向。除了在信息发布上追求速度之外，在服务职能上，政务新媒体也应当借用自身的影响力为政府分担一些救治压力，比如，快速形成一个民生信息聚合平台，代替政府及时发布信息。再比如“郑州发布”微博号就在郑州暴雨期间创建了“郑州防灾服务台”的话题，在这个话题下聚合了郑州实时雨情、实时交通情况和救援互助信息，消除民众信息不对称的同时，也扩大了民众求救的渠道，分担了政府救援压力。

二、风险沟通中信源偏向与互动机制缺失

政务新媒体在风险议题上选择"政府发布"的做法，从侧面体现出政务新媒体的政府意识强于公众服务意识，这或许是政务新媒体与社会化媒体、传统媒体以及自媒体的不同之处。相对社会化媒体，政务新媒体依旧是标准的自上而下的信息发布，虽然政务新媒体具有一定的社交能力，但并不像社会化媒体一样能形成公众之间多对多的信息共享，这样就形成了政务新媒体在进行风险信息发布的时候，公众的视角和立场并没有被带入。郑州暴雨期间政务新媒体在政府风险沟通中，其风险信息发布不符合公众立场，因此没有受到公众更多的吸引和关注，在灾情期间并没有在风险沟通过程中发挥更大的影响力。

风险沟通过程中，"公众赋权"是风险沟通是否能够成功的重要因素，公众(风险承担者)与政府(风险沟通主体)进行权利分享，有利于在突发公共事件发生时，提升公众对政府的信任，从而便于风险沟通中的信息发布和决策执行。政务新媒体在参与风险沟通中，严格来讲并没有给予风险感知者和风险承担者提供对话的空间和渠道，在一定程度上"集权于政府"，没有实现风险沟通的角色作用。信源的政府偏向和公众与政府的互动机制明显缺失是此次郑州暴雨事件中政务新媒体在风险沟通中暴露的明显问题。在发生重大突发公共事件时，公众在风险沟通中的互动参与以及社会理性的话语权表达是衡量风险沟通的有效指标。政务新媒体在郑州暴雨期间，无论是议题设置还是信源选择都是从政府信源出发，可以理解是因为"政府场域"和权威信息发布机制的要求，议题体现出对政府和专家信源的高度信赖，与社会化媒体相比，信源的倾向有很大的不同，且最后的效果也会南辕北辙。纵观这次郑州暴雨，无论是政务新媒体还是主流媒体，在风险沟通中，社会化媒体对于公众的参与具有明显的优势，这也是政务新媒体在风险沟通中缺失的。如"郑州地铁5号线"的相关情况，前期几乎是社会化媒体和用户自身在报道和传播，但遗憾的是，在事件发酵到全网讨论时，也鲜有政务新媒体参与传播。政务新媒体选择不发声，公众便会通过社会化媒体进行沟通表达，虽然信源来自民间，可信度有待考证，但是社会化媒体提供了公众的"社会表达"，采用公众信源与公众进行信息交换和互动，公众便成了风险传播过程中的感知主体，从整体来说，也有利于提升风险沟通的成效。反观政务新媒体，若没

有涉及相关风险信息，会大幅影响政府在风险沟通中的成效，也使政府进行风险沟通的渠道除了传统媒体以外，略显单一。

三、谣言处置机制不成熟

一般来说，突发公共事件具有以下几个特征。突发性：突然发生，事先无法预知时间、地点、方式以及程度。复杂性：突发公共事件往往会出现一因多果，一果多因的复杂状态，对于政府而言，防治需要系统运行。破坏性：包括直接损害和间接损害，直接损害的标志是人员伤亡以及财产损失，间接损害包括事件发生后对社会心理和人员心理的破坏性。持续性：从宏观角度上看，在整个人类文明发展进程中，突发公共事件的身影从未消失过，从微观角度上看，单个突发公共事件的发生往往会经历潜伏期、爆发期、高潮期、缓解期、消退期五个阶段。

突发公共事件发生在潜伏期、爆发期和高潮期时，由于不确定因素太多，一些谣言就成了重灾区。郑州暴雨事件发生以后，由于存在着信息不对称的情况，大量的不实信息、虚假信息出现在互联网中，谣言呈现出类型多元、传播途径各异、危害程度不同等特征。郑州暴雨期间的大量谣言传播容易产生风险传播，为政府风险沟通增加难度，从而影响灾后重建工作的开展。因此在突发公共事件中，建立谣言粉碎机制，提升公众的信息核实能力和辟谣意识，有利于政府和公众之间的有效风险沟通。郑州暴雨期间，政务新媒体在一定程度上并没有体现出作为政府的“谣言查证平台”和“虚假信息过滤平台”所应当发挥的积极作用，这意味着政务新媒体本身具有的权威信源功能和谣言澄清机制并没有在风险沟通中发挥应有的作用。

互联网平台，如今已然跃升为人们了解社会时事的优选之径，其便捷、高效、直观的特性，让信息获取变得触手可及。在社交网络环境中，谣言经历了潜伏期、爆发期、变种期或蔓延期等不同阶段。社交网络谣言是指在突发重大社会事件背景下，在社交媒体平台上传播的未经证实的言论和虚假信息，这些信息可能对社会稳定产生负面影响。由于公共事件本身的高度敏感性和突发性谣言传播的整体生命周期可能与一般谣言有所不同，因此，政务新媒体需要加强识别和预判能力，在谣言潜伏期及时介入，并控制谣言的传播规模。

谣言的产生往往基于特定的社会事件或者公众对某个事件的有限认知，个人或组织出于各自的目的，会在社交网络平台发布一些不真实的信息，这种造谣行为与其所处的宏观环境和微观主体之间的互动是分不开的。在突发公共事件中，社会环境、经济环境、网络舆论环境都可能成为谣言产生的土壤。例如，在郑州暴雨事件中，由于公众对于暴雨影响及救治情况的信息认知存在诸多不明确性，以及他们自身所处的实际环境，基于好奇或恐慌的心理，他们会对事件的处理进展产生极大的关注和信息需求。然而，在这种突发性公共事件中，公众的信息需求和他们实际能获取的信息之间往往存在着巨大的鸿沟，这样的差距便成了谣言产生的媒介。不过，值得注意的是，在谣言产生的初期阶段，治理谣言的成本还相对较低，如果政务新媒体能够及时发现并监控这些不真实的信息，那么他们就有可能提前介入，化解一场可能的公共危机。这也说明了政务新媒体在信息监控、风险预警和舆论引导等方面起着重要作用。

一旦突发公共事件相关议题的谣言开始传播，往往能迅速吸引公众的关注，进入传播的突发期，形成第一个高峰。根据“沉默的螺旋”的理论，在政府发布信息之前，谣言由于其极高的诱导性，将引发首因效应，即谣言的主体信息将在公众心中占据“主导”地位，并收获到众多的二次传播。在群体心理与极端化倾向的催化下，信息的二次接纳者亦会激发谣言的广泛传播。网络记忆效应的存在，也是谣言得以迅速扩散的原因之一，谣言将在类似社会环境或特定时机的触发下，反复呈现。

突发公共事件的谣言往往在极短的时间内会从诞生期进入突发期，用户群体的转帖行为以及突发公共事件的复杂演变会导致谣言的主体信息在一定程度上产生变化，并进入了所谓的谣言扩散的变异阶段或进一步的传播阶段。因此，在有针对性的辟谣策略之前，谣言的传播过程中必然会出现第二个高峰，这个现象主要是因为治理主体的辟谣延误、主体间协同管理机制的缺乏、法律法规机制的漏洞，以及公众反馈系统的不完善等因素造成的。所有这些因素，如果深究其根源，都源自微观治理主体以及宏观治理环境的问题。可以说，它们是谣言传播过度肆虐的一个极其重要的原因。

政府、媒体、专家学者、公众等共同致力于社交网络公共事件中的谣言治理。面对层出不穷的谣言，政府正积极接纳和支持社会多元主体协同治理的理念。但理想是美好的，现实是骨感的，虽有构建社会多元主体协同治理的理念，但真正实施起来困难重重，各谣言治理主体权责不清、职能发挥不充分、各治理主体间协同机制不完善等问题阻碍着谣言协同治理模式发挥效用。在“郑州地铁5号线”事件中，网上求助信息和谣言混杂在一起，不时有人员伤亡相关谣言兴起，谣言迅速发展到爆发期，给民众造成了不小的冲击，也给网民留下了心理阴影。面对此种情况，作为既有政府背书又有媒体属性的政务新媒体应当积极承担主体责任，同时政务新媒体作为社会多元主体之间的连接器和疏通要道，要及时全面公开辟谣信息，审视工作内容，及时调整偏差，组建谣言治理人才队伍，完善相应资源。

第四节　危机传播机制不健全

根据《国家突发公共事件预警信息发布情况月报(11月)》显示，2021年11月，全国各部门通过国家预警发布系统发布预警信息23906条，其中，国家级发布预警179条，省级发布预警619条，市级发布预警3188条，县级发布预警19922条。在省级预警信息发布情况中，河北发布预警数量最多，为2101条，河南其次，为1860条。从国家突发公共事件预警信息发布网的月报中，可以看到突发公共事件在全国范围内已经呈现出常态发生的状况，而每一次突发公共事件的发生不仅给民众的生命财产带来巨大的损失，也是对当地政务能力的一次大考验，在此背景下，如若政府危机传播机制不健全，就会形成难以应付危机的局面。

Coombs定义危机传播为“为了解决危机情境而收集、处理和发布信息”，并建立了一套被称为“情境式危机传播理论”(SCCT)的框架，成为近年来危机传播研究的主要理论基础。Coombs对危机传播的定义涵盖了议题管理、风险管理和传播、声誉管理、灾害传播以及组织运行连续管理等领域①。在中国，危机传播研究的序幕可以追溯到2003年暴发的“非典”疫情。这一事件为学界提供了前所

① Coombs W. Timothy. Protecting Organization Reputations During a Crisis: The Development and Application of Situational Crisis Communication Theory[J]. Corporate Reputation Review, 2007, 10(03): 163-176.

未有的“社会控制实验”和“社会叙事的典型框架”，在危机传播研究方面有着重要意义。史安斌认为“危机传播就是在危机前后及其过程中，在组织、媒体、公众之内和彼此之间进行的交流和互动过程”。①

危机传播与新闻发布两者之间的联系历史悠久，紧密无间。观察新闻发布制度的发展历程，我们可以明显发现，“现实危机驱动”和“问题导向”已经成为该制度持续演变和不断自我完善的关键驱动力。1983 年，中国设立外交部新闻发言人和新闻发布制度，标志着新闻发布实践的启动。这个新机制开始探索适合我国国情的制度模式。当面临如“非典”这样的危机时，中国政府深刻认识到了与媒体和公众建立高效、畅通的信息交流渠道的重要性。这一行动对于巩固执政基础、提升国家形象产生至关重要的影响。近些年，无论是各级政府、各部委，还是地方党委政府，在新闻发布机制上都有了显著的进步和完善，不断对其进行改良和调整。2019 年 8 月，中共中央颁布的《中国共产党宣传工作条例》以强制性的制度形式，明确规定了“协调开展新闻发布工作”是党委宣传部门的职责，这一点充分反映了党和政府在决策层面对新闻发布的重视程度。

经过三十多年的发展，新闻发布机制已经发展成熟，成为党和政府进行信息公开和危机传播的机制。这一机制的存在和不断完善，使得我国在面对各类突发事件时，能够更有效地传达信息、引导舆论、减轻危机、维护社会稳定。在风险社会中，社会风险显著增强，社会风险涵盖社会中可能诱发灾害的各式情境，其影响力并非单纯取决于灾害的发生，更重要的是公众对灾害可能性的理解和构建。简言之，社会风险在某种程度上也可被视为社会群体对灾害可能性的主观感知。对政府而言，在风险治理过程中，公众的关注、支持及信任的深度，将会极大地影响社会风险的演变趋势，政府需要积极应对社会风险，并与公众进行有效的沟通和合作。公众的参与和支持对于风险管理和灾害应对至关重要，而政府的透明度、信任度以及对公众关切的关注程度都将对社会风险的演化路径产生重要影响。

在这个充斥着情绪主导的“后真相时代”，一旦重大公共危机爆发，真相与谣言、真理与谬论之间的斗争便愈演愈烈，多元价值观的舆论阵地由此分立，对

① 史安斌．风险社会中的危机传播[J]．现代职业安全，2011，120(08)：46-48.

立碰撞。以“郑州暴雨事件”为代表的突发、高风险、持久性事件，使得新闻发布在社会环境剧烈变迁的当下，迫切地寻求弥合与修复之路。在当下影响力巨大的社交媒体“望远镜”下，一旦我们所发布的内容偏离事实真相、或者与受众的期待和感受背道而驰，抑或是危机传播的策略和方式出现明显的失当之处，那么，那些包含更多负面情绪和不良影响的“次生舆情”便极有可能在社交媒体的传播和发酵中不期而至，它们往往会犹如火焰一般迅速扩散，进而在顷刻之间引发公众对于我们所关注的话题和议题的聚焦点出现偏移、误解甚至是不满的情绪，最终，我们也可能会因此遭受到公众的质疑和批评，进而破坏危机传播的整体成效。因此，在危机传播中，寻求准确性、合理性和与受众共鸣的信息发布变得尤为重要，其目的就是避免引发负面后果和舆情失控的风险。郑州暴雨期间，政务新媒体包括政务社交媒体在危机传播中存在一些问题，如信息发布功能和社会动员功能没有明显效能，涉及宏观的人员配置、机制建设、运营效果等。

一、未建立高效的新媒体危机响应机制

突发公共事件往往是突然发生、超出人们预料的事件，与之对应的危机消息可以分为爆发、扩散、消弭三个阶段。政务新媒体的应急响应主要针对前端信息进行第一时间的风险控制，防止因危机信息传达不足致使危机扩大化，要做到这点就需要政务新媒体建立高效及时的新媒体响应机制，能在最短的时间内针对情况作出反应。然而，目前我国尚未建立起高效的新媒体响应机制。一方面，信息审核和发布机制的低效性客观上影响了响应的时间，基层政务新媒体缺乏独立发声的权限，而层层审批的制度常常导致政务新媒体错失舆论先机。另一方面，政府在主观上对发布信息的谨慎程度过高也是导致响应不及时的原因之一，在对事件整体情况尚未全面掌握的初期，政务新媒体往往不敢贸然发布信息。

这种情况下，政府需要认识到建立高效的新媒体响应机制的重要性。信息审核和发布机制需要提高效率，同时给予基层政务新媒体更大的发声权限，减少层层审批的限制，以便更及时地回应舆论和传递准确信息。同时，政府也需要在权衡谨慎性和及时性时找到平衡点，以确保在初期信息不完全掌握的情况下，能够及时发布相关信息并持续跟进。通过建立高效新媒体响应机制，政府能够更好地回应公众关切，增强信息透明度，有效化解危机传播中的误解和不确定性。在郑

州暴雨期间，当地政府机构也属于灾区，存在着自顾不暇的情况，同时由于事发突然，相关重要信息也难以在短时间内传递到政务新媒体内部，在情况与信息不充分掌握的情况下，政务新媒体更难以发布相关情况说明。但是，政务新媒体不能因此放弃快速响应机制的构建，应快速作出响应以缓解公众的不安情绪。即使在没有充分了解事件的情况下，政务新媒体也应通过表达政府的关注态度来传达信息，表明政府正在对事件进行应急处置和调查，这样做可以避免公众产生恐慌和无助的情绪。

二、缺乏危机议题设置能力

在突发公共事件发生后，政务新媒体运营人员常常面临缺乏相关训练的情况，因此在临时上阵时往往难以及时设置适当的议题。这可能导致议题的设置滞后且不准确，主要表现在新闻发布议题管理上，大多数时候我们的工作更多是停留在政策解释和情况通报的浅表层面，而缺乏对社会舆论关注的焦点，以及广大受众现实利益诉求的热点问题的深入研究和准确把握上。此外，我们在信息需求的满足和情感需求的关注上，以及在网络舆情的风险评估和发展趋势的预测上，也存在明显的不足。这些不足的存在，不仅影响了新闻发布的质量，而且影响了社会舆论的引导效果。由于这些原因，政务新媒体未能及时澄清谬误、解决争议、凝聚共识。政务新媒体在埋头设置议题之时，也需时时抬头看看民众所需信息，才能做到有效的危机传播。突发公共事件往往能在短时间内就对社会造成剧烈的冲击，并成为网友讨论和猜忌的话题，造成不实的流言在网络空间中肆意流传。因此政务新媒体需要以最快的速度联系政府各部门，发布相关资讯，尽快消除民众的信息不对称，把握舆论发展方向。

三、危机“次生舆情”处理不及时

公众关注点的转移导致政府的防控努力大幅减弱，进而对政府在事实和价值层面上的危机传播公信力造成损害。正如有学者指出的那样，政府对于舆情的不当回应或延迟回应是触发次生舆情的直接原因，而公众信息诉求、利益诉求、价值诉求没有获得满足则是根本原因。虽然郑州暴雨事件已然引起社会广泛关注，但地铁 5 号线洪水倒灌情况也逐步在网络中演变成次生舆情，但针对 7 月 20 日引起大量民众关注的“地铁5号线”事件，郑州相关的政务新媒体未发布相关详细信息，试图忽略此事件。如“郑州发布”公众号则发布了一则名为《郑州地铁5号线“7·20事件”情况公布》的信息，总篇幅百字左右，仅仅对伤亡情况做了描述，未涉及地铁洪水倒灌的原因以及为何地铁5号线在极端条件下还在运行等民众关切的问题。次生舆情多是由民众自发演变的舆情，如若处理不及时或不当，必然会在网络上掀起轩然大波，对民众心理造成冲击。

四、缺乏危机信息管理能力

突发公共事件一旦发生，必然会消耗大量政府的应急资源，当出现罕见灾害时，常常出现物质资源和人力资源跟不上的情况，这个时候，就需要信息资源的政务新媒体出力，但政务新媒体缺乏危机信息管理能力，在危机事件中，信息救援渠道搭建不健全，难以适应危机状态；除此之外，如若受灾范围广，也极易出现民众求救信息无法被及时传达的情况。而一旦出现上述情况，人们的生命财产安全将进一步陷入危局。面对此种情况，政务新媒体应当积极履行自己的服务职能，打造政府联通社会、民众连接政务和社会的畅通渠道，及时传递相关信息，将危机中的危害降至最低。但从郑州暴雨事件中政务新媒体的举动中，我们可以看到，在面对突发公共危机时，政务新媒体的意识还留存于信息发布机构层面，未发挥自身的公信力和影响力优势。7月19日，河南籍大学生创建腾讯文档收集救助信息，志愿者越来越多，文档多次更新。7月21日，“郑州发布”微博号才发布河南暴雨互助相关信息，至此，郑州已经度过灾害最严重的时期。而郑州其他政务新媒体未发布相关信息，未参与救援渠道的搭建，未尽到服务职能。突发公共事件发生后，所带来的危害往往不是单一的，而是复合型的，因此政务新媒体在辅助政府进行危机管理时必须系统运作，不能顾此失彼，要统一观点、全方位发布、稳住阵脚、组建班子专门负责、迅速实施、合纵连横。在郑州暴雨事件中，政务新媒体应当发布系统且全面的信息，应当囊括暴雨预警、暴雨情况、救治情况、灾害影响、灾害科普、灾害自救、灾后重建和信息聚合八个方面，让民众能够全方位了解自己身边正在发生的事情。除了发布信息、引导舆情和规避谣言外，政务新媒体还要利用自己的公信力和影响力链接社会资源，齐头并进，全面抵御灾害。例如“郑州发布”公众号就可以在暴雨来临时，在微信矩阵中添加暴雨互助入口，链接求助资源和救援资源。以一个合纵连横的方式应对突如其来的灾害，既可以加快事件处理效率，又可以减少灾害中人们等待救援的痛苦。除了在信息发布上追求速度之外，在服务职能上，政务新媒体也应当借用自身的影响力为政府分担一些救治压力，例如以自我为中心，快速形成一个民生信息聚合平台，代替政府及时发布信息。“郑州发布”微博号就在郑州暴雨期间创建了“郑州防灾服务台”的话题，在这个话题下聚合了郑州实时雨情、实时交通情况和救援互助信息，消除民众信息不对称的同时，也扩大了民众求救的渠道，分担了政府救援压力。

就理论而言，政务社交新媒体在危机传播中具有明显优势。首先，政务社交媒体在疫情期间是政府机构和职能部门的信息发布的主要渠道，具备政府属性自带的权威、公众关注度高的特征，与普通的社交媒体相比，在信息的真实度、传播范围以及受众规模等方面都具有明显优势，其对公众和社会造成的影响也会更大。其次，政务社交新媒体除了具有社交属性以外，还具有权威信息发布和公众意见反馈收集的公众性，具有严格的信息发布审批流程和机制，社会责任也比普通社交自媒体更大，信息的准确性和权威性也更高。最后，政务社交媒体与公众的强交互性提升了信息传播的多样化，虽然政务社交新媒体属于社交媒体，但是主体是政府，具有人际传播的特点，因此通过政务社交媒体，公众与政府互动交流更加频繁，除了能及时发布权威、真实、准确的信息之外，还可以提升政府治理能力，实现危机期间的资源高效配置。

本章主要阐述了政务新媒体在突发公共事件中传播力的制约因素。通过具体案例分析，探讨了信息传播失灵、信息发布不及时、风险沟通能力不足和危机传播机制不健全四个方面的问题。

首先，在信息传播失灵和介入舆论场的滞后方面，政务新媒体未能发挥其参与政府多元化治理功能的作用，舆情引导滞后，政府与公众双向互动缺失。其次，在信息发布不及时方面，政府在突发公共事件中的信息发布流于形式，信息公开不及时，从而影响了政府的公信力。再次，在风险沟通能力方面，风险沟通者角色失调，信源偏向与互动机制缺失，以及谣言处置机制不成熟，这些都是导致政务新媒体风险沟通能力欠缺的原因。最后，在危机传播机制方面，政府未建立高效及时的新媒体危机响应机制，政务新媒体缺乏危机议题设置能力，对“次生舆情”的处理不及时，也存在危机信息管理能力缺乏等方面的问题。

综上所述，政务新媒体在突发公共事件中的传播力制约因素比较复杂，政府应该建立完善的应对机制，进一步提高政务新媒体在突发公共事件中的传播力。

第七章　政务新媒体传播力提升的建议与思考

根据中国互联网络信息中心(CNNIC)2024年发布的数据显示，截至2023年12月，我国政府网站达13925个，全国一体化政务服务平台建设成效逐步发挥，逐步形成覆盖国务院部门、31个省(区、市)和新疆生产建设兵团的数据共享交换体系。并且，从2020年3月到2023年12月，我国互联网政务用户规模从6.94亿增长到9.73亿，占整体网民的比例由76.8%提升至89.1%，全国一体化政务服务平台实名用户超过10亿人。目前，我国在新浪微博平台注册的政府机构大约有15万个，开通账号基本覆盖了所有省市，几乎都在用“两微一端”作为新媒体传播的渠道。从这些数据中可以看出，我国政务新媒体的普及范围之广泛和影响力之大。

政务新媒体作为政民互动、沟通交流的平台，承担了凝聚社会共识、进行舆论引导、提供线上服务、传递人民声音等功能，一方面，政务新媒体能够帮助政府开展相关工作、促进相关政策的落实和实施；另一方面，也能够作为政民之间的桥梁，反映人民心声、解决民众生活问题。2021年，一则“广西沃柑泡药，果农自己都不吃”的谣言传遍全网，许多不明真相的公众轻信了这条消息，导致广西沃柑滞销，对当地培育了8年的扶贫产业造成了毁灭性打击。在这种情况下，中国三农政务新媒体的记者迅速展开调查，发表了《从“不知”到“不吃”，广西沃柑有话说》的新闻，澄清了事情真相，保护了果农的利益，体现出了政务新媒体在舆论引导、解决人民生活问题方面的执行能力。中国三农这次的行动也被新浪微博评为“2021年一季度政务公开优秀案例”。2023年7月23日，黑龙江省齐齐哈尔市第三十四中学一体育馆发生坍塌，事故造成多人被困。事故发生后，消防救援人员第一时间赶赴现场，经过多方共同努力，十名被困者获救。“中国消防”第一时间发布微博“齐齐哈尔学校体育馆坍塌第10人被救出”，引发全国关注。“中国消防”以公开透明的原则发布权威信息，有温度、有深度地回应了民众关切。中国消防发布的这次行动也被新浪微博评为“2023 年三季度政务公开优秀案例”。2022 年，阿里女员工被侵害一案在网上获得了极高的关注度，与事件相关的讨论与争议频繁登顶热搜，甚至一度出现了许多谣言，对网络空间的安全乃至社会的稳定造成了威胁。山东省济南市中级人民法院政府微博“济南中院”在各方舆论压力下，针对此案，第一时间在微博平台公开通报事件相关信息，回应社会关切，彰显了政务新媒体在网络中进行政务公开的底气，这一事件也成了新浪微博“2022 年政务微博优秀案例展播”的话题。无论是中国消防，还是济南中院，这种利用新媒体回应社会舆论引导的做法，也是政务新媒体适应当下传播环境、提升媒体传播力和影响力的重要体现。

目前，政务新媒体建设过程中确实存在着发展不平衡、利用不充分的问题，比如一些“政务僵尸号”“信息搬运”“信息滞后”等现象依旧存在，且地区之间存在明显差异，经济发达地区与欠发达地区的政务新媒体发展水平差距较大，不平衡现象突出。这些问题不利于政务新媒体发挥自身功能，无法有效地传递政务信息、进行舆论引导，也无法在突发公共事件中及时报道事件的相关信息，回应社会关切，甚至可能由于信息发布不及时，对百姓的生命安全和切身利益造成危害。为此，无论是在管理方面，还是在内容和运营方面，政务新媒体都应结合数智技术提升自身集群传播力，让政务新媒体能够科学合理高效地发挥功能，承担相应的社会责任。

第一节　数智技术辅助运营，构建智慧服务平台

随着新媒体的迅猛发展，政务新媒体正在全面融入人们的生活。面对这一日新月异的变化，政府部门需要与时俱进，将新媒体平台作为政务公开、政策解读和民意沟通的重要渠道，为民众提供更加便捷的服务。在突发公共事件中，政务新媒体发挥着至关重要的作用。当危机发生时，政务新媒体能够迅速、准确地传递信息，为民众提供权威、透明的官方解读。在辅助舆论引导工作方面，政务新媒体通过对舆论热点的关注、引导和回应，能够有效缓解民众的恐慌情绪，增强民众对政府的信心。政务新媒体可以利用平台优势，主动发布权威信息，引导社

会舆论，为政府开展舆论引导工作提供有力支持。然而，政务新媒体的发展也面临着诸多挑战。一方面，政务新媒体在内容审核、信息安全等方面需要加强管理，防范可能出现的网络风险。另一方面，政务新媒体需要不断提高服务质量，满足民众对政务服务的新需求，以提升政务工作的公信力和满意度。在未来的发展中，政务新媒体将继续与传统媒体和其他新兴传播渠道相结合，共同为公众提供更优质、更高效的服务。政府部门应高度重视政务新媒体的发展，不断提升政务服务水平，为构建和谐稳定的社会环境发挥积极作用。

一、数智技术创新服务内容，提升政务媒体影响力

近年来，随着大数据技术、人工智能技术的不断发展，越来越多的媒体采用相关技术来辅助进行内容生产与内容分发，如新闻资讯平台“今日头条”、短视频平台“抖音”“快手”等。而在这些平台中开设政府政务新媒体账号的政务部门，也会受到算法的影响。因此，在当下的新媒体传播中，应重点掌握并运用人工智能技术。政务部门要学会运用人工智能技术进行政务新媒体的运营，并不断拓展政务新媒体在面对突发公共事件时的反应能力和影响能力。

目前，已经有政务新媒体主动运用人工智能技术，提高自身的服务水平和传播力。在政务服务方面，人工智能技术在天气预报上的作用十分突出。在技术的推动下，许多气象部门的政务新媒体也将人工智能技术运用在媒体制作当中。过去，天气预报的信息较具有概括性，较少提供每小时内具体的天气变化信息。比如，在人工智能技术的加持下，实现上海中心城区的区域预报和预警。上海市民可以打开上海市气象局的“上海天气”App，并选址、查看半径 3 公里 12 小时以内的时间天气预报。人工智能准确的天气预报也能支持城市经济的发展。比如，2021 年，宁夏气象局气象服务中心发布的“夜市气象指数”。该指数基于复杂的智能电网预测和气象预警。该指数可作为当地夜间经济复苏的参考。市民可以从微博、微信等平台获取“夜市气象指数”。除了气象服务，人工智能也能够帮助政务新媒体在民生方面提高服务质量。比如，2021 年，湖北省人民政府发布的《关于全面推进数字湖北建设的意见》。该意见指出，湖北要抢抓数字化发展机遇，加快建设数字湖北，以数智技术赋能高质量发展，创造高品质生活，提升高效能治理。其中，该意见特别强调，要以数字化升级开辟“服务高地”新跑道。

未来，湖北省将会围绕“吃、喝、玩、乐、游、购、娱”服务全生态链，培育一批居民服务数字平台，积极发展数字生活新服务。另外，《意见》还突出强调了数字湖北建设在面对突发公共事件时的重要性，即“强化‘智慧应急’建设，构建快速反应、精准指挥、科学决策的数字应急管理体系。”该意见还指出，未来湖北省将会在人工智能、大数据的基础上不断完善政务新媒体的服务功能和面对突发公共事件时的应急处置功能，让政务新媒体真正运用到生活的方方面面。比如，2022 年，湖北省人民政府发布的《关于印发湖北数字经济强省三年行动计划（2022—2024 年）的通知》（以下简称《通知》）。《通知》指出，湖北要以“大场景、小切口”为重点，聚焦电子政务、产业地图、智慧农业、数字文旅、数字教育、数字医疗、城市大脑、智慧长江、应急管理、社区管理等领域，打造一流的应用场景，满足群众办事和企业发展需求，不断拓展数字化应用领域，提高人民群众的获得感。其中，《通知》特别强调未来发展目标，即数字政府管理效能明显提升，数字社会服务更加普惠便捷，数字生态更加优化，数字经济成为推动高质量发展的主引擎、高效能治理的主抓手、高品质生活的主支撑。另外，《通知》还突出强调了推动公共数据开放共享的重要性，即搭建数据开放平台，明确各类数据资源的采集、共享和利用规则与权责，为人民群众提供优质便捷的公共服务。

在舆论引导、政务信息发布以及政府形象塑造上，人工智能技术的加持也为政务新媒体的发展带来了新的可能。人工智能技术具有精准化、个性化的特点，运用在网络舆论引导当中，人工智能技术可以帮助政务部门迅速识别网络中舆情信息的走向，并以此生产精准化、个性化的舆论引导内容。此外，人工智能写稿机器人的诸多实践应用也表明，相比于普通记者，在内容的生产速度上 AI 机器人能够显著提高新闻的生产效率。如，2017 年的四川九寨沟地震，中国地震台写稿机器人仅用了 25 秒就完成了这一事件的报道，并通过中国地震台网政府微信平台发布，成为全球第一个报道该事件信息的新闻。由此可见，快速的舆论信息研判加之精准化的舆情信息生产，为人工智能在突发公共事件面前辅助政务新媒体进行舆论引导开辟了很大的空间。2024 年 8 月，由中国地震台网中心、中央广播电视总台国家应急广播和腾讯公司联合开发的全国地震预警小程序的上线，是科技与公共服务融合的典范。通过集成实时监测与大数据分析，小程序能迅速推送预警信息，覆盖广泛区域，尤其在通信受限地区仍能确保信息传达，显著增强了民众的地震安全意识和应急能力。政府与企业合作的模式，为地震预警体系的完善和公共安全服务的升级开辟了新路径。

二、数智技术拓宽职能范围，线上线下融合

从信息发布者到服务提供者，政务新媒体每一次角色的转变都离不开智能技术的运用，在 Web2.0 时代，政务新媒体更多的是作为政务公开平台、突发公共事件信息传播渠道的形象出现在公众的视野当中。随着 Web3.0 时代的到来，移动互联网会不断地应用到人们生活当中，政务新媒体也会随之进行角色转变，从最初单纯的信息发布渠道，转变成为功能强大、涉及领域广泛的服务提供平台，逐渐融入人们的生活，成为生活中不可缺少的角色。

目前，互联网时代逐渐向数智时代过渡，人工智能、算法、大数据、云技术等新型数智技术在政务新媒体中发挥的作用越来越强大，助推着政务新媒体再次进行角色转变。现在的政务新媒体平台主要是政务服务提供者，能够为公众提供一些解决日常生活中问题的方法，满足公众的政务信息需求。但是在未来，随着数智技术的发展，政务新媒体的智能范围将会进一步拓宽，成为嵌入公众生活的信息服务聚合平台。并且，在未来政务信息公开更为规范的基础上，公众也会参与进政务新媒体的管理，让政务新媒体不再是单向发布信息、提供服务的平台，而是能够将政务信息与公众需求相结合的、推动社会共建的综合服务枢纽。

另外，未来的政务新媒体也会从“互联网+”转化为“智能+”，数智技术将会不断成为政务新媒体乃至政务服务的基础，从生产效率、内容制作、反馈收集等方面全面赋能政务新媒体。随着“智能+”的实施与落地，线上与线下的边界也会进一步消融，数智技术对于政务新媒体的推动也将不再局限于媒体自身的资源整合和功能提升，而是不断扩大，在更广大的社会范围内，激活、整合、链接社会各方生产主体和生产要素，让政务新媒体从便民利民的社会基础设施，转化为能够推动社会发展、整合社会资源的社会主体之一。2020 年 11 月《文化和旅游部关于推动数字文化产业高质量发展的意见》发布，提出要丰富云展览业态，支持文化文物单位与融媒体平台、数字文化企业合作，运用 5G、VR/AR、人工智能、多媒体等数字技术开发馆藏资源，发展“互联网+展陈”新模式，打造一批博物馆、美术馆数字化展示示范项目，开展虚拟讲解、艺术普及和交互体验等数字化

服务，提升美育的普及性、便捷性。2022 年 6 月，三星堆与中央电视台借助 VR、元宇宙等相关技术推出大型沉浸式数字交互空间《三星堆奇幻之旅》，运用即时云渲染技术呈现三星堆考古发掘大棚、三星堆数字博物馆、古蜀王国等场景，为观众近距离呈现文物细节，提供沉浸式体验。

第二节　完善大数据制度，强化数字化管理

完善大数据制度是基础性的、总体稳定的、长期的。政务新媒体是各级政府和行政部门事业单位，在新媒体技术不断发展和新媒体形态出现的技术保障下，将国家电子政务与“互联网+”结合起来的一种手段。突发公共事件背景下，原本正常有序的社会生活被打乱，部分地区可能会出现交通堵塞、物资短缺、医药不足等状况。这些问题也会由于信息沟通不畅、谣言流言传播等导致网络中负面信息弥漫，引发次生舆情危机。这要求政务新媒体能够做到及时发布事件信息、阻断谣言流言并进行舆论引导，不少政务新媒体也在突发公共事件的处理中发挥了自身效用。2022 年 9 月 5 日，四川甘孜州发生地震，地震对当地的基础设施、交通信号等造成了严重的破坏，地震现场的情况受到了广泛的关注。在地震发生后，四川省人民政府新闻办公室微博账号“四川发布”在第一时间设置微博话题“泸定 6.8 级地震滚动播报”，通报抗震救灾实时情况，为社会公众提供一手信息，回应受灾群众的需求，体现了政务新媒体在突发公共事件中快速响应以及信息传递的能力。但是，部分政务新媒体因为没有规范的制度引导仍存在不少问题。在这样的情况下，完善的制度保障将对突发公共事件下的政务新媒体事务建设和发展起着规范和指导作用。面对突发公共事件，政务新媒体应该迎难而上，更加积极主动地贯彻落实制度政策，不仅有助于政务新媒体积累经验，而且会促进舆论的平稳快速发展。

一、加强顶层设计，制定长期规划

2018 年国务院办公厅发布的《关于推进政务新媒体健康有序发展的意见》对政务新媒体规范发展、创新发展、融合发展新格局提出了明确要求。该意见指出，各级政府要大力推进政府系统政务新媒体健康有序发展，努力建设利企便

民、人民满意的“指尖上的网上政府”，持续提升政府网上履职能力。该意见要求政府以内容建设为根本，强化政务新媒体在信息发布、传播、引导、办事等方面的能力，为企业和群众提供便捷实用的移动服务。其中政务新媒体需要不断推进政务公开、加强政民互动、推动更多事项“掌上办”，并打通与宣传、网信、公安等部门的信息壁垒加强沟通协调，为政务新媒体工作开展提供便利。该意见站在国家的高度为政务新媒体的建设提供了指导和支持，在该意见的指导下开展了形式各异的新媒体建设，效果明显。根据国家统计局《关于2023年第四季度政府网站与政务新媒体检查情况及全年总体情况的通报》，2023年第四季度，国家统计局对系统微博、微信等政务新媒体开展了全面检查，检查样本合格率100%。统计系统各级政务新媒体账号围绕第五次全国经济普查宣传月、统计法颁布40周年等重点宣传工作进行平台联动，系统矩阵运营整体稳健发展。2023年，全年网站检查平均得分92.7分，相比上年提高了2.1分。

在完善政务新媒体的制度上，2022年6月，国务院还发布了《关于加强数字政府建设的指导意见》，提出了要从五个方面构建科学规范的数字政府建设体系，分别是以数字化改革助力政府职能转变、创新数字政府建设管理机制、完善法律法规制度、健全标准规范以及开展试点示范，从顶层设计出发，为数字政府以及政务新媒体的有序健康发展制定了规划。

虽然我国的行政部门正在大力投入政务新媒体的建设，但在内容保障机制、数据发布解读水平以及新媒体矩阵发展等方面仍存在不足之处。在内容方面，部分政务新媒体以及门户网站的信息更新不及时，互动回复较慢等情况依旧存在；部分网站对于信息的发布以及解读不够深入，解读形式较为单一，图表以及图示形式较少，难以使群众深入了解数据信息，对政务信息的传播形成障碍；最后，政务新媒体的内容整合能力仍待加强，新媒体矩阵之间的信息搬运现象较为明显，无法发挥新媒体矩阵应有的传播力以及影响力。目前，部分政务媒体使用政府网站开展电子政务的规律尚未摸索明晰，将不断变化的新媒体形式应用在公共治理中这一要求的确存在难度，尤其是面对突发公共事件。若要使政务新媒体参与突发公共事件处置的工作中来并发挥互联网优势，需要加强顶层设计，制定长期规划。只有将突发公共事件下政务新媒体建设纳入国家电子政务的建设，在突发公共事件的长期规划中，政府网站工作公开、政府信息公开、突发公共事件信息公开，为政务新媒体建设提供制度保障，才能有效提高突发公共事件中政务新媒体的运作效率。

二、完善信息公开制度，增强突发公共事件处理能力

目前，根据我国《传染病防治法》《突发公共事件应对法》《政府信息公开条例》等的规定，履行统一领导职责或者组织处置突发公共事件的人民政府，应当按照有关规定统一、准确、及时地发布有关突发公共事件事态发展和应急处置工作的信息。在突发公共事件中，职能部门应善用新媒体技术来开展电子政务，挖掘新媒体应用在舆论引导、促进社会稳定上的功能，建设服务型政府。最近十年，是我国社会化媒体飞速发展的十年，从暴露出政务新媒体回应时间滞后、发布不及时等问题的 2015 年天津塘沽爆炸事件，到 2021 年河南暴雨事件中政务新媒体对于暴雨的持续关注，我国的政务新媒体在面对突发公共事件时的应对态度和成效有了较大提升。政务微博、微信、短视频等新的政务新媒体，从根本上改变了人们与政府沟通的方式。在面对突发公共事件时，如果使用人们喜闻乐见的社会化媒体来进行事件信息传播，不仅会促进事件处置工作的顺利展开，而且会为政务新媒体的发展提供更多经验。一些地方政府已经建成“两微一端一短”新媒体体系，面对突发公共事件可以采取联动机制发布事件消息，而部分经济欠发达地区刚刚完成政务新媒体的初期建设，这些地区由于缺乏专业技术人员，政务新媒体运营能力较弱，无法实现政务新媒体的运用。

完善的相关制度和法律法规是推进政务新媒体建设发展的重要保障，也是在突发公共事件中高效开展政务新媒体事务的依据。2006 年修订的《国际卫生条例》确立了信息公开的三大原则，即应对能力、信息公开与核实评估。英国政府在 2013 年发布了《数据能力发展战略规划》，以大数据为核心，将城市交通、医疗、气候等方面的数据全面公开，与公众分享大数据信息，提升行政服务能力。韩国政府在 2001 年颁布了《电子政务法》，主要涉及电子政务的利用，强化电子政务运营的基础，要求行政管理电子化、行政信息资源共享。我国也要与韩国、英国等电子政务开展较早的国家看齐，从我国实际情况出发，积极完善电子政务对突发公共事件的信息公开制度，让政务新媒体在事件发生后有具体可行的法律供参考，真正做到有法可依，有章可循。党的十八大以来，我国在制定与电子政

务相关的法律法规方面做出了努力。2022 年 6 月，国务院发布了《关于加强数字政府建设的指导意见》，从多个角度指出要全面推进政府履职和政务运行数字化转型，统筹推进各行业各领域政务应用系统集约建设、互联互通、协同联动，创新行政管理和服务方式，全面提升政府履职效能。

为了更好地发挥政务新媒体在处理事件信息公开、数据分析、群众服务等方面的作用，目前急需公共突发事件相关应急管理部门，结合微信、微博、短视频平台、客户端、微电台等应用，建立了一系列具有指导性和实用性的法律法规，迫切需要结合实际制定一种评估影响的统一方法。为各级政府调查提供证据，更好地发挥政务新媒体在事件信息披露、数据分析、群众服务等方面的政府运行作用。

三、优化新媒体组织团队，提高反应速度

根据 CNNIC 每隔半年发布的中国互联网使用情况得知，截至 2024 年 6 月，我国网民规模达 11 亿，使用手机上网的比例达 99.7%。有研究表明，新媒体在 2011 年日本核辐射引发的“抢盐”风波中就已经成为主要的信息来源渠道，这一方面也预示着用户与新媒体沟通的过程中，政府需要打造一支高素质的专业运营团队。

目前，政务新媒体运营者 95%以上的员工是兼职的公共部门员工，与其他职位相比，员工波动很大。突发公共事件一旦发生，大多数情况下，他们一方面要负责自己的本职工作，一方面还要兼顾微博、微信、短视频等新媒体的运营，这种状况，不仅对政务新媒体的长远发展不利，还降低了突发公共事件信息传播的效率。① 古人云“术业有专攻”，因此具有新媒体思维的运营人员是保障突发公共事件下政务新媒体合理高效运营的关键。首先，我国正积极推进政务公开和优化政府服务的决策部署，对运营人员的要求有了质的提升。政务新媒体的运营人员和传统的管理人员有很大的差异，他们应该具有新媒体专业素养和技术特长的从业人员。其次，由于突发公共事件事发偶然、传播速度快、影响范围大、科学性强，受众容易只通过片面的解读而产生恐慌并引发社会问题。加上如今政务新媒体形式对技术有相当高的要求，如微信、微博、短视频等。另外，新媒体形式对

① 刘璐，陈琳. 政务新媒体“七大病症”，应该如何治[N]. 解放日报，2015-12-21(W02).

于当今的政府传播，对技术的要求非常高，微信、微博、短视频等新媒体形式都有自己的传播规律。这就需要政务新媒体的运营人员不仅能掌握熟练的操作技术，还能够随时应对社会上的突发公共事件，选择适当的新媒体内容及时传播事件信息。如进行科普教育 H5 页面、讲述相关故事的政务短视频、构建线上服务的新媒体平台等都需要扎实的计算机技术和视频编辑基础。

另外，仅仅了解技术是不够的，技术是前提，运营商可以通过良好的新闻素养，及时筛选出重要的权威信息、健全的技术，获得丰富的新闻传播知识，捕捉、核实舆情信息，纠正谣言，优化信息传播。中央政法委政府政务新媒体公众号“中央政法委长安剑”之所以能够做出数百篇阅读量超 10 万的爆款文章，其秘诀就在于拥有专业的编辑团队。根据 2018 年的采访，“中央政法委长安剑”的编辑团队主要是“80 后”“90 后”，并且主要编辑成员来自中央政法委新媒体工作站，拥有丰富的新媒体运营经验。在新媒体内容制作上，“中央政法委长安剑”团队成员坚持每天推出一篇原创内容，且这篇内容从选题到发布的时间一般不超过四小时，这一点可以看出，“长安剑”运营团队对于自己严格的要求以及扎实的内容制作技术。除了过硬的写作水平和新闻素养，“长安剑”运营团队在内容形式、创意展现等方面同样有独到的见解。2018 年“五四”青年节，“中央政法委长安剑”在舆论引导方面，“长安剑”团队也有出色的表现。2018 年，重庆万州公交车坠江事件吸引了全国人民的关注，事件中的争议也在网络中引发了广泛的讨论。事故之后，长安剑团队以此为契机，发起了一系列正能量议题，发起网上签名倡议“化怒，拒绝冷漠”，吸引了超过 5500 万人，在全社会掀起了“见正义、见义见勇”的正能量汹涌澎湃。

在突发公共事件下政务部门想要提高政务新媒体传播力，就要组建起一支高素质的运营队伍。这是关乎社会发展、关乎人民生命安全的大事，为了防止对计算机技术的误解，影响相关事件信息的传播，有必要确保经营者既具备计算机技术知识，又具备健全的媒体素养，使舆论不因缺乏媒体素养而受到误导。因此，要注意技术的更新，随着新媒体形式的不断涌现，政务新媒体需要走在前列，这样才能在突发公共事件发生时以受众当下习惯的方式传播信息，满足受众对政府权威信息的需求。还要完善政务新媒体运营人员的应急培训，以便在事件发生后有条不紊地进行信息传播，避免因信息传播不及时导致的舆论危机和社会恐慌。

第三节　链接传播矩阵，拓宽内容发布渠道

在政务新媒体发展初期，一些政府部门对政务新媒体的理念并没有改变，依旧保持着传统媒体的运营模式，因此产生了许多问题，如“僵尸号”“睡眠号”盛行，“雷人雷语”“胡言乱语”现象频发，政务新媒体的传播力受到了很大的冲击，也影响了公众的知情权。为了扩大政务新媒体对政府信息的传播效果，政务各部门应掌握新媒体传播规律，打造合理的传播矩阵。在突发公共事件处置中，政务新媒体需要通过建立政务新媒体矩阵，提高自身信息收集能力、传递能力以及反馈能力；通过媒体联动，提高政府应对危机的效率和准确度。与此同时，媒体网络还可以扩大新媒体内容的传播范围，有效提高新媒体对政府信息传播的影响力。2022 年，威海市文化和旅游局构建了以文化和旅游公共服务中心为总牵头，文旅局各科室、局属各场馆、县市区文旅部门全面联动的新媒体政务公开协调机制，形成了多层次联动，合理健全的政务公开协调机制。另外，威海文旅局微信公众号联合山东电视文旅频道视频号、快手号等十几个新媒体平台，共同推出了“遇见威海的海”景区慢直播活动，在一个半月时间里，共有 850 万人次观看慢直播，有效提高了威海的美誉度和知名度。建立合理的政务新媒体联动机制，不仅可以提高政务部门之间的合作水平，还可以扩大政务新媒体的影响力以及该地区的知名度。完善政务新媒体矩阵，可以拓展政务新媒体的传播渠道和覆盖面，以此提高传播力和影响力。2012 年 12 月国家博物馆注册开通微信公众号，成为国内最早尝试开通建立微信平台的博物馆，之后各大博物馆相继开通自己的官方账号，在微信平台进行政务新媒体矩阵布局。2014 年前后，政务客户端进入爆发增长期，在“互联网+服务”的政策引领下，各地博物馆着手通过开发专属 App 用以优化官方网站的部分功能，并逐渐形成了以“两微一端”为基础配置的文博新媒体传播格局。据抖音发布的《博物馆数据报告》显示，截至 2023 年 5 月，全国三级以上博物馆抖音内容覆盖率达 99. 13%，仅过去一年在抖音上发布的博物馆相关视频播放总量就高达 513. 4 亿次，相当于全国博物馆一年接待观众人次的 66 倍；相关视频累计时长达 24 万小时，在抖音看完所有博物馆内容需要 27 年；共有 2013 万抖音用户发布过与博物馆相关的视频，在抖音线上看展，感受人类文

明的精粹正蔚然成风。

目前，算法、大数据等智能技术在新媒体运营中的作用不断扩大，对于新媒体的影响也在不断增大，智能技术的运用成为掌握媒体传播新规律的重要组成部分。因此，政务新媒体不仅需要吸纳这些智能技术，而且需要在智能技术的辅助下制定更加完善的运营策略，更好地传递政府的信息、提供政务服务。2022 年 10 月，北京广播电视台融媒体中心发布了 AI 数字人“时间小妮”获得了广泛的关注，并获得了首届新视听媒体融合创新创意大赛运营模式创新类二等奖。目前，“时间小妮”已经与北京“12345 市民服务热线”全面贯通，担任了北京市“接诉即办”推广大使，通过视频向公众做政策普及和集中解答。此外，“时间小妮”还与公众进行互动，提供高频问题的解答。可以看出，AI 赋能政务新媒体，切实提高了政务新媒体的运营水平和服务能力。

一、加强媒体矩阵建设，丰富内容发布渠道

当下，微博、微信、抖音、今日头条等新媒体平台已经成为我国网民获取信息的重要渠道，全国各地方的政务部门也积极在各新媒体平台布局政务新媒体账号，这些账号在网络中形成了政务新媒体矩阵。由于不同平台的性质不同，各政务新媒体账号的服务与功能也表现出差异与特色。微博平台中的内容基本较为简短，发布呈现出实时化的特征，因此，政务微博通常用于发布政务短资讯。在突发公共事件中，微博也常常被政务部门用于发布简短的事件信息通报，为社会公众快速提供事件的进展信息。此外，微博拥有较强的交互性，使得政务部门可以通过微博留言或私信与公众进行沟通，为公众提供解决问题的渠道与方法。与微博相比，微信公众号的篇幅更长，可传递的信息更多，因此，微信公众号可以用来对于突发公共事件后续处置进行评论，发布具有深度的内容，引发公众的思考。微信公众号的长内容模式可以有效进行舆论引导，传播社会主流价值观，帮助政务部门进行社会观念的传播。而微信小程序即用即点，不用下载的特征，让其成了建设便捷政务服务的优质渠道。湖北地区的政务微信小程序“鄂汇办”为市民提供许多线上便民服务，如城乡居民养老保险相关业务、创业服务、技能证书查询等，让原本复杂的政务服务只需要指尖操作即可完成。这不仅为公众提供了便捷、节省了时间，还为政务服务人员减轻了压力，使其可以投入更多的精力

解决更为重要的问题。并且，“鄂汇办”小程序还提供通往湖北省其他政务小程序的便捷入口，如“湖北省政府”“湖北省图书馆”“游湖北”等，联动政务、旅游、民生等部门，为用户提供一站式线上服务。作为目前最火的短视频平台，抖音、快手等同样吸纳了许多政务新媒体的入驻，成为政务部门发布政务短视频的主要渠道。在短视频平台的政务部门在内容制作上更加精细化、垂直化，发展出与微博、微信等平台不同的内容制作路径。此外，短视频平台还可以利用平台算法，对用户和视频内容进行分析，将政务短视频精准快速地传递给相关用户，提高政务短视频的触达率和传播效果。2019 年 8 月，台风“利奇马”席卷而来，我国多个省市受灾，相关政务部门以及公众对此给予高度关注，抖音话题“台风利奇马”的播放量达到了 18.1 亿次。抖音账号“绍兴消防”根据抗台风应急宣传小分队传回的素材进行剪辑，共发布了 8 条视频，累计播放量 900 万余次，体现了政务短视频在面对突发公共事件时的强大传播力。2023 年 9 月，“酱香拿铁”产品推出后，针对网友对其是否含酒精、喝后能否开车的疑惑，抖音账号“武汉公安”快速反应，组织人员拍摄制作相关视频进行科普，该视频在抖音单平台播放量超 1.7 亿次，获得 195 万次点赞，引发网友关注和讨论。在日常工作中，“武汉公安”善于捕捉民警工作细节，发布的一些体现警民关系、民警敬业精神的视频也获得了较高的点赞量，如民警下班喝奶茶偶遇偷手机嫌疑人、走失萌娃被民警带回派出所秒变“团宠”等视频，都收获了大量网友的关注和点赞，体现了政务短视频在应对和转化热点事件时的强大传播力。

政务新媒体矩阵正是将这些形态、特点、功能各不相同的传播形式进行统筹，形成矩阵式的传播结构，提高政务新媒体矩阵在舆论引导、信息传播、政府形象塑造以及提供政务服务等方面的能力，减少单独政务新媒体账号功能缺失对公众生活产生的不便。除此之外，政务新媒体矩阵也在突发公共事件的处置中显示出了强大的力量，中国传媒大学传媒与公共事务研究所的《2016 中国政府微博矩阵发展报告》分析了当前政务微博发展的宏观气候和面临的问题，指出矩阵发展模式是政务微博打破困境的出路。① 该报告还推选出了“2016 年中国政务微博

① 中国传媒大学媒介与公共事务研究院. 2016 年中国政务微博矩阵发展报告[R]. 2017-01-19.

矩阵最佳实践案例”，其中，昆明市政务微博面对突发公共事件的一次行动入选为最佳实践案例。2016 年 3 月，微博用户“汉中良民”发布了一条题为“直播自杀讨薪”的微博，该条微博在网络中被迅速传播，不少网民联系到当地政府微博账号“昆明发布”反映该事件。“昆明发布”在了解到该事件后，一方面积极联动辖区官微“昆明富民发布”，通过“昆明富民发布”及时联络到当地派出所对该用户进行安抚和劝慰，同时积极与当地政府联系，对该用户反映的问题进行调查和处置，并指导该用户通过法律渠道解决问题，成功阻止悲剧的发生。2019 年 3 月 29 日，广州市中山大学孙逸仙纪念医院有一例心脏移植手术，心源在珠海。广东地区的政务微博，如“广东发布”“广东交警”“广东检察”“广东共青团”等多个政务微博官方账号持续跟进此事，实时发布心脏的运输情况、交通保障措施等信息，让公众及时了解到“活体心脏”的护送进程。政务新媒体矩阵及时发布信息，推动部门协同和公众参与；交警部门负责保障运输路线的畅通；医疗部门负责心脏的运输和手术准备，为救援工作赢得了宝贵的时间。最终，成功完成了心脏的护送和移植手术。2021 年 7 月，台风“烟花”途经上海地区，引发严重城市内涝。上海外卖小哥李佳佳在送餐过程中蹲在路边清理排水口一事被抖音账号“澎湃新闻”记录下来并传到网上，受到了众多网友的点赞，并经由上海市闵行区人民政府新闻办公室政府微博账号“今日闵行”转发，冲上微博热搜。这件事被中共上海市莘庄工业区工作委员会微信公众号“上海市莘庄工业区”加入进“台风下的守护”主题系列报道，并在微信视频号同步发布，获得了 1.6 万的阅读量。随后，该系列主题报道也被上海市闵行区城市管理行政执法局政府微信账号“闵行城管”评为 2021 年度闵行区政务新媒体优秀稿件。两种形式、三个平台、四家媒体，面对突发公共事件，政务新媒体矩阵除了迅速的事件回应以及较强的处置能力外，在传播力和影响力方面同样不可小觑。

政务新媒体矩阵的概念自 2016 年被提出后，一直受到了持续的关注，从中央到地方，各级政务部门都在积极建设运营传播力强、反应快速、影响力广的政务新媒体矩阵。根据 2018 年国务院办公厅发布的《关于推进政务新媒体健康有序发展的意见》，到 2022 年要建成以中国政府网政务新媒体为龙头，整体协同、响应迅速的政务新媒体矩阵体系。① 但目前我国各地区在建设政务新媒体矩阵的过

① 国务院办公厅关于推进政务新媒体健康有序发展的意见[J]．中华人民共和国国务院公报，2019，1648(01)：46-49.

程中，还存在许多问题，这些问题不仅影响了政务新媒体矩阵的传播力、影响力，还对我国未来政务新媒体的整体协调发展造成了负面影响。无论是政务新媒体部门之间信息沟通不畅，还是地区之间人才数量与内容发展的不平衡，都不利于我国政务新媒体矩阵的协调发展。因此，优化当前政府问题新媒体矩阵，解决存在问题，成为协调发展的当务之急。

二、创新内容发布手段，优化便民平台

在数智时代，随着通信技术的不断进步，人们用来交流的媒体形式越来越多，也有更多机会去了解世界，同时也为内容制作提供了多种方式，人们面对突发公共事件再不会像从前一样恐惧无措了。2003 年“SARS”病毒在中国流行，2 月 8 日起广东省已经有八成群众通过短信获知“致命性流行感染病”的消息，可正式发布关于“非典”疫情报道的是 2 月 10 日的《羊城晚报》。内容发布的落后性和消息的滞后性不仅给群众的生命安全带来了严重的后果，也让媒体和政务机构开始反思突发公共事件中的危机管理和传播模式。随着计算机软硬件的不断升级和智能手机的普及，人们不再需要购买常规或预订的新闻或等待广播新闻得到信息，无处不在的网络不断向观众传递最新、最权威的公共应急信息。不管是否愿意，受众的大脑从早上睁开眼就开始对微博热搜、微信推文、客户端头条、短视频更新等大量信息进行接收和判断，信息的数量达到令人瞠目结舌的程度。

如果在突发公共事件中只是将政务新媒体平台的功能定位为传播事件信息，将无法实现政务新媒体的优势和价值。尽管突发公共事件的数据、最新情况、相关政策是与群众的生命安全、生活息息相关的，但是在受众可以获取信息的渠道不断增多、信息量不断增加的情况下，政务新媒体还在用较为传统的内容发布方式，那么就没办法满足民众的需求，政务新媒体也会失去吸引力。所以政务新媒体辅助于突发公共事件时要注意将服务功能设定为重要的、特色的功能，在内容发布手段和方式上扮演好辅助角色，以受众喜爱的、便于接受的方式进行内容发布，让受众感受到政务新媒体平台的强大功能与一般的政务网站、其他网络平台的明显不同，以便民快捷的服务让身处在危机感中的受众感受到温暖、安心。2022 年，包头市政务服务大厅创新开展“政务云在线”便民服务新模式，并在抖

音平台开通了“包头政务服务”新媒体账号。并且，包头市利用该抖音账号，开展“政务云在线”直播活动，在直播中回答公众留言、解决政务问题。截至2022年5月，“包头政务服务”已开展直播活动8场，每场直播参与互动群众达到8000人次，现场解答群众留言200条以上。以直播的形式提供信息内容与政务服务，一方面提高了效率，让公众的需求能够在第一时间得到满意解决；另一方面，创新的内容发布形式和及时的服务能增强公众对政务新媒体的黏性，在此基础上推动政务新媒体不断向好发展。可以看出，政务机构要有时刻行动的危机感，要在了解受众的基础上，创新内容发布，积极构建电子政务服务平台，让受众熟悉并使用，尤其是面对突发公共事件时，更要努力运营好优质便捷的服务平台及时转变平台功能助力事件处置，聚民力稳民心。2018年国务院办公厅发布的《关于推进政务新媒体健康有序发展的意见》中明确提出，到2022年要建成以中国政府网政务新媒体为龙头，整体协同、响应迅速的政务新媒体矩阵体系。这就要求政务新媒体强化服务功能，推动更多事项“掌上办”，实行政务大厅的线上线下联通、数据互联共享，简化操作环节。在日常生活中，由于信息传播渠道不畅等原因，我们把大量时间浪费在生活中的琐事上，尤其是在突发公共事件中，当务之急是安抚人心，解决群众的困难。如果有平台既满足了民众的信息需求，又能帮助民众解决生活中与衣食住行相关的各种琐碎问题，那么就能缓解民众情绪，稳定社会秩序。

第四节　关注公众回应，强化政民互动

在政务新媒体展现其蓬勃发展的前端规划设计中，全面而完备的制度性保障具有举足轻重的地位。制度保障在新媒体传播主体的作用上至关重要，其先发作用更体现在对公共突发事件中政务新媒体传播效果的积极推动上。鉴于传播主体在传播内容的选择、传播形式的运用、传播效果的达成以及互动与服务的实现等环节发挥的作用，传播主体的选择和决策将直接决定传播内容的风格及在传播平台上的地位与性质。

因此，政务新媒体运营部门需要通过明确自身的定位，确定内容的制作风格以及传播方法，加之合理的政民互动，才能有效提高政务新媒体的传播力。政务

新媒体作为政民沟通的桥梁，应加强与民众的互动，通过互动了解民众诉求和意见，传播相关政策措施，为民众提供解决问题的办法。2022年9月，台风“轩岚诺”袭击我国沿海地区，9月4日，宁波教育公众号发布了一则推文，通知9月5日宁波全市停课一天。面对这样突发的自然灾害事件，公众难免会产生紧张焦虑的情绪，因此公众号的运营部门在推文评论区用幽默诙谐的语言与公众进行互动，细心体贴地回答公众的疑问与留言。这一行为不仅缓解了公众的焦虑情绪，还因此“出圈”，获得了广泛的关注和点赞。2023年7月29日至8月1日，台风“杜苏芮”残余环流携丰沛水汽北上，受到华北北部“高压坝”拦截，加上太行山和燕山山脉地形抬升等共同作用，京津冀地区出现一轮历史罕见的极端暴雨过程，导致此次暴雨呈现出“累计雨量大”“持续时间长”“影响范围广”的特点。面对这一极端暴雨情况，多部委及地方政务微博快速发声、启动应急响应、发布暴雨提示，紧急上线京津冀三地政府服务台，这为及时高效的应急处理和政务服务提供了有效支持，为保障人民的生命财产安全发挥了重要作用。作为信息提供者，政务新媒体需要牢固树立新媒体意识，灵活运用新媒体技术以及表达方式，才能够在突发公共事件中保持沟通渠道的畅通，为公众提供事件的第一手信息，避免因沟通问题引发舆情次生危机。作为公共服务平台，政务新媒体运营部门则需要重视自身与其他政务部门之间的协作，以此在政务新媒体平台中开设政策解读、政务公开、政策宣传、政务处理等版块，帮助公众解决日常生活中的问题，减少政务系统各部门之间“各自为政”的现象，将政务新媒体的“服务性”落到实处。

因此，明确在突发公共事件中政府的角色，可以有效提高政民互动的水平，强化政务新媒体信息传递的及时性与精确性，还可以落实政务新媒体的服务性，通过提供政务服务和事件信息，缓解突发公共事件对公众的冲击和影响。因此，政务新媒体明确自身定位，不仅是加强突发公共事件信息传播的关键，也是提高政务服务效率、保障公众知情权的重要策略。

一、强化政民互动，提高政务新媒体活跃度

随着我国各政务部门运营能力的提升，政务新媒体“出圈”现象越来越多，其中，不少政务新媒体都是由于其与公众的互动而频频“出圈”。由此可见，政

务新媒体的运营部门除了需要制作优秀的内容外，还需要加强与公众之间的互动，才能够获得更多的关注与喜爱，提高政务新媒体的传播效果。此外，通过加强新政务媒体与公众的互动，可以有效降低新政务媒体出现“僵尸账号”和“睡眠账号”的可能性，使新政务媒体真正服务公众。

目前，全国部分省市已认识到加强新媒体在政务中互动的重要性，并出台文件规范新媒体在政务中的互动。2020 年 4 月，江苏省政府办公厅政务公开办在微博账号“江苏政务公开”发布文章，开展“江苏政务新媒体在线互动啄木鸟行动”，网民可以通过江苏政务新媒体监督平台反映江苏省政务新媒体出现的“不回应”“无互动”等问题。该行动将政务新媒体与公众互动、回复咨询的时间限制规定在 24 小时(节假日 48 小时)内，有效减少了政务新媒体无回复的问题，大大提升了公众解决政务问题的效率。2022 年，“河南疾控”微信公众号因其在评论区与公众的幽默互动而登上热搜。“好了，知道你有老婆了”“应该可以，我都是空腹吃饭”等幽默的回复，让“河南疾控”在为公众进行卫生知识科普的同时赚足了好感。

政务新媒体与公众的互动能够获得公众的喜爱与关注，提高政务新媒体的活跃度与服务能力。然而，政务新媒体的互动并不只局限于媒体与公众之间，有时媒体与媒体的互动也能够引发公众的讨论，由此达到很好的传播效果，有效进行舆论引导与谣言治理。2019 年 10 月 12 日，广西壮族自治区玉林市发生地震，在地震发生后，网络中一些与余震相关的流言快速传播，引起当地民众的恐慌与焦虑。随后，中国地震台网官方微博“中国地震台网速报”迅速发表辟谣声明，并提议网友减少该谣言的传播，以免更多人受到影响。在辟谣过程中，“中国地震台网速报”在博文中艾特“广西公安”，并配文“再在评论中或私信发送这种内容的，震长把你的微博名称交给广西公安”。随后，“广西公安”转发微博并配文“收到”。这种政务新媒体之间的互动同样获得了许多公众的喜爱，大家纷纷在微博下留言，参与互动。政务新媒体进行有趣的互动能够在消除谣言、稳定社会的同时，减少公众的恐惧和焦虑心理，帮助公众团结一致面对目前的困难，共同进行震后重建工作。

但是，政务新媒体与公众之间的互动，也需要进行合理的规范，否则可能会因为发声不当使公众对于该政务新媒体产生不良印象，反而弄巧成拙。2017 年丽江古城区委宣传部政府微博“古宣发布”就相关事件与微博用户互动时发出“你最好永远别来！有你不多无你不少！”的不当言论，引发公众的舆论风波，影响了当地政务部门和政务新媒体的公信力以及整体形象。2018 年四川省自贡市环保局微信公众号在回复群众留言时说，“你不说话没人把你当哑巴”，引发了广泛的关注和讨论。可以看出，合理的政民互动能够提高政务新媒体的服务能力，扩大突发公共事件中政府信息的传播范围，让更多的人了解到政府的声音，而不当的回应方式则可能消解政务信息的严肃性，破坏政务部门的权威性，在突发公共事件造成的紧急环境中，甚至可能引发次生舆情，为突发公共事件的处置形成阻碍，从而引起更大的危机。此外，也有一些政务新媒体对政民互动的重要性认识不足，存在因媒体设置不当导致沟通不畅的状况。2021 年安徽省发布了《关于 2021 年第四季度全省政府网站与政务新媒体检查情况的通报》，新浪微博账号“安徽金融”由于关闭了用户留言评论功能，使得公众与媒体互动不畅。2022 年 11 月 22 日，一条有关江苏昆山不动产交易中心工作人员扇办事市民耳光的视频冲上热搜，相关的微博话题也受到了极大的关注。然而，昆山市自然资源和规划局并未在当天进行舆情处理，而是次日在微信平台发布了有关此事件的《情况说明》，由于回应滞后，相关舆论一直不能完全平息。这些都反映出政务新媒体运营人员在舆情回应中相关意识的缺乏。

目前，我国多个省市已经注意到了此类问题，也意识到了政民互动的重要性，并出台文件，从政策角度自上而下对相关行为进行了规范。2022 年底，四川省人民政府办公厅发布了《关于创新完善机制加强全省政府系统政务新媒体管理的通知》，其中专门强调了要切实做好互动服务。《通知》还指出，政务新媒体需要密切关注突发公共事件及社会热点事件，针对混淆公众视听、扰乱工作大局的不实言论，应及时发布权威信息，澄清事实，辟除谣言。这一政策体现出四川省对于政务新媒体运营的重视，也体现出当下政务新媒体在政民互动方面的发展方向。

二、树立新媒体意识，增强互联网思维

突发公共事件中，政府机关部门既是重要信息的传播者也是群众的倾听者，只有转换角色、找准定位、适应新的媒介环境，才能实现政务新媒体的价值，为

人民的生命安全提供保障。① 尤其是在新媒体形式不断创新发展的当下，政务部门除了要发挥政务新媒体的基本功能，还要在此基础上创新表达形式，以适合的方式进行内容发布，提高传播效果。2022 年 3 月，广西消防政府微博账号以短视频的形式，讲述了在“东航 MU5735 坠机事故”现场，一位消防员发现了一只黑蝴蝶并将它轻轻放飞的故事。这则视频仅短短数十秒，传递的哀思与缅怀却引发了公众的强烈反响，获得了 3000 万的视频播放量，这是政府部门认识新媒体，在政务信息传播中合理有效地运用新媒体的典型表现。

但是遗憾的是，迄今为止，不少政务部门虽然按照规定开通了政务微博、政务微信，入驻了短视频平台，但是不积极主动地运营新媒体事务，缺乏新媒体意识和互联网思维。面对出现的新情况新问题，不少政务部门拥有不会发、不敢发甚至不愿发等心态，依然采用传统的新闻传播模式，使其在突发的公共事件面前滞缓无力，一次次错失良机，导致舆论引导不力。② 对微信推文和短视频传播内容也是抱着“拿来主义”的心态，简单地复制主流媒体的新闻报道，缺少媒体特色与深度内容，导致传播效果不佳。有部分政务部门运用政务新媒体的渠道单一，没有聘用专业的媒体运营人员，出现了政务新媒体内容“空白”的现象。还有一些领导以辖区内老年人居多为由，认为区域内受众新媒体操作普及力度不够而不使用新媒体进行突发公共事件信息发布，直接忽略他们了解信息、应用服务平台解决生活事务的能力，影响辖区内受众的信息接收以及网络事务处理的渠道，为受众带来不便。

面对突发公共事件，对于政府机关来说，要适应新媒体环境、运用互联网思维并利用好新媒体。2018 年我国在《国务院办公厅关于推进政务新媒体健康有序发展的意见》中指出，政务新媒体应围绕公众需要，立足政府职能，切实解决有平台无运营、有账号无监管、有发布无审核等问题，优化用户体验，提升服务水平，增强群众获得感。在政务公开方面，我国也从顶层设计角度对于突发公共事件的信息公开制定了政策。国务院办公厅印发的《2022 年政务公开工作要点》中

---

① 潘涛．在新媒体舞台上跳一支美丽的舞——政务新媒体应用的实践与思考[J]．江苏教育宣传，2013(06)：14-16.

② 赵丽．地方政务新媒体遭遇两大挑战[N]．法制日报，2015-07-02(004).

提到，政务部门要加强政务舆情监测和风险研判，前瞻性做好引导工作，更好回应人民群众和市场主体关切，为经济社会发展营造良好氛围。

在突发公共事件时，政府机关部门要积极主动地克服突发公共事件中的困难，树立新媒体意识，真正改变观念和认识。不能抱着机械地完成国家自上而下推行的任务的“不得已而为之”的工作态度，仅仅将其当作多余的信息传播手段。要找准自己的定位，根据政务职能切实地发布上级规定的、群众需要的信息。要深刻地学习新媒体相关知识将政务新媒体传播当作日常工作的一部分，让政务新媒体真正成为为人民宣传、为人民所用的行政利器。在科技不断进步、新媒体技术不断涌现的当下，更要随时做好面对突发公共事件的准备。特别是在移动互联网快速发展的今天，政府机关部门的官员需要认识到数字新媒体的力量，认识到基于移动互联网和智能手机开发的各种应用程序的传播力量，并迅速掌握政府工作的通信规律。

三、加强平台内部联动，响应受众需求

从近年来公共突发事件中新媒体的现状可以看出，很多政府机构都为政务创建了两个微终端和多终端平台，并根据突发公共事件的情况和新闻报道发布了一定的信息量。尽管部分政务新媒体能够打赢“时间战”，但是发布的内容却和主流媒体重复度高。究其原因，还是各部门之间的信息渠道没有打通，新媒体平台之间缺乏联动性。

政府各部门之间的沟通不畅，导致各部门之间尚未建构互联互通的新媒体体系，但是政务新媒体具有互联网的“共享性”功能。作为一种新传播媒介，这种共享互通在突发公共事件发生后可以让受众在第一时间能动性地接收最新的资讯。但是，我国的现实情况却是政务机构的信息库“各自为政”，或仅在需要时为主流媒体提供权威信息，大部分部门之间缺乏有效的信息流通机制，使得各部门之间形成了“信息孤岛”，缺乏必要的连接和交流，这对于政务新媒体集群传播无疑是极为不利的。政务新媒体作为重大公共卫生事件中上传下达的崭新渠道，不仅关乎国家和人民的利益，也关乎人民群众的生命安全和身体健康。如何为受众提供准确、及时、有效的信息源，能否积极与网民互动，落实服务事项，成为受众对政务新媒体账号评价的核心要素。网络的基本功能在于实现互联互

通，信息的传播价值在于实现信息的分享与交流，以满足大众的信息需求和信息欲望。只有不断地加强和完善信息基础设施的建设，畅通信息发布、沟通渠道，① 才能在政务新媒体与传统媒体之间做好联动准备。由于突发性公共事件和新媒体的碎片化传播，当传统媒体和政务新媒体有机结合时，将会发挥出较好的协同效应。政务新媒体将在第一时间传递公共突发事件的关键信息，从而为民众提供准确和及时的信息，进一步突出政府对公民生活和公共安全的高度关注。这无疑为政务新媒体增加了权威性和公信力，获得了公众的信赖和赞誉。在此背景下，各媒体通过紧跟政务新媒体的步伐，紧跟事件的发展，及时、详细地发布各种信息，如灾害的详细情况、受灾人数、政府为应对灾害采取的具体措施、救援队伍的数量、救援行动的进展等。如此，可以更好地提高信息传播的效率和效果，让民众在第一时间了解事件的最新进展，增加信息的透明度和公众的参与度。2021 年，当河南省遭遇到严重的暴雨自然灾害时，河南省应急管理厅和政府网站迅速作出反应，在第一时间发布了报告。报告详细介绍了政府为应对这场突如其来的洪涝灾害采取的措施、参与人数，以及根据应急预案采取的措施。这一做法充分展示了政府对灾害的迅速应对，以及政府对公民生命财产安全的高度重视，从而使公众对政府的信任度进一步提升。同时，河南当地的政务新媒体与政务部门联动，在微博平台发布消息，将洪灾发生地点精确至村这一行政级别，为受灾民众和公众提供了更加详细的信息。此外，河南应急管理部政府微博还发布了洪灾中失联人员的信息，通报了从中央到地方的干部紧急奔赴灾难现场的相关进度，让公众第一时间了解情况，体现了政务部门之间的相互联动与信息共享，推动了河南暴雨灾害后的灾情处置进度与社会正常秩序恢复的速度。中共安徽省马鞍山市委宣传部的新媒体账号“马鞍山发布”通过协调线上线下政府业务职能部门，使马鞍山市 362 家政务微博开展党、政、媒通力合作，完善民意诉求在线响应、政务实务线下办理的联动机制，为公众提供了便捷的服务。

如今政务微博、微信、政务短视频和客户端之间已经能够无缝对接，尽管不同的政务新媒体平台对政务工作起到的作用不同，但这并不妨碍传播内容和形式的多样化，如果能够根据平台特性定制不同类型内容，并灵活运用到各个平台，

① 徐和建．政务新媒体急需六大互联互通[J]．新闻与写作，2016(03)：83-85.

这将会丰富政务新媒体的传播内容。2017 年华龙网集团旗下的自媒体平台已经开始通过吸纳多行业领域的 100 多位专家为群众排忧解难。除此之外，近年来许多地区的政务新媒体都进行了政务直播，以快捷、生动的方式，在直播中进行政策解读，帮助群众理解政策，提高办事效率。2023 年 2 月 14 日，山东省临沭县行政审批服务局开辟“214 专场政务可视化直播”，通过直播，为近期有领证需求的群众答疑解惑并引导大家错峰登记。该场直播共 3 小时，单场次观看人数突破 4 万人。无独有偶，潍坊市制定了《关于认真做好 2022 年领导干部接听 12345 热线工作的通知》，要求每周三县市区、市属开发区主要负责人接听 12345 热线，并且接听过程要通过潍坊传媒网进行网络直播。在直播中，负责人需要受理群众各类诉求，帮助群众解决生活中的问题。因此，对于一些突发公共事件，各政务机构更需要统一认识、有效合作，通过直播分享等方式让相关领域专家入驻平台为突发公共事件处置提出宝贵建议安慰民心，让受众可以通过政务机构的新媒体平台了解更全面的事件信息。近年来博物馆文创产品频频出圈，屡次掀起文旅消费热潮，与文博政务新媒体在内容策划与创新传播时主动回应公众喜好，积极维护文化价值与商业效益平衡时的探索实践息息相关。河南博物院推出的“考古盲盒”，将盲盒的趣味性与考古的探索性相结合，将文物的缩小版复制品外表包裹上以洛阳北邙山黄土为原料的涂层，并赠送开盲盒工具“洛阳铲”和文物说明，让消费者在开盲盒的过程中寓教于乐，既享受开盲盒的乐趣，又了解到国宝文物知识；同时博物院在其官方微博上举办“河南博物院喊你领盲盒”活动，邀请网友投稿自己的盲盒开盒过程，众多网友积极参与分享自己开盲盒的感受和盲盒最终开出的“文物”，并主动参与了“文物”知识的线上分享与传播，河南博物院官方号再积极转发优秀的用户原创内容，与网友进行频繁互动，通过裂变式传播极大地拓宽了盲盒产品的营销和传播力度，取得了良好的效果，“考古盲盒”曾一度脱销。

第五节　创新话语表达，提高数字传播力

传播主体借助于一定的传播媒介，把内容呈现给用户，政府及政务人员作为政务新媒体的传播主体，在突发公共事件中如何给受众传播高质高效通俗易懂的

传播内容是各政务机构应该考虑的重点之一。基于长期的内容创新表达，公众对政府机构形成了稳定的认知和定位。这种基于内容创新表达的观念，反过来又影响了公众对地方当局传递信息的信任程度，从而进一步影响政务新媒体的传播效果。过去的政务信息传播往往表现出一种“以传播者为中心”的传播观念，内容枯燥、话语表达生硬，这种“不平等”的传授关系往往导致许多用户对政府信息传播持有冷淡甚至消极的态度。然而，在当前的新媒体环境中，受众已经成为传播的真正中心。如果政府机构想要在突发公共事件报道中利用新媒体实现良好的传播效果，就必须学习并借鉴大众喜闻乐见的内容表达形式。这包括但不限于使用更加平易近人的语言，更具吸引力的视觉元素，以及更为生动的故事情节。只有这样，政府机构才能与公众建立起互动、互通的良性传播格局，真正达到传播的目的。此外，政府还需要在信息发布时更加注重透明度和及时性，满足公众对于快速、准确信息的需求，进一步提升其在公众中的信任度和影响力。这种以受众为中心的传播观念，不仅有助于提升政务新媒体的传播效果，也有助于提升政府的公信力和影响力。

政务新媒体要想提高舆论引导的水平，就要根据受众的需求，积极进行情绪疏导，及时发现并解决受众关注的热点、难点问题。尤其是在突发公共事件中，政务新媒体更需要做到关注受众的心理问题，通过信息的传递，强化对于受众心理危机的干预，为受众提供合理、及时的服务，真正做到“引导舆论、稳定人心”。2021 年 7 月的河南暴雨导致了当地数百人遇难，上万人受到了灾害影响，举国上下都在关注着受灾地区民众的生命安全。在这个时刻，政务新媒体除了需要及时公布受灾地区的最新救援情况，还需要注重民众心理危机的干预，通过内容发布，安抚民众情绪并进行舆论引导。当时，包括《中国青年网》《厦门广电网》等政务新媒体都转发了央视新闻发布的文章《暴雨之下，Ta 就是我们的平凡英雄!》，通过刻画突发公共事件中的凡人义举，凸显对于个体情感的关注并彰显人文关怀，以此安抚公民紧张的情绪和进行心理疏导。可以看出，在突发公共事件中，政务新媒体可以在进行舆论引导的同时关注民众的心理，并为民众提供心理危机干预服务。

因此，政务新媒体需要运用受众喜爱并接受的方式进行事件报道，创新新媒体内容的表达形式，并在突发公共事件中关注受众的心理危机，才能够真正获得受众的关注和喜爱，有效增强舆论引导能力和传播渗透力。

一、创新突发公共事件报道形式，增强受众关注

有了以受众为核心的传播内容，接下来就需要考虑突发公共事件中媒体应以何种方式将信息传播给受众了。面对突发公共事件，政务新媒体既要传播包含权威准确的事件信息，又要传播符合新媒体网络化特点的内容。传播主体必须认识到，突发公共事件中对传播内容的处理必须既恰当又有所变化。尽管突发公共事件可能会造成部分地区的群众生活受到影响，传播内容不宜过度娱乐化，但政务部门也应该尊重新媒体传播规律，选择网络受众喜欢的内容表达方式方能实现良性传播。

第一，发挥网络流行语特色，打造政务新媒体“爆款”。网络流行语是一种从网络中产生或应用于网络交流的一种语言，具有周期性、流行性和自发性等特点。与一些紧急通告的重大新闻的语言相比，网络语言的数量更多，形式更多样，表达方式也更加灵活，比如“Oh My God!”“他来了他来了”即是网络红人的惯用话语，由于语音语调充满了喜剧色彩而被广大网友熟知。不少政务新媒体在突发公共事件的报道中就借鉴了这种语言模式，如2019年“台风利奇马”事件中，“青岛气象”用口语化的表达方式问：“‘利奇马’是白马还是黑马？少安毋躁。还是那句话，等进了警戒线咱再看，莫怕莫慌。”这种运用“网红”“接地气”的语言进行突发公共事件报道的方式既传递了积极向上的情绪，也吸引了受众的注意力。在突发公共事件中，由于事件的不确定性，很多公众会有焦虑、低落等情绪，而且由于网络流行语比传统的谦虚且有趣，所以受众更容易接受。因而，政务机构在报道宣传突发公共事件信息时可以在保证信息真实的前提下，尝试改变严肃压抑的情绪，适当引入网络流行语，用那些喜闻乐见、使用频率较高的语言来进行改编，既起到了宣传信息、缓解受众情绪的作用，也更获得受众对政务新媒体平台的认可。

第二，重视信息可视化呈现。在突发公共事件报道中，政务新媒体由于观念滞后、人手短缺、时间紧迫等原因，机械地将大段文字直接复制到各种新媒体平台上，很容易导致受众的排斥和反感。因此，政府机构应该意识到，图形通信的影响远远大于文本通信。Tucker-Cramer 的实验方法表明，图像和文本的组合在

感知和记忆方面比纯文本要好得多。特别是对突发公共事件的一些数据、科普知识的表现，如果表现得过于专业化，受众并不会去了解，如果将科普内容转换成其他方式来呈现会有不一样的效果。2019 年，由于多名艺人出入上海虹桥机场，大量粉丝涌入航站楼，将自动步道的玻璃挤碎，险些发生踩踏事故，“虹桥机场玻璃被粉丝挤碎了”的话题也一度登上热搜。“北京丰台”政务微博在几天后以漫画的形式制作了一份《防踩踏手册》，既通俗易懂又新颖有趣，获得了很好的传播效果。2023 年 8 月，日本福岛第一核电站启动核污染水排海。日本核污染水排海危害以及引发的水产品安全问题成为人们普遍关心的话题，“央视新闻”公众号立即发布推文《日本核污染水　排海危害有多大？一图看懂》，既通俗易懂又新颖简明，获得了很好的传播效果。因此，政务部门在制作信息产品时，要研究传播对象，制作通俗易懂的内容，以图文并茂的形式让受众易于接受、乐于接受。北京市公安局政务公众号“平安北京”在九寨沟地震时，发布了一篇名为《“蜀黍说”地震突发我们该怎么办?》的推文，中共海南省委宣传部公众号“海南发布”在台风“摩羯”来袭时，发布了一篇名为《一图读懂　超强台风“摩羯”来袭！这份安全风险提示必看》的推文，运用图文结合的方式，对台风来临前如何作好保护自身安全进行了说明。推文内容具有描述性，比使用常用的文字解释和简单的图表更容易理解，并且比大量文字的描述更容易引起观众的兴趣。

第三，使用亲民化表达方式，把握好“度”，拉近政民距离。一些政务新媒体在对突发公共事件具体信息以及相关内容进行报道时，语言表达过于正式和生硬，整体内容较难被普通公众理解，一方面可能会使公众误解报道中的内容，造成沟通上的不便；另一方面，缺少亲近感的话语表达还会疏远政务部门与公众之间的距离，降低政务新媒体的受众黏性，不利于政务新媒体的后续运营。因此，政务部门在报道中需要使用亲民化的表达方式，将内容通俗化、平民化，提高公众对于内容的理解力，减少误解的发生。在突发公共事件中，接地气的表达会增强公众对于事件信息的接收程度，使相关报道与信息得以获得更好的传播，提高政务新媒体内容的关注度与传播力。但是，政务部门也需把握好“度”，要在保证内容的基础上优化表达形式，而不是一味地“作秀”“博眼球”，导致表达不当，引发公众负面舆论。2020 年 10 月，吉林省梅河口市发生一起凶杀案，事发后，梅河口警方在政府微信公众号上发布“梅河公安放行”消息，披露了案件信息。

但是，在对案件进行叙述时，该公众号运用了“自古奸情出人命”作为文章小标题。这些失之偏颇的语言表达引起了公众的舆论反驳，不少人认为公众号内容低俗，缺乏警情通报应有的严肃性，也没有体现出对案件受害者的尊重。因此，政务部门在运营政务新媒体时，在表达方式上要“接地气”“说人话”，同时把握好“度”，避免因立场偏颇和语言问题造成的舆论问题。

二、强化心理危机干预，增强舆论引导能力

突发公共事件会给事件相关群众、灾害救援团队、医护工作者等带来严重的心理危机，这是在突发公共事件处置工作中不可忽视的负面影响。心理危机干预(crisis intervention)指心理干预者采取有效措施，克服个体的心理恐慌状态，回归正常生活。① 政务新媒体作为突发公共事件中被受众广泛使用的平台，发布的每一则信息、视频都代表政府政务机构，要秉持对受众负责任的态度，起到帮助缓解心理压力的作用。政务部门在信息传播的过程中要充分考虑信息的准确性和受众的心理状态。在 2022 年的“东航 MU5735”事件发生后，网络当中出现了诸多关于该事件的谣言，这些谣言不仅没有证据来源，还极大地引发了网络公众的恐慌情绪。那么究竟如何运用科学合理的报道来强化对受众心理危机的干预呢?根据一些域外和本土的经验，可以从几个方面采取措施。

第一，报道方式需多样化，传递积极的情绪。在突发公共事件中，如果媒体过于关注事件对于社会和群众造成的伤害，过分渲染悲伤情绪，会引发受众的消极情绪和恐慌心理，这就需要政务部门对传播内容进行严格把控。在国内，类似的情况有很多，2018 年“重庆公交车坠江”事件引发了全社会的关注，当地的政务新媒体也对该事件进行了全方位的报道。除了对伤亡情况、救援进展等相关信息进行报道之外，当地的政务新媒体还对“普及逃生知识”“稳定人心”“澄清谣言”等内容予以关注。2019 年，多名消防员在四川省凉山州火灾搜救中遇难，如果我们分析当时政务新媒体的文本，那么关于消防员英雄记忆的文字占总文字的 81%。该内容既有在线纪念活动，也有地方政府和公民的纪念活动报道。从救援

① 吕秋云，丛中 .SARS 心理干预的基本方式[J]. 中国心理卫生杂志，2003(08)：534-535.

人员牺牲、到当地群众自发集结迎接烈士归乡，当地的政务新媒体都进行了全程报道，整个报道持续时间长，报道内容全面完整，用细腻真挚的文字，唤起了受众的情感，让受众在相互沟通之间寄托哀思，减少了负面消极情绪。无论是转移报道视角、传递积极情绪，还是疏导受众情绪、减少恐慌心理，在突发公共事件报道中，这些方式不仅丰富了政务新媒体的传播内容，也增强了社会的凝聚力，疏解了受众的心理危机。

第二，保持持续沟通。在突发公共事件发生时，群众的心理受到突发公共事件的影响很大，群众置身于事件中，或者与事件联系紧密。一些突发公共事件由于破坏性强，造成的人员伤亡较多，因此会使群众产生不可磨灭的心理创伤。这使得政务新媒体除了简单地传达事件信息，更应该在报道中关注到群众的心理问题，科学有效的沟通方式是打赢“心理战”的关键。面对 2015 年“寨卡病毒”，美国纽约市健康与心理卫生局派遣心理专家帮助患者分析病情并保持持续沟通，极大地缓解了患者不稳定情绪。① 我国的政务机构也可以借鉴这种沟通方式，主动向受众提供沟通服务平台，尤其是对突发公共事件的当事人、与事件后续发展紧密相关的人要加强沟通次数，注意沟通方式。除了满足对受众民生需求、提问的及时反馈外，还要注意用鼓励亲切的语言表达方式，或邀请心理专家与受众线上沟通，用科学正确的方式进行引导。

第三，把握合理的舆论引导时机。政务机构在新媒体平台发布信息时首先要考虑新闻信息发生的背景以及来源的准确性和权威性，同时也要考虑发布后对受众的心理和行为的影响。突发公共事件发生时，在不了解灾难本质、灾难发展态势的情况下，如果不重视信息发布的时机可能对受众乃至社会秩序造成影响。1995 年日本某团体曾放言会对社会有新的恐怖行动，为了引起市民的警惕，媒体对此事件进行了多方位报道，而随后的电视、报刊不加区别不分时机地对事件细节曝光，反而给民众造成了极大的心理压力，不少民众产生了失眠、被迫害妄想症等症状。② 在突发公共事件中，由于新媒体为网民提供的便利平台，总是很

① Jacobs-Wingo J L, Jeffrey Schlegelmilch, Maegan Berliner, et al. Emergency Preparedness Training for Hospital Nursing Staff, New York City, 2012-2016[J]. Journal of Nursing Scholarship, 2019, 51(01): 81-87.

② 康达. 国外媒体公共卫生事件报道的方法[J]. 中国记者, 2003(06): 11-12.

快形成民间舆论场和政府舆论场，来自两个舆论场的信息传播博弈通常存在着信息发布的民间版本和政府版本。因此政务新媒体一定要坚守好权威的发布主场，在保证信息的真实性和受众的知情权的情况下，还要考虑受众的心理承受能力，选择合适的时机进行信息发布，再根据事件的变化对舆论进行相应的引导。2021年，在“河南特大暴雨灾害”相关救援工作稳定推进后，公众对于事件中的细节提出了许多疑问。面对类似问题，国家应急管理部及河南省应急管理厅、政府网站等，通过图文、音视频等形式对质疑作出了解答，消除了公众质疑的声音，缓解了公众的情绪，避免了因舆情回应不及时导致的谣言传播对社会稳定造成的影响。

第六节　增强数智运维，提升风险沟通力

回顾互联网技术发展的这二十年，也是我国媒体对突发公共事件传播实践不断进步的二十年，政务媒体对突发公共事件宣传手段、传播效果都有了改观，政务新媒体已经渐渐成为政务宣传的首选。在突发公共事件下政务新媒体不仅需要在制度、传播主体、内容表达、互动和服务层面作出努力，技术因素也是不可或缺的重要因素。目前，人民网与中科院自动化所共同发起的人工智能技术引擎“白泽”已经面向政府提供互联网音视频风控系统、内容巡检平台、内容风险检测平台、隐匿网络监测、党政智能文库等服务。“白泽”在人工智能技术的加持下，在搜索时通过自然语言描述即可快速检索出相同语义的视频，因此能够帮助政务新媒体在突发公共事件中快速处理舆情信息。此外，“白泽”还能自动抓取网络平台内容并进行监测，为政务新媒体的内容制作以及内容安全提供保障。可以看出，政务新媒体可以通过运用人工智能技术，提高在内容运营、舆论引导和平台监测等方面的能力，凸显了人工智能技术的重要性。

一、缓解“数字鸿沟”，提升地区风险应对水平

虽然我国目前有近15万个政府机构在新浪微博平台注册，约300个地级市采用“两微一端”作为新媒体传播渠道。但我国政务新媒体的发展仍存在一些不足之处，如地区之间发展的不平衡以及不同人群之间由于经济地位、教育程度、

年龄等因素不同而产生的“数字鸿沟”现象。地域之间发展不平衡的问题，从全国来看，截至2020年12月，经新浪平台认证的政府机构微博招聘岗位为14.08万个，排名前10的账户主要集中在华东地区，较少有中西部地区的账号。就湖北省一个省份来讲，也同样存在发展不平衡的问题。根据2022年湖北长江云新媒体集团大数据中心发布的《2021年度湖北省县域政务融合传播指数分析报告》《2021年度湖北省直部门政务融合传播指数总榜排行榜》数据显示，湖北县域政务融合传播存在着地域发展不平衡的现象，省内鄂西北、江汉平原区域的县(市、区)政务融合传播发展较好。从2021年度总榜单看，全省入围前五十强的县(市、区)中，鄂西北占比28%，江汉平原占比24%，鄂东南占比24%，鄂东北占比14%，鄂西南占比10%。省直部门政务新媒体传播“头部效应”依然突出，且“马太效应”持续加剧。从2021年总榜得分来看，前十名最高分差为452分，而2020年及2019年的最高分差分别为352和200，最高分差呈逐年扩大趋势。可以看出，无论是微观的省份还是宏观的全国，政务新媒体发展不平衡的问题都尤为突出。

除了地区之间发展不平衡的现象之外，不同代际和群体之间对于政务新媒体的使用同样存在不平衡的现象，也就是“数字鸿沟”问题。其中，老年群体在使用网络技术时的弱势地位尤为突出，这一情况也被概括为“银色数字鸿沟”。造成“银色数字鸿沟”的原因一方面是老年人自身受身体状况、经济水平以及教育水平的限制，导致其在网络接入、网络使用上存在障碍；另一方面，政府在设计政务新媒体以及政府网站时也缺少对于社会弱势群体的关怀，导致在实际使用中“银色数字鸿沟”难以消弭。一些政务App和政务小程序在系统和管理上较为杂乱，内容上缺少体系化的建构，这些现象为本来在新媒体使用上就存在不足的老年群体更添加了一些障碍。而在服务功能上，部分政务新媒体之间存在功能的重叠，不同程序之间的“跳转”情况层出不穷，不仅造成了资源的浪费，更加剧了老年群体使用政务服务的困难。

发展不平衡的问题以及“银色数字鸿沟”问题使得政务新媒体在信息传播、政务服务、舆论引导等功能上存在欠缺，在日常生活中也为公众带来了一定程度上的不便。在突发公共事件面前，无论地区，还是当地的政务新媒体必须第一时间反应并行动，通过信息发布尽可能更多地通知当地居民了解事件相关的信息并为公众提供相关服务，减少突发公共事件的负面影响。然而，在面对突发公共事件时，政务新媒体自身存在的短板则会严重影响紧急状态下其功能的发挥，公众使用政务新媒体的不便利也会造成政务新媒体传播力的下降。因此，要提升政务新媒体在突发公共事件中的信息传播能力和舆论引导能力，就必须解决政务新媒体发展不平衡与“银色数字鸿沟”问题。政务新媒体运营需要对用户进行精细化服务，明确各类用户的需求，提供个性化的政务服务内容，为不同地区的公众提供高效、便捷的政务信息查询、办事服务。政务新媒体运营需要重视对突发公共事件的常态化应对和演练，这有助于提升运营团队的应急处理能力。同时，还需要针对突发公共事件制定出相应的信息发布和舆论引导预案，强化运营团队对相关信息的处置能力。另外，政务新媒体运营还需要主动借助第三方技术手段，将新技术应用于政务新媒体平台，提升政务新媒体的信息传播和舆论引导能力，为突发公共事件的应对提供更加有效的技术支持。政务新媒体发展不平衡和“银色数字鸿沟”问题，不仅仅是政务新媒体自身的问题，更是整个政务信息化建设需要共同面对和解决的问题。因此，政务新媒体运营需要协同政务部门、技术提供商等多方合作，共同应对政务新媒体发展不平衡和“银色数字鸿沟”问题，为政务新媒体在突发公共事件中的信息传播和舆论引导能力提升创造更好的环境。

针对发展不平衡的问题，政府需有意识地对经济欠发达地区的政务新媒体进行扶持。经济欠发达地区的政务新媒体运营部门通常面临人才短缺、资金匮乏、内容欠缺等问题，一些地区的政务新媒体由其他岗位的人员兼职运营，导致政务新媒体内容缺少吸引力，得不到受众的喜爱和关注。由于运营效果不佳，政务部门对于政务新媒体的重视程度一再降低，造成恶性循环。想要打破这种恶性循环，当地政府要加强对于政务新媒体的重视程度，优化当地政务部门的人员配置，提高相关人员待遇，吸纳更多优秀的政务新媒体运营专业人才管理政务新媒体，提高内容生产质量，以高质量内容带动公众的关注，促进政务新媒体的“良性循环”。此外，专业人员在对突发公共事件进行信息报道以及服务提供时，也要在更快的时间内发布出质量更好的内容，实现反应速度的提升。

而对于“银色数字鸿沟”现象，则需要政府有意识地进行政务新媒体适老化改造，关注老年群体以及弱势群体在政务新媒体使用方面的不便，并用相关设计帮助老年群体减少相关困扰。上海市黄浦区委宣传部政府微信公众号“上海黄浦”在2022年发布了一篇推文，名为《字号多大？什么颜色醒目？全国首份App“适老化设计标准”发布》，其中介绍了App应如何进行适老化设计。“上海黄浦”这一举动体现了目前“银色数字鸿沟”正在逐渐受到政府部门的关注和重视。在正确方法的指导下，未来使用政务新媒体的老年人口数量将会不断提升，使用能力也会增强，这一变化也会提高我国政务新媒体整体上的影响力和传播力，尤其是在突发公共事件中，政务新媒体的信息传播将会更大程度上减少公众的焦虑情绪，更快地帮助社会从突发公共事件中恢复稳定。

二、打破技术壁垒，实现突发公共事件信息的数据覆盖

近年来为了积极推进政务公开、加强政民互动、突出民生事项，各地各部门的政务机构正积极投入政务新媒体的建设，部分政务机构甚至已经搭建了“两微一端一短”的自媒体体系，能够在突发公共事件中多渠道及时有效地传递事件信息。而且技术的进步也实现了线上政务平台的数据联动，不仅让受众能够随时随地、无时无刻地了解突发公共事件动态，也增加了受众对政务工作的信任和接触政务新媒体的机会，形成了良好的舆论氛围，达到了预期的传播效果。因此，面对公共突发事件，政务新媒体应将大数据概念引入传播过程，通过技术研发打破壁垒，实现公共突发事件相关数据的覆盖。

新媒体的发展和大数据技术有着密不可分的联系，大数据技术是一种比较科学的数据处理方式，主要依赖于统计学和计算机科学。大数据在政务新媒体的使用中往往体现在对受众评论进行统计分析得出关键词或更多反馈的内容。在突发公共事件的处置工作中，政务新媒体可以通过大数据以及算法技术，对受众进行精准的用户画像描绘，并以此进行精准的信息推送和信息分发。运用大数据进行精准信息分发，一方面可以根据用户的行为分析其“数字痕迹”，识别用户的健康与情绪状况、生活环境等“现实生活痕迹”，以此精准识别弱势群体和边缘群体，满足其在突发公共事件中的特殊需求，促进社会的公平与稳定，另一方面，政务新媒体还可以以此建立起与用户之间的连接，通过大数据反馈，明确自身账号定位与内容策略，建立起自身特色，以此吸引更多的用户关注。

第八章　未来展望——面向智慧沟通与服务的政务传播新格局

当前，政务新媒体已经融入公众生活的方方面面，如，从日常生活水电费用缴纳，到国家最新政策信息查询。与此同时，政务新媒体的功能也在不断拓展，从最初的简单信息发布，到现在能够利用人工智能技术为公众提供智能服务。政务新媒体功能的创新带动公众生活便利度的提升，尤其是在面对突发公共事件时，不同部门的政务新媒体可以相互联动、迅速反应，不间断地传播事件信息、回应公众疑问。未来，政务新媒体将会在技术上不断创新，以技术为动力，推动传播力的提升。

在运营技术上，政务新媒体作为为公众提供政务服务的平台，需要明确好自身“服务者”的定位，政务新媒体运营者也要加强自身的受众意识，从自身做起，杜绝“公众咨询无回复”现象，提高与公众的互动频率。此外，在数据互联互通程度不断扩大的数字媒体时代，政务新媒体要提高自身运营水平，就一定能打破“信息孤岛”，尤其是在突发公共事件报道中，政务新媒体运营部门只要与其他政务部门加强联系，达成信息的互通共享，就能避免因信息沟通不畅造成的信息发布滞后、内容质量差、创新性不足等问题。

在内容制作技术上，政务新媒体运营者要拥有创新精神，提高对于网络中热点的关注度，将最新的新媒体形式和最热的话题运用到政务新媒体内容制作当中，让内容“亲民”“接地气”，以此获得受众对于政务新媒体的黏性。深圳卫健委秉持着“最靠谱的科普，最有趣的灵魂”这一方针制作政务新媒体内容，利用俏皮的网红语言和搞笑的表情包获得了许多粉丝的赞誉，篇篇过 10 万的阅读量就是其受欢迎最好的见证。面对突发公共事件，优秀的内容制作技术也可以对公众产生强大的影响力。无论是利用专家直播形式回应公众的质疑与疑惑，还是运用短视频唤起公众对于遇难者的缅怀与哀思，抑或运用漫画形式提高公众的注意力，都是政务新媒体优秀内容制作技术的展现。

在传播方式上，政务新媒体将会与其他地区部门的政务新媒体展开合作，建设强大、高效的政务新媒体矩阵。在矩阵中，不同部门的政务新媒体会联动对于突发公共事件进行处置，提高处置的效率和效果。地区政务新媒体发布内容的影响力也会借助矩阵不断扩大，以此提高政务新媒体的信息传播效率和效果。

在服务提供方面，目前许多政务新媒体部门都在着力提升服务水平，清理、关停“僵尸账号”，开放真正能够为民所用的服务账号。同时，政务部门也根据存在的问题，采取有针对性的措施进行解决。只有缓解了如“银色数字鸿沟”等问题，政务新媒体的服务才能够真正惠及全民，为全民所享有，而不是只局限于经济发达地区以及年轻群体。

提高政务新媒体传播力，可以通过多元的传播形式、合理的智能技术运营、完善的跨部门协作系统以及活跃的用户互动等，真正发挥政务新媒体作为政务信息传播者、公共服务提供者以及舆论引导平台的功能，解决目前政务新媒体的各种乱象与问题。在此基础上，未来政务新媒体将会开辟更多功能，运营模式也会不断创新。目前，一些政务新媒体已经使用 AI 技术自动生成政务新媒体内容，在智能技术的辅助下实现了一定程度上的智能化运营，未来还可以进一步提升内容的多元性，将沉浸式技术、VR、AR 技术运用到内容制作中，提高政务内容的感染力和趣味性，增加公众对于政务新媒体的用户黏性。除了使用人工智能技术进行内容制作之外，作为服务提供者，将会有更多政务部门运用人工智能为公众提供智能政务服务，这一举措将会缓解人力资源紧张导致的政务服务提供不及时的现象，也能够通过个性化服务帮助公众更快地解决问题。作为社会治理的主体，未来的政务新媒体也可以通过加强与公众之间的互动交流，强化用户对于政务新媒体的使用习惯，推动公众与政务新媒体之间的信息沟通。由此，政务新媒体可以通过公众提供的信息，提高对于社会情况的了解，及时解决社会出现的新情况、新问题，公众也可以通过向政务新媒体建言献策，成为社会治理主体的一部分，更好地发挥社会监督功能。作为信息提供者，在政府部门之间互联互通不断加强的未来，政务新媒体可以真正成为信息的集散中心，以大数据和云储存为技术基础，政务新媒体可以保存和同步不同政务部门的数据，让公众可以更便捷地获取政务信息，使政务掌上“一键”

办理成为现实。此外，未来数字政府建设水平将会大大提升，在新技术的加持下，不断推动政府的数字化转型和升级。未来的政务新媒体将会不断多元化、数字化、互动化，为公众提供更多更优质的政务服务。最后，作为舆论引导者，政务新媒体通过传播力和影响力的提升，在未来可以更好地传播主流价值观，不断强化主流价值引领，强化网络空间中的舆论引导和价值观建立。

最后，在数智时代，智能技术将会成为未来各行各业发展的重要推动力，与其他行业一样，政务新媒体也将会加大对于智能技术的运用，在目前人工智能辅助内容生产和新媒体运营的基础上，将人工智能运用于政务服务方面，使人工智能能够成为与公众对话、为公众提供有针对性服务和信息传递的"智慧运营者"。未来，随着更多技术如大数据、云计算、AR、VR、AI、算法推荐等人工智能技术的运用，政务新媒体将不再是单纯的信息发布者以及政务服务提供者，而是转变成为能够连接社会各主体、整合社会资源、促进多方治理的社会建设者和多元服务聚合平台。

新媒体技术的迭代，加速了新媒体形态的演化。从门户网站到微博、微信、自媒体到当前众媒时代的提出，新媒体对人们生产生活的渗透日益密切。媒介的浸入式传播，增强了不同形态媒介间的互换性与互联性，网络虚拟真实与现实真实的界限日益模糊，人们的价值观念的养成和认知判断越来越依赖于互联网。移动互联网渠道价值的凸显，是受众迁移和受众阅读习惯变迁的结果，同时更是媒介融合技术驱动的结果。时代的变迁，政府传播也需要紧跟时代的脚步，任何背离互联网背离网络群众意见的思想文化宣传都会被边缘化。因此，政府面对传播生态的变革，积极发展和建设政务新媒体是适应形势变化占领阵地的重要战略。

突发公共事件的偶然性、危害性等是对政府治理能力的最大考验，政务新媒体作为传递政府声音的喉舌，舆论主阵地，提升传播力尤为重要。近年来的突发公共事件让各地政府和社会各界对于"令人满意的服务型政府"有了更加深刻认识，也对政务新媒体提出了更高的要求和挑战。本书在 2017 年的地方政务新媒体集群传播力研究的基础上，结合近年发生的突发公共事件，重新梳理了政务新媒体的演进脉络，重新对政务新媒体的角色进行评估，优化了传播效能的构建体系，分析在突发公共事件中凸显的问题，提出建议和策略等，以后仍然会持续对政务新媒体传播进行研究。

参 考 文 献

一、专著类：

[1]B. 贝雷尔森．读书为我们带来了什么[M]//宫承波．传播学纲要. 北京：中国广播电视出版社，2007.

[2]B. 贝雷尔森．报纸意味着什么[M]//宫承波．传播学纲要. 北京：中国广播电视出版社，2007.

[3]E. 卡茨，J-G 布鲁姆勒．个人对大众传播的使用[M]. 北京：中国广播电视出版社，2007.

[4]郭庆光．传播学教程[M]. 北京：中国人民大学出版社，2001.

[5]李彬．传播学引论[M]. 北京：新华出版社，2003.

[6]罗杰·D. 维曼、约瑟夫·R. 多米尼克著. 大众媒介研究导论[M]. 金兼斌，陈可，郭栋梁，周静，译. 北京：清华大学出版社，2005.

[7]丁国胜，李涛．SPSS 统计教程[M]. 北京：机械工业出版社，2006.

[8]宫承波．新媒体概论[M]. 北京：中国广播电视出版社，2007.

[9]戴元光．传播学研究理论与方法论[M]. 上海：复旦大学出版社，2008.

[10]支庭荣，张蕾．传播学研究方法教程．广州：暨南大学出版社，2008.

[11]李等，徐沛，王炎龙，段弘．大众传播学通论[M]. 成都：四川大学出版社，2010.

[12]贾立艳，杜强．SPSS 统计分析标准教程[M]. 北京：人民邮电出版社，2010.

[13]周滨．微博问政"舆情应对[M]. 北京：人民出版社，2012.

[14]陈虹．新媒体与社会[M]. 北京：社会科学文献出版社，2012.

[15]网络问政[M]. 广州：南方日报出版社，2010.
[16]亚伯拉罕·马斯洛. 动机与人格[M]. 许金声，译. 北京：中国人民大学出版社，2007.
[17]杨路明，等. 电子政务[M]. 北京：电子工业出版社，2007.
[18]Ake Gronlund，等. 电子政府设计、应用和管理[M]. 陈君，白大勇，等，译. 北京：清华大学出版社，2006.
[19]赵国俊. 电子政务教程[M]. 北京：中国人民大学出版社，2004.
[20]侯卫真，等. 电子政务的建设与发展[M]. 北京：中国人民大学出版社，2006.
[21]周宏仁，唐铁汉. 电子政务的理论与实践[M]. 北京：国家行政学院出版社，2002.
[22]汪玉凯，赵国俊. 电子政务基础(第一版)[M]. 北京：北京中软电子出版社，2002.
[23]董天策. 网络新闻传播学[M]. 福州：福建人民出版社，2004.
[24]郭庆光. 传播学教程[M]. 北京：中国人民大学出版社，1999.
[25]李文正. 电子政务与城市应急管理[M]. 北京：中国水利水电出版社，2008.
[26]蔡立辉. 政府绩效评估[M]. 北京：中国人民大学出版社，2012.
[27]吕元智. 政府信息资源管理绩效评估研究[M]. 上海：上海世界图书出版公司，2012.
[28]张静. 社会冲突的结构性来源[M]. 北京：社会科学文献出版社，2012.
[29]周翔. 传播学内容分析研究与应用[M]. 重庆：重庆大学出版社，2014.
[30]邹建华. 突发公共事件舆论引导策略[M]. 北京：中共中央党校出版社，2009.
[31]胡百精. 危机传播管理—流派、范式与路径[M]. 北京：中国人民大学出版社，2009.
[32]史蒂文·拉克斯. 尴尬的接近权：网络社会的敏感话题[M]. 禹建强，王海，译. 北京：新华出版社，2004.
[33]乌尔里希·贝克. 风险社会[M]. 何博闻，译巧京，译. 南京：译林出版社，2004.

[34]徐正，夏德元. 突发公共事件与微博治理研究[M]. 杭州：浙江大学出版社，2014.
[35]张杰. 变革与回归：中国政府网络信息传播研究[M]. 北京：中国社会科学出版社，2010.
[36]吴小君. 舆论应对危机传播[M]. 北京：中国传媒大学出版社，2015.
[37]张婷婷. 指尖与舌间：突发公共事件与网络口碑传播[M]. 上海：复旦大学出版社，2014.
[38]张宁，张洁. 公共传播视角下的社会风险与危机传播[M]. 广州：中山大学出版社，2015.
[39]霍良安. 突发公共事件发生后不实信息的传播问题研究[M]. 北京：企业管理出版社，2015.
[40]邹积亮. 政府突发公共事件风险评估研究与实践[M]. 北京：国家行政学院出版社，2013.
[41]闪淳昌，薛澜. 应急管理概论[M]. 北京：高等教育出版社，2012.
[42]安东尼·吉登斯. 现代性的后果[M]. 南京：译林出版社，2000.
[43]约翰·密尔. 论自由[M]. 北京：商务印书馆，1959.
[44]卢梭. 社会契约论[M]. 北京：商务印书馆，1982.
[45]塞缪尔·亨廷顿. 变化社会中的政治秩序[M]. 北京：三联书店，1989.
[46]德弗勒，E·E·丹尼斯. 大众传播通论[M]. 北京：华夏出版社，1989.
[47]李普曼. 舆论学[M]. 林珊，译. 北京：华夏出版社，1989.
[48]颜佳华. 当代中国社会转型期政府权力运行机制重塑研究[M]. 长沙：湖南人民出版社，2009.
[49]燕道成. 群体事件中的网络舆情研究[M]. 北京：新华出版社，2013.

二、期刊类：

[1]李秀丽. 移动互联时代政务微信传播力研究[J]. 新闻传播，2016(12).
[2]诸丽琴，张健. 政府传播力：如何站在新起点上？[J]. 声屏世界，2010(11).
[3]张敏，张志勇，龚文华. 中国互联网产业现状与发展趋势分析[J]. 山东商业

职业技术学院学报，2006(07).
[4]裘涵，田丽君．虚拟社区的内涵及其建构的组织性路径研究[J]．中南大学学报(社会科学版)，2006(06).
[5]韦路，张明新．网络知识对网络使用意向的影响——以大学生为例[J]．新闻与传播研究，2008(03).
[6]于茜．SNS网站满足网民使用虚拟社区的新需求——一项基于对开心网网民使用调查的实证研究[J]．东南传播，2010(05).
[7]吴迪，何璇．微博用户的使用与满足诉求[J]．青年记者，2010(07).
[8]李武．在校大学生手机阅读使用与满足分析——以上海地区为例[J]．图书情报工作，2011(06).
[9]张志安，贾佳．中国政务微博研究报告[J]．新闻记者，2011(06).
[10]董立人．提升政务微博质量促进社会管理创新[J]．中国浦东干部学院学报，2012(01).
[11]杨峰．社会管理创新视野下的政务微博实践探索[J]．电子政务，2012(06).
[12]郑齐心．推动政务微博建设促进社会和谐发展[J]．长春市委党校学报，2012(08).
[13]孙凯，刘鲁川．微博用户需求满足与持续使用行为//中国信息经济学会学术年会暨博士生论坛论文集[A]．2013.
[14]赵瑜，陈雪搏．北京大学本科生校图书馆利用对学习的影响调查研究[J]．数字图书馆论坛，2013(08).
[15]刘长安．中国微博大有“钱”途[N]．人民邮报，2013-03-11(005).
[16]秦喜武．政务微博运营策略研究——基于新浪微博“上海发布”的运营分析[J]．成都行政学院学报，2013(04).
[17]王益民，丁艺．中国政务微博的发展特点与趋势[J]．电子政务，2013(08).
[18]王晓芸．基于内容分析的政务微博传播效果研究——以“@陕西发布”为例[J]．山西行政学院学报，2013(08).
[19]张超．政务微博传播效果分析——以“北京发布”为例[J]．新闻世界，2013(08).
[20]刘涛，高健．微博营销网络时代的图书营销新体验[J]．出版发行研究，

2014(10).

[21]吴梦班，刘莉．从使用与满足论透视“微博热”[J]．新闻世界，2015(01).

[22]李克强. 第十二届全国人民代表大会第三次会议《政府工作报告》[R]. 新华社，2015(03).

[23]党秀云，张晓．电子政务的发展阶段研究[J]．中国行政管理，2003(01).

[24]程曼丽．政府传播机理初探[J]．北京大学学报(哲学与社会科学版)，2004(02).

[25]马宁．传播力与媒介使用者的关系变迁——新媒体语境下对传播学经典问题的再思考[J]．阴山学刊，2014(04).

[26]杨道玲，王璟璇．地方电子政务发展水平评估：核心指标体系设计与实证[J]．电子政务，2014(05).

[27]卢火焱．政府门户网站政民互动功能绩效评估指标体系设计研究[J]．电子政务，2011(07).

[28]张春华．传播力：一个概念的界定与解析[J]．求索，2011(11).

[29]李明德，高如．媒体微信公众号传播力评价研究——基于20个陕西媒体微信公众号的考察[J]．情报杂志，2015(07).

[30]商红日，孙珏．政府传播：公众信息反馈问题[J]．中州学刊，2003(01).

[31]潘天舒，张乐天．流行病瘟疫与集体生存意识　关于海宁地区应对禽流感威胁的文化人类学考察[J]．社会，2007(04).

[32]宋雷鸣．试论人类学和流行病学学科合作的基础[J]．广西民族大学学报(哲学社会科学版)，2012(01).

[33]宋雷鸣．中国人类学的公共卫生实践——基于人类学与流行病学的学科合作视角[J]．北方民族大学学报(哲学社会科学版)，2017(05).

[34]张薇，毛浩然，汪少华．突发公共卫生事件政府媒体报道的隐喻架构分析——基于SARS和H7N9疫情报道语料[J]．福建师范大学学报(哲学社会科学版)，2015(02).

[35]易臣何，何振．突发公共事件网络舆情的生成规律研究[J]．湘潭大学学报(社会科学版)，2014(02).

[36]邵培仁，李梁．媒介即意识形态——论法兰克福学派的媒介控制思想[J].

浙江大学学报(人文社会科学版)，2001(01).
[37]丁烈云，等．社会风险预警与公共危机防控：基于突变理论的分析[J]．人文杂志，2009(06).
[38]张一文，等．网络舆情与非常规突发公共事件作用机制——基于系统动力学建模分析[J]．情报杂志，2010(09).
[39]张小明．公共危机预警机制设计与指标体系构建[J]．中国行政管理，2006(07).
[40]谌南，王恒山，武澎．基于尖点突变的非常规突发公共事件网络舆情状态的研究[J]．电子政务，2012(12).
[41]史波．网络舆情群体极化的动力机制与调控策略研究[J]．情报杂志，2010(07).
[42]曾润喜，徐晓琳．网络舆情突发公共事件预警系统、指标与机制[J]．情报杂志，2009(11).
[43]马荔．政府与网络舆情之关系的法理研究——以突发公共事件为视角[J]．北京邮电大学学报(社会科学版)，2010(01).
[44]杨国斌．悲情与戏格网络事件中的情感动员[J]．传播与社会学刊，2009(09).
[45]马语欧，杨梅．在发展中完善：政务新媒体十年考察[J]．传媒，2020(22).
[46]刘静，凌以民．我国政务新媒体矩阵的建设分析[J]．出版广角，2020(19).
[47]潘涛．在新媒体舞台上跳一支美丽的舞——政务新媒体应用的实践与思考[J]．江苏教育宣传，2013(06).
[48]赵丽．地方政务新媒体遭遇两大挑战[N]．法制日报，2015-07-12(004).
[49]徐和建．政务新媒体急需六大互联互通[J]．新闻与写作，2016(03).
[50]吕秋云，丛中．SARS 心理干预的基本方式[J]．中国心理卫生杂志，2003(08).
[51]康达．国外媒体公共卫生事件报道的方法[J]．中国记者，2003(06).
[52]李明德，张园．政务短视频内容生态的评价维度与优化策略[J]．电子政务，2019(10).
[53]刘柳，马亮．政务短视频的扩散及其影响因素：基于政务抖音号的实证研究

[J]. 电子政务，2019(07).
[54]马亮. 政务短视频的现状、挑战与前景[J]. 电子政务，2019(07).
[55]温志强，高静. 政务新媒体在政府公共关系中的应用[J]. 传媒，2019(10).
[56]白月. 全媒体时代政务新媒体能力提升问题探究[J]. 新闻爱好者，2019(05).
[57]陈强，王倩茹. 中国政务微博管理政策的内容维度及优化方向[J]. 西安交通大学学报(社会科学版)，2019，39(04).
[58]赵雯. 政务新媒体的短视频传播分析[J]. 传媒，2019(05).
[59]马丽，丁娜. 政务新媒体融合转型中的“科层惰性”、创新困境与在地调适——基于A省消防全媒体中心的参与式观察研究[J]. 新闻记者，2024(05)：16-28.
[60]郑权. AI赋能政务新媒体：趋势洞察与未来展望[J]. 青年记者，2023(03)：64-66.
[61]于晶，赵艺童. 政务新媒体传播效果及其影响因素研究——基于社会临场感理论视角下的跨平台比较[J]. 北京航空航天大学学报(社会科学版)，2024，37(02)：147-156.
[62]张锦涛，王维. “移步”小红书：政务新媒体增长的新支点[J]. 记者摇篮，2024(10)：54-56.
[63]刘娜，詹骞. 媒介生态学视角下故宫博物院政务新媒体群传播策略研究[J]. 新闻论坛，2020(02)：73-76.
[64]单晓颖. 文旅政务新媒体竞相“出圈”的传播学思考[J]. 新闻论坛，2024，38(02)：50-52.
[65]张婵. “云游博物馆”：文博类政务新媒体的文化传播创新与实践[J]. 中国传媒科技，2024(01)：22-27.

三、英文论文：

[1]Robert L. Jones. The process and effects of mass communication[J]. *Journal of Applied Psychology*, 1955(06).
[2]Davis F. D. Perceived usefulness, perceived ease of use, and user acceptance of

Information technology[J]. *MIS Quarterly*, 1989(03).

[3]New Hagen, Rafaeli. Why communication researchers should study the Internet: a dialogue[J]. *Journal of Communication*, 1996(46).

[4]Sweeney Jillian C. Soutar Geoffrey N., Johnson Lester W. Retail. Service quality and perceived value[J]. *Journal of Retailing and Consumer Services*, 1997(33).

[5] Shaojing Sun Ph. D., Alan M. Rubin Ph. D. The role of motivation and media involvement in explaining Internet dependency [J]. *Journal of Broadcasting & Electronic Media*, 2008(03).

[6]Schubert P. & Ginsburg M., Virtual communities of transaction: The role of penalization in electronic commerce[J]. *Electronic Markets*, 2000(01).

[7]Kim H. W., Chan H. C., Gupta S. Value-based adoption of mobile Internet: an empirical investigation[J]. *Decision Support Systems*, 2007(09).

[8]N. Thurman. Forum for citizen journalists? Adoption of user-generated content initiatives by online news media[J]. *New Media & Society*, 2008(01).

[9]C. Wardle, A. Williams. Beyond user-generated content: A production study examining the ways in which UGC is used at the BBC [J]. *Media Culture & Society*, 2010(05).

[10]S. Carpenter. A study of content diversity in online citizen journalism and online newspaper articles[J]. *New Media & Society*, 2010(03).

[11]Jacobs-Wingo J, Jeffrey Schlegelmilch, Maegan Berliner, et al. Emergency preparedness training for hospital nursing staff, New York City, 2012-2016[J]. *Journal of Nursing Scholarship*, 2019, 51(01).